桂军抗战

将领讲述

《热血山河丛书》编辑委员会　编

中国文史出版社
CHINA CULTURAL AND HISTORICAL PRESS

图书在版编目（CIP）数据

将领讲述. 桂军抗战 /《热血山河丛书》编辑委员会编. -- 北京 : 中国文史出版社, 2020.1

ISBN 978-7-5205-1436-1

Ⅰ. ①将… Ⅱ. ①热… Ⅲ. ①抗日战争–史料–广西 Ⅳ. ①K265.06

中国版本图书馆CIP数据核字（2019）第246587号

责任编辑：张春霞　牛梦岳

出版发行：**中国文史出版社**
社　　址：北京市海淀区西八里庄路69号院　　邮编：100142
电　　话：010–81136606　81136602　81136603（发行部）
传　　真：010–81136655
印　　装：北京温林源印刷有限公司
经　　销：全国新华书店
开　　本：787mm × 1092mm　1/16
印　　张：22. 5
字　　数：290千字
版　　次：2020年3月第1版
印　　次：2022年5月第2次印刷
定　　价：58. 00元

编辑委员会

目 录

contents

巢 威

陈济桓

王卫苍

凌云上

黄炳钿

刘维楷

李宗仁

必须发动整个民族解放战争，本宁愿全国化为焦土，亦不屈服之决心，用大刀阔斧来答复侵略者。

● 1891 年生，字德邻。广西桂林临桂区人。

● 1936 年，李宗仁任广西绥靖公署主任，并发表《焦土抗战论》。

● 1937 年 10 月，就任第五战区司令长官，驻节徐州。

● 1938 年 2 月至 5 月，指挥徐州会战，其中台儿庄战役取得歼灭日军两万余人的重大胜利。徐州失守后，率部入鄂，在桐柏山、大洪山创立游击基地，坚持抗战。

● 1938 年 6 月 10 日，率部参加武汉会战。

● 1939 年 4 月至 5 月，率部参加随枣会战。

● 1941 年 1 月至 2 月，率部参加豫南会战。

● 1943 年 9 月调离第五战区，升任国民政府军事委员会委员长（蒋介石）汉中行营主任，负责指挥第一、第五、第十等三个战区。

● 1969 年 1 月 30 日，病逝于北京。

台儿庄之战

李宗仁

一

我在六安就省政府主席[①]后回到徐州时，已是2月初旬，鲁南保卫战至此已进入紧急阶段。敌军板垣、矶谷两师团正以台儿庄为会师目标，并策应津浦路南段敌军的攻势，企图合攻徐州。

先是，当韩复榘态度游移之时，津浦路敌军可以随时南下，青岛在战略上已成孤立之点，无死守价值。我乃命令青岛守军于学忠部南下，沿淮河北岸据险防守，以堵截敌军北进。对青岛防务只采取消极态度，由市长沈鸿烈率海军陆战队500人和一部分警察，协同维持治安，并监视海面敌人。民国27年（1938年）1月12日[②]，敌军板垣第五师团在青岛的崂山湾、福岛两处强行登陆，沈市长即率所部南撤，敌军占领青岛后，乃沿胶济路西进，至潍县转南，经高密，循诸城、莒县一线，进迫临沂，与津浦线上的矶谷师团取得呼应，齐头猛进。

板垣、矶谷两师团同为敌军中最顽强的部队，其中军官士卒受侵略

① 李宗仁于1938年2月13日就任安徽省政府主席。

② 此处所列时间为民国27年1月12日，即公历1938年1月12日，下同，不另注。

主义毒素最深。发动“二二六”政变的日本少壮派，几乎全在这两个师团之内。今番竟协力并进，与自南京北犯的敌军相呼应。大有豕突狼奔，一举围歼本战区野战军的气概。

2月上旬，临沂告急，该地为鲁南军事上所必争的重镇，得失关系全局。处此紧急关头，既无总预备部队可资调遣，只有就近抽调原守海州的庞炳勋军团，驰往临沂，固守县城，堵截敌人前进（庞部防地则由驻苏北的缪澂流军接替）。

庞军团长的职位虽比军长崇高，但所指挥的军队则只有五个步兵团，实力尚不及一个军。庞君年逾花甲，久历戎行，经验丰富。于抗日以前的内战时期，以善于避重就轻、保存实力著称。

庞氏有其特长，能与士卒共甘苦，廉洁爱民，为时人所称道。所以他实力虽小，所部却是一支子弟兵，有生死与共的风尚，将士在战火中被冲散，被敌所俘，或被友军收编的，一有机会，他们都潜返归队。

当庞部奉命编入第五战区序列之初，庞氏即来徐州谒见，执礼甚恭。我因久闻其名，且因其年长资深，遂也破格优礼以待。我虽久闻此公不易驾驭，但百闻不如一见，于谈吐中察言观色，觉他尚不失为一爱国诚实的军人。初次见面时，我便推心置腹，诚恳地告诉他说，庞将军久历戎行，论年资，你是老大哥，我是小弟，本不应该指挥你。不过这次抗战，在战斗序列上，我被编列为司令长官，担任一项比较重要的职务而已。所以在公事言，我是司令长官；在私交言，我们实是如兄如弟的战友，不应分什么上下。

接着，我又说，我们在内战中搅了20多年，虽然时势逼人，我们都是被迫在这旋涡中打转，但是仔细回想那种生活，太没有意义了。黑白不明，是非不分，败虽不足耻，胜亦不足武。今日天如人愿，让我们这一辈子有一个抗日报国的机会，今后如能为国家民族而战死沙场，才真正死得其所。你我都是50岁以上的人，死也值得了，这样才不愧做一个军人，以终其生。

庞听了很为感动，说，长官德威两重，我们当部属的，能在长官之下，为国效力，天日在上，万死不辞，长官请放心，我这次决不再保存实力，一定同敌人拼到底。

我又问他道，你的部队有没有什么困难，需要我替你解决呢？庞叹息说："我原有五个团，现在中央有命令，要我把一个特务团归并，共编为四个团。长官，我的部队兵额都是足额的，我把这个团归并到哪里去呢？不能归并，就只有遣散。现在正是用兵之时，各部队都在扩充，唯独要我的部队遣散，似乎也不是统帅部的本意吧！"

我说："可能上级不知道你部队的实况！"

庞说："报告长官，我如不遵令归并，中央就要停发整个部队的粮饷！"

我说，中央这样处理是不公平的，我当为你力争此事。我又问他道，你的部队还缺少些什么呢？庞说，子弹甚少，枪支也都陈旧，不堪作战。我也答应在我权力所能及，尽量予以补充。在庞部去海州之前，我便认真地向中央交涉，请求收回成命，旋奉军政部复电说："奉委员长谕：庞部暂时维持现况。"我将此消息告诉庞，全军大喜过望，庞氏自更感激涕零，认为本战区主帅十分体恤部曲，非往昔所可比拟。我更命令本战区兵站总监石化龙尽量补充第三军团的弹药和装备，然后调其赴海州接防。全军东行之日，我亲临训话，只见士卒欢腾，军容殊盛，俨然是一支劲旅。

此次临沂吃紧，我无军队可资派遣，只有调出这支中央久已蓄意遣散的"杂牌部队"，来对抗数目上且占优势的号称"大日本皇军中最优秀的"板垣师团。

2月下旬，敌我两军遂在临沂县城发生攻防激烈的战斗。敌军以一个师团的优势兵力，并附属山炮一团、骑兵一旅，向我庞部猛扑。我庞军团长遂率其五团子弟兵据城死守。敌军穷数日夜的反复冲杀，伤亡枕藉，竟不能越雷池一步。

当时随军在徐州一带观战的中外记者与友邦武官不下数十人，大家都想不到以一支最优秀的"皇军"，竟受挫于不见经传的支那"杂牌部队"。一时中外哄传，彩声四起。板垣征四郎显然因颜面有关，督战尤急。我临沂守军渐感不支，连电告急。

所幸此时我方援军张自忠五十九军，及时自豫东奉调赶至津浦线增援。张部按原命令系南向开往淮河北岸，增援于学忠部，适淮南敌军主力为我李品仙第十一集团军的第三十一军和廖磊第二十一集团军的第七军、第四十八军所阻击而南撤。我遂临时急调张自忠全军北上临沂，援助庞部作战。

张部以急行军出发，于3月10日黄昏赶到临沂郊外。翌晨，当敌军攻城正急之时，五十九军先与守城部队取得联系，乃约定时间向敌人展开全面反攻。临沂守军见援军已到，士气大振，开城出击。两军内外夹攻，如疾风暴雨。板垣师团不支，仓皇撤退。庞、张两部合力穷追一昼夜，敌军无法立足，一退90余里，缩入莒县城内，据城死守。沿途敌军遗尸甚多，器械弹药损失尤大。造成台儿庄大战前，一出辉煌的序幕战。

敌军退入莒县后，我军围攻数日，终因缺乏重武器，未能奏效。

临沂一役最大的收获，是将板垣、矶谷两师团拟在台儿庄会师的计划彻底粉碎。造成尔后台儿庄血战时，矶谷师团孤军深入，为我围歼的契机。

此次临沂之捷，张自忠的第五十九军奋勇赴战之功，实不可没。张自忠部所以能造出这样赫赫战功，其中也有很多有趣的故事：

张自忠原为宋哲元第二十九军中的师长，嗣由宋氏保荐中央，委为北平市长。七七事变前，敌人一意使华北特殊化，张以北平市长身份，奉宋氏密令，与敌周旋，忍辱负重，外界不明真相，均误以张氏为卖国求荣的汉奸。七七事变后，张氏仍在北平城内与敌交涉，因此舆论界对其攻击尤力，大有“国人皆曰可杀”之概。迨华北战事爆发，我军失利，一部分国军北撤南口、张垣，张部则随大军向南撤退。时自忠被困北平城内，缒城脱逃，来京请罪。唯京、沪舆论界指责张自忠擅离职守，不事抵抗，吁请中央严予惩办，以儆效尤。南京街上，竟有张贴标语，骂他为汉奸的。群情汹汹，张氏百喙莫辩。军委会中，也有主张组织军法会审。更有不逞之徒，想乘机收编张的部队，而在中央推波助澜。那时我刚抵南京，闻及此事，乃就西北军自忠的旧同事中调查张氏的为人。他们，尤其是张的旧同事黄建平，都力为辩护说，自忠为人侠义，治军严明，指挥作战，尤不愧为西北军中一员勇将，断不会当汉奸。我听到这些报告，私衷颇为张氏惋惜。一次，我特地令黄君去请他前来一叙，孰知张君为人老实，竟不敢来，只回答说，戴罪之人，有何面目见李长官。后经我诚恳邀请，他才来见我。当张氏抵达之时，简直不敢抬头。

我说：“荩忱兄，我知道你是受委屈了。但是我想中央是明白的，你自己也明白的。我们更是谅解你。现在舆论界责备你，我希望你原谅他们。群众不知底蕴才骂你，你应该原谅他们动机是纯洁的……”

张氏在一旁默坐，只说：“个人冒险来京，戴罪投案，等候中央治罪。”

我说：“我希望你不要灰心，将来将功折罪。我预备向委员长进言，让你回去，继续带你的部队。”

张说：“如蒙李长官缓颊，中央能恕我罪过，让我戴罪图功，我当以我的生命报答国家。”

自忠陈述时，他那种燕赵慷慨悲歌之士的忠荩之忱，溢于言表。张去后，我便访何部长一谈此事。何应钦似有意成全。我乃进一步去见委员长，为自忠剖白。我说，张自忠是一员忠诚的战将，绝不是想当汉奸的人。现在他的部队尚全师在豫，中央应该让他回去带他的部队。听说有人想瓜分他的部队，如中央留张不放，他的部队又不接受瓜分，结果受激成变，真去当汉奸，那就糟了。我的意思，倒不如放他回去，戴罪图功。

委员长沉思片刻，遂说："好吧，让他回去！"说毕，立刻拿起笔来，批了一个条子，要张自忠即刻回至其本军中，并编入第一战区战斗序列。

自忠在离京返任前，特来我处辞行，并谢我帮忙，说，要不是李长官一言九鼎，我张某纵不被枪毙，也当长陷缧绁之中，为民族罪人。今蒙长官成全，恩同再造，我张某有生之日，当以热血生命以报国家，以报知遇。言出至诚，说来至为激动而凄婉。我们互道珍重而别。

至民国27年2月，淮河前线吃紧，于学忠兵力不敷，军令部乃将第五十九军调来五战区增援。张军长大喜过望，因为我和他有那一段渊源，他颇想到五战区出点力。不过，在五战区他也有所顾虑，因为他和庞炳勋有一段私仇。原来在民国19年，蒋、冯、阎中原大战时，庞、张都是冯系健将，彼此如兄如弟。不意庞氏受蒋的暗中收买而倒戈反冯，且出其不意袭击张自忠师部，张氏几遭不测。自忠此次奉调来徐时，便私下向徐参谋长陈述此一苦衷，表示在任何战场皆可拼一死，唯独不愿与庞炳勋在同一战场。因庞较张资望为高，如在同一战场，张必然要受庞的指挥，故张不愿。好在原定计划中，已调他去淮河战场。

天下事真是无巧不成书，淮南敌军主力适于此时被迫南撤，淮河北岸军情已经缓和。独于此时，庞炳勋在临沂被围请援，而我方除第五十九军之外，又无兵可调。徐参谋长颇感为难。我闻讯，乃将张自忠请来，和他诚恳地说："你和庞炳勋有宿怨，我甚为了解，颇不欲强人之所难。不过以前的内战，不论谁是谁非，皆为不名誉的私怨私仇。庞炳勋现在前方浴血抗战，乃属雪国耻，报国仇。我希望你以国家为重，受点委屈，捐弃个人前嫌。我今命令你即率所部，在临沂作战。你务要绝对服从庞军团长的指挥。切勿迟疑，致误戎机！"

自忠闻言，不假思索，便回答说："绝对服从命令，请长官放心！"

我即命张氏集合全军，向官兵训话鼓励一番，自忠乃率所部星夜向临沂增援，竟打了一个惊天动地的胜仗！若非张氏大义凛然，捐弃前嫌，及时赴援，则庞氏所部已成瓮中之鳖，必至全军覆没。其感激张氏，自不待言。从此庞、张二人竟成莫逆，为抗战过程中一段佳话。

二

临沂一战，津浦北段敌军，左臂遂为我军砍断，敌两路会攻台儿庄计划，遂为我所破，唯敌军沿津浦线而下的正面矶谷师团，则因韩复榘不抵抗的影响，日益向南推进。值此紧要关头，我方另一部援军，第二十二集团军川军邓锡侯部（辖第四十一及第四十五两军）适自郑州赶来增援。我遂急调第四十一军（军长孙震，辖一二二及一二四两师）前往鲁南的邹县堵截，第四十五军跟进为预备队。军次滕县，知邹县已失，四十一军以一二二师（师长王铭章）守滕县城，一二四师在城外策应。敌军以快速部队南侵，将滕县包围，并以重炮及坦克猛攻县城。王师长亲自督战死守，血战三昼夜，终以力有不逮，为敌攻破。王师长以下，全师殉城，至为惨烈。然卒将敌军南侵日期延缓，使我增援部队汤恩伯、孙连仲等部能及时赶到参战。

邓锡侯部川军来五战区作战，也有一段有趣的故事：

邓部原驻于川西成都，因其防区通向外界之水路为川军刘湘所部封锁，无法购买弹械补充，故士兵所用的枪械半为土造，极其窳劣。此次激于大义，请缨出川参加抗战，奉统帅部令，编为第二十二集团军，以邓锡侯为总司令，孙震为副司令，由二人亲自率领，往第二战区参加山西保卫战。然仓促出师，远道跋涉，沿途又无补给兵站的组织，势须就地购买粮草，对军纪不无影响。

川军方抵山西而太原已告失守。敌人用机动性快速部队向我军左冲右突。川军立足未稳，便被冲散，随大军狼狈后退，沿途遇有晋军的军械库，便破门而入，擅自补给。事为第二战区司令长官阎锡山所悉，大为震怒，乃电请统帅部将川军他调。统帅部接此难题，乃在每日会报中提出。委员长闻报也很生气，说："第二战区不肯要，把他们调到第一战区去，问程长官要不要？"

军委会乃打电话去郑州给第一战区司令长官程潜，告知此一命令，并老实说出其原委。孰知程潜对川军作风早有所闻，在电话里竟一口回绝。据说，当军令部次长林蔚将此消息报告委员长，并请示办法时，委员长正因南京初失，心绪不好，闻报勃然大怒，说："把他们调回去，让他们回到四川去称王称帝吧！"

白崇禧在一旁听着，便劝解道："让我打电话到徐州去，问问五战区李长官要不要？"白氏随即自武汉用长途电话问我，并娓娓陈述此一事件的经过。此时正值韩复榘不战而退，我无援兵可调之时。我便立即告诉白崇禧："好得很啊！好得很啊！我现在正需要兵，请赶快把他们调到徐州来！"

白说："他们的作战能力当然要差一点。"

我说："诸葛亮扎草人做疑兵，他们总比草人好些吧？请你快调来！"

白崇禧闻言一笑。川军就这样调到徐州来了。

邓锡侯、孙震两君，我和他们虽曾通过信，这次在徐州却是第一次见面。邓、孙两君对我个人的历史知道得很清楚，如今加入我的战斗序列，也颇觉心悦诚服。他们所以被调到五战区的原委，他们本人也完全知道。

邓、孙二人见到我便苦笑着说："第一、第二两战区都不要我们，天下之大，无处容身。李长官肯要我们到五战区来，真是恩高德厚！长官有什么吩咐，我们绝对服从命令！"

我说，过去的事不必提了。诸位和我都在中国内战中打了20余年，回想起来，也太无意义。现在总算时机到了，让我们各省军人，停止内战，大家共同杀敌报国。我们都是内战炮火余生，幸而未死，今后如能死在救国的战争里，也是难得的机会。希望大家都把以往种种譬如昨日死，从今以后，大家一致和敌人拼命。

随即，我便问他们有什么需要，有没有困难要我代为解决的。邓、孙异口同声说，枪械太坏，子弹太少。我乃立刻电呈军委会，旋蒙拨给新枪 500 支，每军各得 250 支。我又于五战区库存中，拨出大批子弹及迫击炮，交两军补充。两军官兵欢天喜地。适矶谷师团另附骑兵旅、野炮团、重炮营和战车数十辆，自济南循铁路南进，我遂调两军前往防堵。大军出发前，我并亲临训话，举出诸葛武侯统率川军北抗司马懿的英勇故事，希望大家效法先贤，杀敌报国。大军上下无不欢跃。滕县一战，川军以寡敌众，不惜重大牺牲，阻敌南下，达成作战任务，写出川军史上最光荣的一页。

以上所述临沂、滕县两役，都是台儿庄大捷前，最光辉的序幕战。但是这两项艰苦的血战，却都是由一向被中央歧视的“杂牌部队”打出来的。这些“杂牌部队”在其他场合，往往畏缩不前，但是到了五战区，却一个个都成了生龙活虎，一时传为美谈。

三

当临沂和滕县于 3 月中旬同时告急时，蒋委员长也认为在战略上有加强第五战区防御兵力的必要，乃仓促檄调第一战区驻河南补充训练尚未完成的汤恩伯军团和孙连仲第二集团军，星夜增援。首先抵达徐州的为汤恩伯第二十军团，辖两个军（第五十二军关麟征和第八十一军王仲廉）共计五个师（第二师郑洞国、第二十五师张耀明、第四师陈大庆、第八十九师张雪中和第一一〇师张轸）。该军团装备齐全，并配属十五生的德制重炮一营，为国军中的精华。

汤部第八十一军先抵徐州，即乘火车北上支援第二十二集团军的作战，不幸滕县城已先一日陷敌，迨汤军团全部到达，已不及挽回颓势，只消极地掩护友军退却和迟滞敌人的南进而已。

随汤部之后到徐州的为孙连仲的第二集团军。孙集团军名义上虽辖两军（第三十军田镇南、第四十二军冯安邦），唯该部因曾参加山西娘子关之保卫战，损失颇大。第四十二军所剩只一空番号而已，孙连仲虽曾屡次请求补充，均未获准。其后不久，第四十二军番号且为中央新成立的部队取而代之。故该集团军实际可参加战斗的部队只有三个师（第二十七师黄樵松、第三十师张金照、第三十一师池峰城）。孙总司令到徐州来见我时，匆匆一晤，我就叫他快去台儿庄部署防务建筑工事。因孙部原为冯玉祥的西北军，最善于防守。我当时的作战腹案，是相机着汤军团让开津浦路正面，诱敌深入。我判断以敌军之骄狂，矶谷师团长一定不待蚌埠方面援军北进呼应，便直扑台儿庄，以期一举而下徐州，夺取打通津浦路的首功。我正要利用敌将此种心理，设成圈套，请君入瓮。待我方守军在台儿庄发挥防御战至最高效能之时，即命汤军团潜行南下，拊敌之背，包围而歼灭之。

部署既定，敌人果自滕县大举南下。汤军团在津浦线上与敌作间断而微弱的抵抗后，即奉命陆续让开正面，退入抱犊崮东南的山区。重炮营则调回台儿庄运河南岸，归长官部指挥。敌军果不出我所料，舍汤军团而不顾，尽其所有，循津浦路临枣支线而下，直扑台儿庄。敌军总数约有四万，拥有大小坦克车七八十辆，山野炮和重炮共百余尊，轻重机枪不计其数，更有大批飞机助威。徐州城和铁路沿线桥梁车站，被敌机炸得一片稀烂。

3 月 23 日，敌军冲到台儿庄北泥沟车站，徐州城内已闻炮声。

24 日敌人开始猛烈炮轰我防御工事，战斗激烈期间，我第二集团军阵地每日落炮弹至六七千发之多。炮轰之后，敌军乃以坦克车为前导，向我猛冲，将我台儿庄外围阵地工事摧毁后，敌步兵乃跃入据守、步步向前推进。台儿庄一带，耕地之下盛产石块，居民多垒石为墙，以故每一住宅皆系一堡垒。此种石墙被敌人冲入占据之后，我军因无平射炮，又无坦克车，即无法反攻。然我军以血肉之躯与敌方炮火与坦克相搏斗，至死不退。敌人猛攻三昼夜，才冲入台儿庄城内，与我军发生激烈巷战。第二集团军至此已伤亡过半，渐有不支之势，我严令孙总司令死守待援。27日始，敌我遂在台儿庄寨内作拉锯战，情况非常惨烈。

在此同时，我也严令汤恩伯军团迅速南下，夹击敌军，三令五申之后，汤军团仍在姑嫂山区逡巡不进。最后，我训诫汤军团长说，如再不听军令，致误戎机，当照韩复榘的前例严办。汤军团才全师南下。然此时台儿庄的守军已伤亡殆尽。到4月3日，全庄三分之二已为敌有。我军仍据守南关一隅，死拼不退。敌方更调集重炮、坦克猛冲，志在必克。其电台且宣称已将台儿庄全部占领。我方守庄指挥官第三十一师师长池峰城，深觉如此死守下去，必至全军覆没而后已，乃向孙总司令请示，可否转移阵地，暂时退至运河南岸。孙连仲乃与长官部参谋长徐祖诒和参谋处处长黎行恕通电话请示。

参谋处来报告，我因汤部援军快到，严令死守，绝不许后撤。最后，孙总司令要求与我直接通话。连仲说："报告长官，第二集团军已伤亡十分之七，敌人火力太强，攻势过猛，但是我们把敌人也消耗得差不多了。可否请长官答应暂时撤退到运河南岸，好让第二集团军留点种子，也是长官的大恩大德！"

孙总司令说得如此哀婉。但我预算汤恩伯军团，明日中午可进至台儿庄北部。第二集团军如于此时放弃台儿庄，岂不功亏一篑。我因此对孙连仲说："敌我在台儿庄已血战一周，胜负之数决定于最后五分钟。援军明日中午可到，我本人也将于明晨亲来台儿庄督战。你务必守至明天拂晓。这是我的命令，如违抗命令，当军法从事。"

孙连仲和我仅在他奉调来五战区增援时，在徐州有一面之缘。此时我向他下这样严厉的命令，内心很觉难过。但是我深知不这样，便不能转败为胜。

连仲知我态度坚决，便说：“好吧，长官，我绝对服从命令，整个集团军打完为止！”

在电话中，我还指示他说，你不但要守到明天拂晓之后，今夜你还须向敌夜袭，以打破敌军明晨拂晓攻击的计划，则汤军团于明日中午到达后，我们便可对敌人实行内外夹击！孙连仲说，他的预备队已全部用完，夜袭甚为不易。我说：“我现在悬赏10万元，你将后方凡可拿枪的士兵、担架兵、炊事兵与前线士兵一齐集合起来，组织一敢死队，实行夜袭。这10万块钱将来按人平分。重赏之下，必有勇夫，你好自为之。胜负之数，在此一举！”

连仲说：“服从长官命令，绝对照办！”

我所以要他组织敢死队的原因，便是根据我的判断。第二集团军的伤亡虽已逾全军十分之七，但是从火线上因抬运负伤官兵而退下的士兵一定不少。他们因为战火太猛没有回到火线上去。重赏之下，必有勇夫。现在我们要利用这一点最后的力量，孤注一掷。

孙总司令和我通话之后，在台儿庄内亲自督战。死守最后一点的池师长峰城，又来电向他请求准予撤退。连仲命令他说：“士兵打完了你就自己上前填进去。你填过了，我就来填进去。有谁敢退过运河者，杀无赦！”

池师长奉命后，知军令不可违，乃以必死决心，逐屋抵抗，任凭敌人如何冲杀，也死守不退。所幸战到黄昏，敌人即停止进攻。及至午夜，我军先锋敢死队数百人，分组向敌逆袭，冲进敌阵，人自为战，奋勇异常，部分官兵手持大刀，向敌砍杀，敌军血战经旬，已精疲力竭，初不意战至此最后五分钟，我军尚能乘夜出击。敌军仓皇应战，乱作一团，血战数日为敌所占领的台儿庄市街，竟为我一举夺回四分之三，毙敌无算，敌军退守北门，与我军激战通宵。

长官部夜半得报，我汤军团已向台儿庄以北迫近，天明可到。午夜以后，我乃率随员若干人，搭车到台儿庄郊外，亲自指挥对矶谷师团的歼灭战。黎明之后，台儿庄北面炮声渐密，汤军团已在敌后出现，敌军撤退不及，遂陷入重围。我亲自指挥台儿庄一带守军全线出击，杀声震天。敌军血战经旬，已成强弩之末，弹药汽油用完，机动车辆多被击毁，其余也因缺乏汽油而陷于瘫痪，全军胆落，狼狈突围逃窜，溃不成军。我军骤获全胜，士气极旺，全军向敌猛追，如疾风之扫落叶，锐不可当。敌军遗尸遍野，被击毁的各种车辆、弹药、马匹遍地皆是。矶谷师团长率残敌万余人突围窜往峄县，闭城死守，已无丝毫反攻能力了。台儿庄之战至此乃完成我军全胜之局。

战后检点战场，掩埋敌尸达数千具之多。敌军总死伤当在 2 万人以上[①]。坦克被毁 30 余辆，虏获大炮机枪等战利品不计其数。矶谷师团的主力已被彻底歼灭。台儿庄一役，不特是我国抗战以来一个空前的胜利，可能也是日本新式陆军建立以来第一次的惨败。足使日本侵略者对我军另眼相看。

台儿庄捷报传出之后，举国若狂。京、沪沦陷后，笼罩全国的悲观空气，至此一扫而空，抗战前途露出一线新曙光。全国各界，海外华侨，乃至世界各国同情我国抗战的人士，拍致我军的贺电如雪片飞来。前来参观战绩的中外记者和慰劳团也大批涌到。台儿庄区区之地，经此一战之后，几成民族复兴的新象征。我军得此鼓励，无不精神百倍，各处断壁颓垣之上，都现出一片欢乐之情，为抗战发动以来的第一快事。

---

① 据统计，台儿庄我军共歼敌军 11984 人。

李宗仁

四

我军在台儿庄的胜利，在敌人以及国内外的观察家看来，简直是不可思议之事。因我军以区区10余万疲惫之师，在津浦路上两面受敌。敌人来犯的，南北两路都是敌军的精锐，乘南北两战场扫荡我军主力百余万人的余威，以猛虎扑羊之势，向徐州夹攻。孰知竟一阻于明光，再挫于临沂，三阻于滕县，最后至台儿庄决战，竟一败涂地，宁非怪事?

不过仔细分析我军作战的情形，便知制胜之道并非侥幸，主要原因有以下数端：

第一，我三十一军在津浦南段运用得宜。南京弃守之后，我军利用地形，据守明光40余日之久，使我在鲁南战场有从容部署的机会。到了敌我双方在明光消耗至相当程度时，我便命令第三十一军对敌的抵抗，适可而止，全军西撤，让开津浦路正面，但仍保有随时出击的能力。孰知敌人竟误认我第三十一军已溃败，乃将主力北调，一举而陷我明光、定远、蚌埠，拟渡过淮河，直捣徐州。而我自青岛南调的于学忠的第五十一军，适于此时赶到，予以迎头痛击。敌方主力正预备渡河与我死拼之时，我又命令第三十一军配合新自江南战场北调的第七军，自敌后出击，一举将津浦路截成数段，使敌首尾不能相顾。敌不得已又将主力南撤，与我军胶着于津浦沿线，减少我军在淮河一线的威胁，使我可以抽调原来南下赴援于学忠的张自忠部，转头北上，向临沂增援，充分发挥内线作战的优越条件。

第二，当板垣、矶谷两师团齐头南下时，我守临沂庞炳勋部，适时赶到。以最善于保存实力的旧式军队，竟能与其私仇最深的张自忠部协力将板垣师团击溃，阻其南下与矶谷师团在台儿庄会师。临沂之捷，实为台儿庄胜利的先决条件。

第三，此点也可能是最重要的条件，便是我违背统帅部的意旨，毅然拒绝将长官部迁离徐州。

先是民国 27 年（1938 年）初，当韩复榘不战而退，津浦路正面无兵可守，徐州顿形危急之时，中央统帅部即深恐第五战区长官部临时撤退不及，为敌所俘。

2 月初，蒋委员长就在每日会报中提出此问题，交军令部研究。后即指定河南的归德和安徽的亳县，让我任择其一，俾长官部迁往该地办公。但是我却大不以为然。因此时敌人南北两战场的重心，正集中对付第五战区，且敌我的态势也已为我军形成了天造地设的内线作战的有利条件。为争取空间和时间起见，徐州的保卫战必须不惜任何牺牲，以期粉碎敌人速战速决的野心，然后才可达成掩护武汉，使有充分时间部署保卫战的重大任务。

再者，徐州铁路西达，尤为电话、电报网的中心。长官部一旦迁往亳县或归德，一切命令与情报全须凭借无线电。而无线电每日拍发电报有一定时间，如此司令长官真等于耳目失聪，如何能指挥作战，更谈不到赴前方督战，鼓舞军心了。况司令长官部的迁移，必然影响民心与士气。重心一失，全盘松动，将不可收拾了。

但是军令部既有此建议，徐州各中央机关都人心思迁，即长官部若干职员也作同样的主张，我也未便公开反对，自想唯有拖延的一法。乃令成立“设营小组”，前往察看归德与亳县的形势，以及长官部和各机关住地如何分配等情，嘱其详细具报。如是，往返费时半月，台儿庄的局面已紧张万分，值此背城决一死战之时，长官部自然更不能迁移了。这一点实在是台儿庄之战的最大关键。当时我如遵从中央命令，将长官部迁出徐州，则此后战局便面目全非了。

第四，便是敌人本身战略的错误。日军在南北两战场将我百余万抗战主力扫荡之后，骄狂无比。我第五战区内区区10余万残兵败将，根本不在敌军指挥官的眼里。南北两路主将都以为攻打徐州，也不过是旅次行军。到了南北两路同时受挫，敌人仍不觉悟，满以为只要它认真作战，仍可一举攻下徐州。南北诸将，彼此贪功，不待各路配合便冒险前进，以“先入关者为王”的心情向徐州单独进攻，这样便堕入我所预设的陷阱，被各个击破。

总之，敌人此来，是以“利人土地财宝”的贪兵，来向我进攻，犯下了“骄兵必败”的大忌。我军人数虽少，装备虽差，但我们是保国卫民与侵略者作殊死战的哀兵，我们在士气上已享有“兵哀者胜”的心理条件。加以我们在指挥上对本军量力而用，上下一心，对敌情判断正确，击其所短，可说是知己知彼，发挥了内线作战的最高效能，故有台儿庄的辉煌战果。综观台儿庄一役的战史，固知制胜之道，初未可幸致也。

武汉保卫战

李宗仁

一

我长官部一行，脱离了敌人包围圈[①]，随行的中央机关人员和新闻记者无不喜气洋洋，向我申谢保护之劳，随即分头赶路，向武汉而去。长官部则经阜阳、三河尖，入河南的固始，至潢川暂驻。潢川遂暂时成为第五战区司令长官部所在地……

当长官部停留潢川期间，我原先撤往苏北的孙连仲、冯治安、张自忠、孙震、于学忠、李仙洲、庞炳勋等部，均已陆续越过津浦路，通过安徽，至豫东布防。敌军既陷徐州，即乘势大举西侵，因此也无暇顾及我撤往苏北的部队。因敌人的战略计划在于速战速决，企图西向席卷皖、豫产粮地区，同时掌握津浦、平汉两交通线，进而扫荡西南，逼我国作城下之盟。因此，敌人于6月5日[②]陷开封后，便继续前进。6月9日因黄河花园口的河堤被炸，黄河东南泛区顿成一片泽国，敌方辎重弹药损失甚大，敌军沿陇海线两侧西进的计划遂被我统帅部完全粉碎。于是，

① 此处系指1938年5月自徐州撤退。

② 此系1938年6月5日。

敌军改变进攻方向，将其主力南调，配合海军，溯长江西进。6月下旬占我安庆[①]，再陷潜山、太湖。敌人利用强大海军，旋又突破我马当要塞。再攻占我湖口、九江两据点后，乃分兵两路，一循南浔铁路攻马回岭；一在北岸小池口登陆，与太湖西进宿松之敌会合，陷黄梅，进攻广济。但鄂东地势南滨长江，北连大别山，无数河道由北向南，汇入长江。兼以其间遍地皆为稻田，地形又起伏纵横，形成天然的障碍防线，易守难攻。又兼廖磊的第二十一集团军以大别山为根据地，时向皖西和鄂东猛烈出击，截断敌军交通线，威胁敌军后方，逼使敌人屡进屡退，一筹莫展。敌我双方遂成胶着的状态。敌军为排除其战术上的困难，以达成其迅速占领武汉的目的，乃改变战略，另出奇兵两路，由大别山的北麓平原西进。一路自正阳关向河南的固始、潢川、罗山、信阳攻击，企图于截断平汉铁路后，再南下攻击武胜关及平靖关；另一路则由合肥攻入六安，然后直捣商城，再南向威胁麻城，与鄂东之敌相呼应，对武汉构成大包围的态势。

二

正当敌军溯长江西上陷落安庆之时，我右颊上于讨伐龙济光战役所受的枪伤突然发作。这一创伤自民国5年（1916年）以来，并未完全治愈。时有轻性发炎，旋又消肿，并无大碍。而此次发作则为最厉害的一次，右脸红肿，右目失明，不得已乃请假赴武汉就医，并将指挥职责交请白崇禧暂代。我由友人介绍，住于武昌有名的东湖疗养院内。此医院的资产，大半为张学良所捐赠，规模宏大，设备新颖。院长兼外科主任为一美国人，医道甚好。我即由他施手术，自口腔上腭内取出一撮黑色碎骨，肿痛遂

① 据查安庆失陷是1938年6月15日。

霍然而愈。

东湖为武昌风景区之一，我出去散步时，常在路上碰到周恩来和郭沫若，大家握手寒暄而已，听说他们的住宅就在附近。此疗养院环境清静，风景宜人。时值夏季，湖中荷花盛开，清香扑鼻。武汉三镇，热气蒸人，东湖疗养院实为唯一避暑胜地。因此李济深、黄绍竑、方振武也来院居住。这三人都和我有莫逆的友谊，朝夕聚首，或谈论国事，或下围棋，或雇扁舟遨游于荷花丛中，戏水钓鱼，真有世外桃源之乐。而亲朋故旧前来慰问的，更不绝于途，以致引起中统和军统特务的注意，派了一王姓女士来暗中监视。某次，陈诚来院访问，见我等数人正围坐聊天，彼半开玩笑地说："诸公是否开秘密会议，可得与闻否？"大家相顾愕然，苦笑了之。由此可见中央当局"庸人自扰"的一斑。

我在东湖住了 20 多天，鄂东、豫东战事已至最紧张阶段。第五战区长官部早已自潢川迁往浠水，此时再由浠水迁至宋埠。宋埠为麻城县属一小镇，长官部即设于镇外一小庙中。我回到宋埠不及一旬，委员长（蒋介石）曾亲来视察，为表示与前线将士共甘苦，并在小庙中住宿一宵。

武汉外围保卫战发展至 10 月初旬，北线敌军已迫近信阳，另一部敌军已占领麻城，威胁宋埠。江北敌军正进逼黄陂，江南敌军也已迫近湘、鄂边境。我五战区长官部乃自宋埠北迁至黄安[①]属的夏店。

10 月 12 日信阳失守。我原先已电令胡宗南自信阳南撤，据守桐柏山平靖关，以掩护鄂东大军向西撤退。然胡氏不听命令，竟将其全军七个师向西移动，退保南阳，以致平汉路正面门户洞开。胡宗南部为蒋先生的"嫡系"部队，在此战局紧要关头，竟敢不遵命令，实在不成体统。先是，胡宗南部在上海作战后，自江北撤往蚌埠。蒋先生曾亲自告我说："将来拨胡宗南部归五战区指挥。"但是这批"嫡系"中央军至蚌埠后，

① 黄安县今改称红安县。

也不向我报告。同时他们彼此之间为争取溃退的士兵，竟至互相动武，闹得乌烟瘴气。徐州失守后，长官部驻扎鄂东，军令部更有明令拨胡宗南部隶属于我，但胡氏从不向我报告敌我两方情况。信阳危急时，竟又擅自撤往南阳。此事如系其他任何非“嫡系”将官所为，必被重惩无疑。但是此次我据情报告军委会，要求严办胡宗南，军委会竟不了了之。

平汉路正面既让开，武胜关瞬亦弃守，战局至此，我预料平汉路以东的正规战已告结束。中央旋即明令，除大别山据点保留为游击基地外，所有五战区部队应悉数向鄂北撤退。为商讨据守大别山问题，我乃在夏店召集第二十一集团军总司令廖磊和第十一集团军总司令李品仙开紧急军事会议。我告诉廖、李二人说：“中央有令要保留大别山为游击基地，你们两位中谁愿意留在敌后打游击呢？”李品仙默不作声，似乎不大愿意。我本人也觉得廖磊为人笃实持重，比较适宜于这项艰苦工作。我便问廖磊说：“燕农，你有没有兴趣留在大别山内打游击呢？”廖磊说：“好得很呀！我愿意在大别山打游击！”

我遂派廖磊率第二十一集团军在大别山内打游击。最初在我们想象中，在敌后打游击是件极艰苦的事，孰知事实证明大谬不然，大别山根据地后来竟变成敌后的世外桃源，比大后方还要安定繁荣。不久，中央又发表廖磊兼安徽省政府主席。当我任皖主席时，早已罗致了抗战前所谓“七君子”之一的章乃器任财政厅厅长，整顿税务，颇见成效。廖磊在大别山苦心孤诣经营的结果，竟形成令人羡慕的小康之局。可惜廖磊原有心脏病，一度且曾患轻微的脑溢血。医生嘱咐，须安心静养。但是值此抗战最紧张的阶段，军书旁午，戎马倥偬，一位责任心极强、勇于任事、能征善战的将官，哪有机会静养呢？廖君终于积劳成疾，旧病复发，于民国 28 年 10 月不治而逝。廖君死时，大别山根据地内的军政设施已粗具规模。我乃呈请中央调第十一集团军总司令李品仙继任第二十一集团军总司令，并兼安徽省主席，驻节立煌[①]。至于第十一集团军总司令遗缺，则呈请调黄琪翔充任。

10月中旬，我长官部复自夏店西撤至平汉线上花园站以西约10里的陈村。当我尚在夏店时，平汉路正面之胡宗南已不知去向，乃檄调西进至应城附近的覃连芳第八十四军和刘汝明第六十八军赶赴武胜关、平靖关一带择要固守。不料我甫抵陈村，长官部的无线电台与刘汝明已失去联络。第八十四军也被敌压迫，退守应城。该军与刘（汝明）部虽相去不远，然亦不知其确切所在地。我绕室彷徨，焦灼万状，辗转反侧，至午夜犹不能入睡。忽然心血来潮，惊觉战况不好，在陈村可能有危险，遂披衣而起，将随从叫醒，命通知长官部同人速即整装，向西移动。

这时徐参谋长祖诒等都在梦中，忽然叫醒，都很感到突兀。祖诒问我道："长官一向都很镇静，今晚何以忽然心神不安了？"我说："陈村可能不安全，我觉得应该从速离开！"众人也未多问，遂整队西撤。黎明后，行抵安陆县境，众人就地休息，忽发现陈村附近居民竟尾随我长官部之后，如潮涌而至。问明原委，始知在我们离开陈村后约两小时，敌骑兵千余人便窜入陈村。这批敌军的快速部队是否因为得到情报，知我长官部驻在陈村，特来抄袭，不得而知。但是当晚我如果不是因为心血来潮，临时决定离开陈村，则不堪设想了。当时我长官部同人得到陈村难民的报告后，无不鼓掌大叫，徐参谋长也把手一拍说："昨晚要不是长官心血来潮，就糟了！"

我们退到安陆后，武汉于10月26日为敌人窜入，武汉既失，抗战形势又进入另一阶段了。

① 县名，后改称金寨县。

武汉弃守后之新形势与随枣会战

李宗仁

武汉撤退后，我方主力部队都退往西南山区，抗战乃进入最艰难的阶段。不过，敌人因深入我内地，战区扩大，补给线延长，兵力不敷分配，也有陷入泥淖之势，故无力对我作全面进攻，只有对各战区不时作间歇性的战斗，但每次作战时间亦不能超过一月以上，真所谓势穷力竭，捉襟见肘了。

民国27年11月间，我偕五战区长官部退至枣阳时，第十一集团军总司令李品仙已先抵该处，与我会商防务。李部所辖的第八十四军在应城一带突破敌人包围圈，到达随县，刘汝明的六十八军也自左翼退下，同时到达。我便命令两军在随县布防，以待敌军来袭，我长官部则暂设于樊城。因按军令部于武汉失守后的新规划，本战区现辖防地，计包括自沙市至巴东一段长江的江防。北面包括豫西的舞阳、方城、南阳、镇平、内乡数县。东向则敌后的大别山和皖北、皖西、鄂东各县也在本战区防地之内。故樊城实为指挥本战区内战事的最适中地点。

长官部到樊城后，我遂将在武汉保卫战中打残了的部队10余万，加以整顿，重新部署，准备向武汉反攻。这一时期，我五战区的战略是死守桐柏山、大洪山两据点，以便随时向武汉外围出击。同时与平汉路东大别山区内的廖磊集团军相呼应，威胁平汉路的交通，使敌人疲于奔命，发挥机动战与游击战的最高效能。

敌人固亦深知我方战略的重心所在，敌视我桐柏山、大洪山两据点为眼中钉。无奈武汉四周我军的游击队实力强大，日军四面受敌，暂时无足够兵力来扫荡我第五战区。我们因而有充分时间来重新部署，而（民国）27 年岁暮，我们在樊城也能从容过年，未受敌军骚扰。

孰知正当敌人陷入泥淖，攻势日弱之时，我方阵营的悲观论者，却出人意料地背叛抗战，开始作投降的活动。12 月 18 日国民党副总裁、国民政府国防最高委员会主席汪精卫突然秘密离渝飞滇，转往越南的河内，并发表反对抗战，诬蔑抗战将士的文告。

汪精卫的叛国虽出我意外，但是他的反对抗战，我实早已亲自领教过。我在上年10月抵京的翌日，便专程去拜望汪氏，见汪的态度很是消极。他一再问我：“你看这个仗能够打下去吗？”说时摇头叹息。

我说：“汪先生，不打又怎么办呢？不是我们自动的要打呀！是日本人逼我们抗战呀！我们不打，难道等着亡国吗？”汪氏遂未多言，也许他已认定我是好战分子，不可以理喻吧！？那时汪派反抗战人士已组织一个“低调俱乐部”。当前方抗战最紧张、后方民气最沸腾时，这批悲观分子却唱着“低调”，在后方泄气，实是可恨！直至武汉失守，全国精华地区全部沦陷，他们悲观到了绝望的程度，乃索性不顾一切，掉头投敌，当起汉奸来了。

汪氏投敌后，五战区中袍泽虽亦纷纷议论，然究以敌忾同仇之心甚切，士气未受丝毫影响。

民国 28 年初，第二十六集团军总司令兼第十军军长徐源泉忽率所部三师，自平汉路东大别山区潜至路西。原来在武汉保卫战初期，在安徽太湖、潜山一带作战的，为徐部和川军杨森部的第二十七集团军以及川军王缵绪部的第二十九集团军。武汉吃紧时，杨、王两部奉命撤入江南。

徐部奉命入大别山，协同廖磊部在该山区作游击战。

徐源泉为张宗昌的旧部，后经何成浚的居间，在天津一带向革命军投降的。嗣后何氏即引徐部为自己人，徐也仗何在中央为渠周旋。此次徐源泉不奉命令擅自从大别山潜来路西，实犯军法，无奈何成浚在中央为其缓颊，遂不了了之。

再者，此次武胜关失守，亦由于第一军军长胡宗南不听调遣所致。我抵樊城后，便呈报中央，要求严惩胡宗南。孰知此电报竟如石沉大海，永无反响。于是，武胜关一带失守的责任问题，亦不了了之。

民国 28 年 4 月，敌人经缜密计划与充分补给之后，乃思扫荡我第五战区的主力，以巩固其武汉外围。4 月下旬，敌方乃集结其华中派遣军的精锐第三、第十三、第十五、第十六等师团和第四骑兵旅团，约十余万人，挟轻、重炮 200 余门，战车百辆，循襄花（襄阳至花园）及京钟（京山至钟祥）两公路西犯。其初步战略，想扫荡我大洪山、桐柏山两据点内的部队，以占领随县、枣阳。其第二步目标，似在占领我襄阳、樊城与南阳。敌方如能完成此两项战果，则武汉可以安如磐石，而我军对平汉路的威胁，也可解除了。为针对敌方此项战略部署，我亦决定死守桐柏山、大洪山两据点，以与敌长期周旋。

我判断敌军此次西犯，其主力必沿襄花公路西进，作中央突破，直捣襄、樊。所以我方的部署，即以主力第八十四军和第六十八军守正面随、枣一线。以张自忠的第三十三集团军担任大洪山的南麓、京钟公路和襄河两岸的防务，而以孙连仲的第二集团军和孙震的第二十二集团军守桐柏山北麓南阳、唐河至桐柏一线。长江沿岸和襄河以西防务，则由江防司令郭忏所部两个军担任。

部署既定，樊城长官部内的情报科收到我方谍报人员何益之自上海拍来密电，详述敌军此次扫荡第五战区的战略及兵力分配，一切果不出我所料。

前已言之，何益之君（化名夏文运）原为日方的译员，嗣经我亲自接洽而担任我方的敌后情报员。抗战爆发后，何君即以为敌工作作掩护，并以其个人多年来培植的友谊，与反对侵华的日本少壮军人领袖和知鹰二等相结纳，由和知君等供给最重要的军事机密。何君并在日籍友人私寓内设一秘密电台，与我第五战区的情报科通信，其情报的迅速正确，抗战初期可说是独一无二。所以关于敌军进攻徐州，突入皖西、豫南，以及围攻武汉的战略及兵力分布，我方无不了如指掌。其后应验也若合符契。每当我第五战区将此项情报转呈中央时，中央情报人员尚一无所知。所以军令部曾迭次来电嘉奖第五战区情报科，殊不知此种情报实全由何益之自和知将军处获得而供给的。嗣后和知君因反对侵华而调职，乃另介一人与益之合作，继续供给情报。直至太平洋战事发生，日军进入租界，何君因间谍嫌疑，为日方搜捕而逃离上海，我方情报始断。此地我须特别提出一叙的，即是何君冒生命危险，为我方搜集情报，全系出乎爱国的热忱。渠始终其事，未受政府任何名义，也未受政府分毫的接济。如何君这种爱国志士，甘做无名英雄，其对抗战之功，实不可没。

我既获何君的情报，乃一面转报中央，一面在敌军主力所在的襄花公路布一陷阱，预备来一个诱敌深入的歼灭战。

当随枣吃紧时，中央军令部曾调第三十一集团军汤恩伯部的五个师前来增援。汤部自徐州撤后，即调往江南，嗣因江南兵力太多，乃又北调，自沙市渡江来第五战区。汤军甫抵沙市，恩伯即乘轮赴渝，向委员长有所请示。所部陆续于 4 月中到达襄、樊一带，听候调遣。我便命令汤部五个师迅速开往桐柏山的南麓，以桐柏山为依托，在侧面监视敌人。待我军正面将敌人主力吸入随枣地区后，汤军团即以迅雷不及掩耳之势自桐柏山冲出，一举截断襄花公路，会同正面我军，将敌人包围而歼灭之。

我判断敌人此来，是以骑兵与机械化部队为主，意在速战速决。且因不知我方在侧面桐柏山上匿有重兵，必然以主力沿公路西进，而堕入我袋形部署之内，自招覆灭无疑。

孰知我部署方妥，前线敌我已有接触，汤恩伯适自重庆返抵前方，到樊城来看我。我便将我所得的情报及计划歼灭敌人的部署，说给他听。未待我解释完毕，恩伯便大发脾气，说："不行，不行，你不能胡乱拿我的部队来牺牲！"我再耐心地向他解释说："你以桐柏山为后方，有什么危险？……"不待我说完，恩伯便牛性大发，竟不听命令，拂袖而去。在任何战争中，当前线危急之时，部将不听主官约束而擅自行动，都是犯法的。可是抗战期中，所谓"嫡系"的"中央军"如胡宗南、汤恩伯等，皆习以为常。当时作战区司令长官的困难，也就可以想见了。

4 月 30 日，沿襄花公路西犯之敌与我军开始接触，随枣会战之幕遂启。襄花公路沿线俱系平原，敌人因而可以尽量发挥其机械化部队的威力。敌坦克在阵地上横冲直撞。我方部队，久经战斗，无充分补充，本已残破，又缺乏平射炮等武器，对冲来的坦克简直无法抵御。所幸士气尚盛，士兵据壕死守，即以血肉之躯与敌人的坦克相搏斗，官兵的勇者，竟攀登敌人的坦克之上，以手榴弹向车内投掷。作战的勇敢与牺牲的壮烈，笔难尽述。然血肉之躯终究难敌坦克、大炮。以致敌人坦克过处，我军战壕每被压平，守壕士兵非被碾毙，即被活埋于壕内。坦克过后，敌方步兵随之蜂拥而来，轻重机枪密集扫射，弹如雨下，锐不可当。

但是纵在这种劣势下作战，敌我在随县大洪山一带激战经旬，大小 20 余战，我方正面始终未被突破。此时汤恩伯军团如接受我的命令，自桐柏山侧面出击，必可将敌人包围，获致与台儿庄相埒的结果。无奈汤恩伯一意保存实力，不愿配合友军作歼灭战。故当敌车向襄花公路正面突击时，其掩护右侧面的少数部队曾与汤部接触，而汤部竟全军迅速北撤，退往豫西舞阳一带。正面我军因无友军自侧面接应，无法与敌长期消耗，遂失随县。5 月 8 日以后，敌人又加强对我军两翼的攻击，南面以精锐骑兵自钟祥沿襄河北窜，攻入枣阳；北路则自信阳西进，我桐柏、唐河，拟与南路会师枣阳。对桐柏、大洪两山区内的我军作大包围。我乃严令汤恩伯会同孙连仲自豫西南下，向唐河一带出击。14 日克复新野[①]、唐河，与包围圈内的友军相呼应。我乃令我军于 15 日起作总反攻。激战三日三夜，至 18 日，敌卒开始总退却。我军克复枣阳，乘势追击，敌军死守随县。我军因无重武器，无法攻坚，乃与敌胶着于随、枣之间，入于休战状态。

综计此次随枣会战，敌军以 10 万以上的精锐部队，猛烈的机械化配备，三个月以上的调度布置，对我桐柏山、大洪山两游击基地及襄阳、樊城、南阳发动攻势，志在必得。孰知经 30 余日的苦战，卒至遗尸 5000 余具，马匹器械无算，狼狈而返。我方如不是汤恩伯不遵军令，敌方机械化部队，在襄花公路上，说不定就永无东归之日呢！

---

① 据查，新野是 1939 年 5 月 10 日失陷，11 日克复。

欧战爆发后之枣宜战役

李宗仁

敌人自在随枣地区受创之后，短期内无力再犯，我方亦得一喘息机会，军事委员会乃将五、六两战区作战地境略作调整。

第五战区在当时辖地最广。不特在敌后的大别山地区仍归我直接指挥，即鲁南、苏北名义上亦属五战区战斗序列之内。但是自武汉失守，第六战区司令长官陈诚因素为蒋先生所宠信而身兼数要职，然事实上未能常川坐镇前方，指挥作战。军委会乃将其辖区分割，另成立第九战区，任命薛岳为司令长官。另将宜昌以下的江防，由五战区划出，改归陈诚指挥。五战区重心既已北移，则襄樊已不是中心所在。民国 28 年秋，我乃将五战区司令长官部迁往光化县的老河口。

迁老河口后的第一项设施，便是在市外约五里地的杨林铺成立第五战区干部训练班，由我担任主任。调本战区校官以上各级军官前来受训，旨在提高战斗精神，检讨作战经验，增进战斗技术，并联络感情，收效极宏。另于襄河西岸距老河口约 90 里地的草店成立中央陆军军官学校第八分校。校址设于武当山下诸宫殿式建筑的驿站中。该校除招收知识青年外，并调各军下级干部前来受训，故有学生队与学员队之分。因抗战已过三年，全国军队久经战斗，下级军官伤亡甚巨，亟待补充之故。

第八分校校长名义上为蒋委员长兼任，实际上，设一教育长负其全责。第一期，我呈请中央调桂林绥靖公署中将参谋长张任民为教育长。第二期，调五战区参谋长徐祖诒中将担任。徐的遗缺则由副参谋长王鸿韶接替。徐、王二人都是我国军界难得的人才，各有所长。然二人在长官部工作，意见时时相左，此亦中外所恒有的人事问题，足使身为主管长官的，有难为左右袒之苦，适祖诒有意担任斯职，我乃特为举荐，以作一事两全的安排。

此时在敌我对峙的休战状态中，我乃用全副精神主持干部训练班事宜。

民国 28 年 9 月初，希特勒忽出兵侵略波兰，英、法两国与波兰缔有军事同盟条约，遂被迫对德宣战。欧战爆发了。为应付这个突如其来的新局面，蒋委员长特地在重庆召集军事会议，加以商讨。我便应召赴渝。其实在会上所讨论的，仍然只是一些国内战事的问题罢了。

在重庆会毕，我乘机向蒋委员长告假半月，回桂林省亲。因家母年高多病，很想看看我。军事委员会乃特地为我预备一架小飞机，直飞桂林。这是七七事变后我第一次返乡。桂林各界欢迎的热烈，与母子相见的欢愉，自不待言。

我自桂林回到老河口不久，便接获可靠情报，敌人受德国闪电战胜利的刺激，也预备和我们来一个闪电战。（民国）28 年 9 月，敌方成立所谓“中国派遣军总司令部”，以西尾寿造为总司令，板垣征四郎为总参谋长。（民国）29 年 4 月中旬，集中了六七个师团的兵力，要再到随枣地区来扫荡我第五战区。

我方的部署，大致是：（一）以精锐的黄琪翔第十一集团军第八十四军守襄花公路正面；（二）以川军第二十九集团军王缵绪（许绍宗代总司令）部守襄河以东地区；（三）张自忠的第三十三集团军守襄河西岸；（四）以孙连仲的第二集团军守北线桐柏山以北地区。

战事于5月1日开始。敌军仍分三路西进，大致如前次随枣会战时的姿态。不过，此次敌方对我正面只是佯攻，以吸引我主力。另以重兵配以坦克百余辆和飞机七八十架，自襄河东岸北进，猛攻我许绍宗部。许部不支，退入大洪山核心。敌遂长驱直入，直捣双沟，拟与北部会师，对我方主力进行大包围的歼灭战。我即令黄琪翔迅速北撤，以免被围。敌于5月8日冲入枣阳，与我掩护撤退的第一七三师发生激战。我方以众寡不敌，且战且走，节节抵抗。第一七三师自师长钟毅以下，大半于新野县境殉国。而我方主力却赖以撤出敌人包围圈。敌人既扑一个空，我军乃自外线实行反包围，由两翼将敌军向中央压缩，加以歼灭。双方战斗至为激烈。至11日，敌卒不支，向东南撤退。16日，我军且一度克复枣阳。

此时我方防守襄河西岸的第三十三集团军尚有一部未参战，我乃电令张总司令自忠"派有力部队，迅速渡河，向敌后出击"，以便将襄河东岸之敌拦腰斩断。自忠乃亲率其总司令部直属的特务营和七十四师的两个团，遵令渡河。于南瓜店附近一举将敌军截为两段。敌军被斩，乃密集重兵，自南北两路向张部夹攻。大兵万余人，如潮涌而来。自忠所部仅两团一营，断不能抵御，随行参谋人员暨俄顾问都劝自忠迅速脱离战场。孰知自忠已下必死决心，欲将敌军拖住，以便友军反攻，坚持直至所部将士伤亡殆尽，自忠亦受重伤倒地，才对身旁卫士说："对国家、对民族、对长官，良心平安。大家要杀敌报仇！"遂壮烈殉国，为抗战八年中，集团军总司令督战殉国唯一的一人。

自忠在奉命渡河时，曾有亲笔信致该集团军副总司令冯治安，略谓："因战区全面战争关系，及本身的责任，均须过河与敌一拼。如不能与各师取得联络，本着最后之目标（死），往北迈进。无论做好做坏，一切求良心得此安慰，以后公私，请弟负责。由现在起，或暂别，或永别，不得而知。"足见自忠在渡河前已抱必死的决心。

回忆抗战开始时，自忠自北平南下，在南京几被人诬为汉奸而遭受审判。我当时只觉得不应冤枉好人，故设法加以解脱，绝未稍存望报之心。孰知张自忠竟是这样一位血性汉子，一旦沉冤获雪，便决心以死报国。在他瞑目前的一刹那，“国家”“民族”之外，对我这位“司令长官”犹念念不忘。我国古代的仁人志士都以“杀身报国”，以及以“死”来报答“知己”为最高德行，张自忠将军实兼而有之了。

张自忠死后，我方虽损一员能将，然敌在随、枣一带，终不得逞。各路敌军与我军均陷入胶着状态。

敌人在五战区既无法越雷池一步，乃在6月初再度增援，舍开五战区正面，在襄河下游强渡，向六战区采取攻势，与陈诚将军展开宜昌争夺战。6月1日，敌人一度侵入襄阳、樊城。经我们自外线反击，敌人不敢死守，乃将襄、樊焚毁一空，于6月3日向南窜撤。我军乃于6月3日连克襄樊与枣阳。唯六战区方面之敌，于6月14日侵入宜昌[①]，据城死守，我军屡攻不克，宜昌遂为敌所有。

自此我五战区通往重庆后方的水路被阻，以后只有自老河口翻越崇山峻岭，改走巴东一线了。

敌人虽占有宜昌，然襄、樊和大洪山一带，我军对其威胁始终无法解除。（民国）29年9月我军为策应长沙会战，曾对宜昌之敌发动反攻，以牵制其兵力。故敌人对随、枣一带我军根据地，终视为眼中钉，必去之而后快。是年11月，汪精卫在南京组织的伪政府正式获得敌方承认。敌人以军事配合政治，又以几个师团兵力再向随枣地区进攻。自11月24日至30日，经七昼夜的苦战，襄花路上敌遗尸数千具，仍一无所获而返。

① 据查，宜昌失陷是1940年6月12日。

记豫南会战

李宗仁

敌军在随、枣一带三度受挫，心仍不甘。

（民国）30年（1941年）1月中旬，合豫、鄂、皖各地敌军共约七个半师团，重炮一联队，战车300辆，飞机百余架，在豫南集结，企图沿平汉路北犯，打通平汉路。1月25日，敌军自信阳、确山、驻马店等地，分六路向西进犯，与我军展开大规模的战斗。是为“豫南鄂北会战”。

敌军所用的战略，仍是以大兵团向我主力迂回包围的老套子。我对敌我战斗力估计甚为明白，断不与敌争一城一地的得失而中其圈套。凡敌包围尚未合围时，我便主动地转移，使敌扑空，然后自外围向敌反包围，敌军也唯有迅速躲避。

就这样，敌我双方数十万众，便在豫南平原大捉其迷藏，使敌疲于奔命。敌军徒有最优良的配备与训练，终莫奈我何，士气沮丧之极。我军得机即行反攻，足使敌军落胆。2月4日我军一度撤离南阳，敌军窜入之后，亦不敢守，6日即自南阳遁去。鄂北敌骑兵一度曾窜至离老河口仅30里的地区。老河口虽只有一个特务营驻守，我谅他不敢前来。无奈参谋长王鸿韶为人谨慎，力主将长官部迁往襄河西岸暂避。我也认为此时没有与敌军玩“空城计”的必要，遂率长官部渡河。旋即迂回。

是时敌军因已陷入我军包围圈，不敢恋战，南北两路一时俱退。豫南、鄂北之战，遂告胜利结束。

黄绍竑

总之，在游击区内，一切都是从斗争中求生存，没有斗争就没有生存的道理，在游击区，见之最确。

- 1895年生，字季宽，广西容县人。
- 1933年5月，任北平政务整理委员，同日方作外交交涉。
- 1937年抗战爆发后，任国民政府军事委员会作战部部长，主管作战计划和作战命令。后任第二战区副司令长官，协助阎锡山指挥娘子关战役。
- 1937年11月，重任浙江省主席兼保安司令，任内制定了浙江省战时政治纲领，积极动员全省人民对日开展敌后游击战，与新四军积极协调，共同抗日。
- 1943年，兼任第三战区副司令长官。
- 1966年8月31日，逝世于北京。

长城抗战概述

黄绍竑

长城抗战前的国内外形势

九一八事变后，蒋介石始终坚持“攘外必先安内”的不抵抗政策。他把中国共产党历次团结抗战的宣言封锁了，把中国的命运完全寄托在国联的身上，向帝国主义者所利用的国际联盟呼吁，希望用国际联盟的力量，压迫日本，交还东北。中国驻国联代表施肇基声称：“中国将其国家完全听命于国联，毫无保留的余地。”当时被蒋介石、张学良打倒避居山西汾阳的冯玉祥有电说：“日本大肆屠杀，不闻有备战之举，反以镇静为名，徒然日日哀求国联。试问宰割弱小民族的国联能代中国求独立，能代中国打倒该会常务理事之日本乎？与虎谋皮，自欺欺人，仍甘为帝国主义之工具而不悔。”这颇能代表当时社会上的呼声。但南京政府充耳不闻。

由于中国的呼吁，国联派出李顿调查团到东北调查。李顿调查团先到日本，“秉承”日本政府的意旨之后才到中国来。南京政府就好似救星一样殷勤谄媚地来欢迎它，希望它说中国的好话，主持公道。参加调查团的唯一的中国代表顾维钧随调查团到东北后，日本关东军就不让他与指定之外的任何中国人接触。不但他，就是中国名记者戈公振作某些访问也被拘捕。据顾维钧回来报告说，有些重要的场合他都无法参加，他唯一见到的中国人是火车上旅馆里的侍役。有一个侍役秘密地流着眼泪对他说："我们不愿意做亡国奴，东北人民都不愿意做亡国奴。我们希望政府抗战，我们在里面尽力帮助政府。如果政府不抗战，我们自己也去参加义勇军抗战。"顾并说义勇军在东北各地声势很大，日军很害怕。

李顿调查团的报告书发表了，它承认日本在满洲的特殊地位，但不承认伪满洲国。蒋介石政府认为是可以接受的，但日本政府却还认为不满意。因此日本南陆相声明称：国际盟约不能适用于有特殊情形之地方协定，绝不能接受国联决议的调停与裁判，否则日本退出国联亦在所不惜。果然日本不久就退出国联，继续进行对中国肆无忌惮的侵略。

当时东北义勇军真是如火如荼，马占山、冯占海、苏炳义、李杜、丁超等的大名几乎妇孺皆知。爱国人士既对蒋介石的抗战失望，就把希望寄托在义勇军的身上。但蒋介石对于义勇军非常冷淡，不但没有丝毫物质上的支援，也没有一些精神上的鼓励。蒋介石在一个义勇军代表的报告里批示："已据转交部汇报编录增光史册矣。"他并下令禁止组织义勇军。义勇军孤军奋斗，经不起日军的压迫，到了1932年冬，马占山、苏炳文、李杜各部都退入苏联境内，解除武装。冯占海等部则退入热河境内。剩下来的义勇军，就在中国共产党领导之下进行更艰苦、更深入、更持久的抗战。关东军就趁此进兵热河，进攻长城。

张学良下野

1933年初，日本帝国主义为了完成建立伪满洲国的侵略计划，开始向热河进攻。1月1日，日本军进攻山海关，何柱国部队予以还击，是为长城抗战的开始。

日军进攻热河的计划是：一、由绥中沿北宁铁路向山海关正面进攻；二、由朝阳、凌源、平泉之线进攻；三、由开鲁向赤峰进攻；四、由林西向多伦进攻。三、四各路皆会师承德，然后再分兵进攻长城各口。

张学良既放弃了东三省，犹冀保留热河、河北，苟延残喘，静候南京国民党中央同日本交涉。山海关的炮声响了，他知道再不抵抗，连热河、河北都保不住，就让驻在长城以内的东北军开始进入热河布防。那时他名义上是北平军事委员会分会（以下简称北平军分会）的代理委员长（委员长仍是蒋介石），可以指挥华北各省军队。但华北军队如阎锡山集团、冯玉祥集团，在1930年内战的时候，都是由于他帮助蒋介石而致失败的，他怕阎、冯宿怨未消，不听指挥，不肯协助。单独东北军抗战是无把握的，他唯一的办法还是求援于蒋介石。

蒋介石却想利用这个机会，诱使两广参加“剿共”。这年1月21日，他叫我同训练副监徐景唐赴广州，同陈济棠、李宗仁等商量，要两广出兵江西帮助“围剿”，他好抽调中央军北上抗日。在此稍前的时候，陈济棠驻沪代表杨德昭曾经谈过，如果中央决心抗日，则广东愿意负江西“剿共”的责任。蒋介石就抓住这个机会，使两广军队到江西参加“剿共”。不料陈济棠揭破了他的阴谋。我和徐景唐到了广州，陈召开军事会议，所有两广的高级将领及高级党政人员都参加。他们表面上不肯说不出兵，而是用要求军费和要求械弹来拒绝。陈次日邀我单独到他家里谈话，他说：“季宽，我们是十几年共过患难的老朋友，我们要讲真心话。老蒋要我出兵江西，是不是想利用共产党把我们的军队钳着，好抽出他的军队来搞我们呀？我想一定是的，他的抗战是假的。你看是不是啰？”我笑而不答，也就是表示同意他的看法。他断然表示不肯调兵到江西。我回到南京把这种情形向蒋介石报告了。蒋就以此为借口，仅调尚未参加“剿共”的中央军黄杰的第二师、关麟征的第二十五师、刘戡的第八十三师北上，敷衍张学良。其实未参加“剿共”的中央军还多，如胡宗南的第一师，驻在河南闲着没事。

2月下旬的某日，蒋介石召见了我，要我去当北平军分会参谋团参谋长。我说："我与汉卿（张学良号）未曾见过面、处过事，而且军事也非我所长，恐怕将来要误事。还请委座（指蒋）另行考虑吧。"其实我心里对参加抗战是愿意的，但我以内政部部长的地位去当张学良的参谋长，心里总有些不愿意。蒋明白我的意思，他说："北平军分会仍然是我的名义，你就是我的参谋长；而且敬之（何应钦号）同去，他以后要在那里主持，你不但要在军事上帮帮敬之的忙，尤其在政治上要帮帮他。"我知道他已决心要张学良下野，由何应钦来代替；我和何应钦还合得来，就答应了。

接着财政部部长宋子文、军政部部长何应钦、外交部部长罗文干、内政部部长黄绍竑、参谋部次长杨杰、军政部厅长王伦、参谋部厅长熊斌，还有宋子文的朋友银行家胡六（胡筠庄）的老婆胡六嫂，一行人浩浩荡荡专车北上。表面上看，好似南京国民党中央很重视长城抗战，全力支持张学良，内心却各有各的想法。宋子文表面上似乎是作财政上的支援，其实是用来对张学良说私话，并为他出国作布置；此外还走一些英美外交路线，不久就回去了。何应钦表面上似乎是作军政上的支援，其实是要取张学良而代之。罗文干则是要与北平各国外交团打交道，看看风色，为一面抵抗、一面交涉的外交方针摸摸底，不久也回去了，由次长刘崇杰代替。我虽然是参谋长，但主要是供以后各方面政治上的奔走，因为蒋认为我还有些"肆应"之才，可以做"安内"的工作。专车到了徐州，不敢经天津到达北平，恐怕天津的日本兵知道了出来为难。其实日本人对这些人去北平，是欢迎的。专车由徐州转陇海路经郑州，再转平汉路北段到北平西站下车。大约是2月28日的早晨，张学良并没有到站迎接，因为他还在黑甜乡里起不来，派人招待。我同何应钦住在中南海的居仁堂，宋子文另有他的秘密住所。

当日下午两点多钟，我同何应钦去阜成门内原清朝顺承王府（现为全国政协机关）拜访张学良，听取前方的情况。他骨瘦如柴，病容满面，精神颓丧。他把热河及山海关方面的情况告诉我们，那时听他的口气，对战局好像还有把握。座谈久了，他就要到里面去打吗啡针。这是我第一次和这位“少帅”见面的情形。我们每日下午都得到那里商谈，我心里想：这样的情况怎能长久相处下去。闲了没事，也和一些北平上层人士接触，都为这位“少帅”的精神体力和指挥威望担忧，恐怕要误了国家大事。

日军于2月23日向热河进攻，先后占领了开鲁、凌南以东各地，继续向赤峰、建平、凌源等地进攻。热河主席汤玉麟闻赤峰、建平、凌源等地失守消息，即在承德做撤退准备：先把所有的汽车装载他私人的财产，向古北口撤退，因而影响了前方的士气。号称险要的平泉以北承德以东的黄土梁子主要阵地也自动放弃不守。日军占领黄土梁子后，即分兵两路：以一部南向平泉攻喜峰口，以主力西向承德攻古北口。日军于3月4日占领承德，汤玉麟已于早一日退逃滦平。张学良闻讯大为震惊，当即下令通缉汤玉麟。张学良那时对我们曾作出要亲率王以哲等军去恢复热河、与侵华日军拼到底的豪语，但迫于舆论，不得不向南京政府引咎辞职。

驻在南昌专心致志进行“围剿”红军的蒋介石，知道热河失守，张学良引咎辞职，即于3月6日乘飞机到汉口，改乘火车到石家庄，宋子文也同来。何应钦和我接到电报后，就先到石家庄去迎候，同行的还有山西阎锡山的代表徐永昌。蒋介石在车上召见了我们，听我们把情况报告之后，问我们对于张学良辞职的意见。蒋介石在南京早已决定要何应钦来取张学良而代之的，现在为什么还要问呢？因为对于东北军的底子还没有摸清楚，还有些顾虑。我们说：第一，如果还让张学良干下去，不但全国舆论不满，而且北方军队如山西阎锡山的军队、西北军宋哲元的部队，以及商震、孙殿英等部队都会不服。我们以后就指望这些军队继续抗战，中央军是不能多调出来的。第二，张学良虽有亲率未曾作战的东北军去收复热河与日军拼到底的表示，但以他的精神体力是做不到的，而且拼下去也不会有好结果。第三，即使准张学良辞职下野，东北军也不会有什么顾虑。蒋介石根据我们的报告，就决心准张学良辞职下野，由何应钦来接替。

张学良知道蒋介石来石家庄，也打电报去，想和何应钦等一同去石家庄迎候。但蒋介石还没有得到何应钦和我的报告，主意没有打定之前，不便就与他见面，就复电说："前方军事吃紧，调度需人，不必就来，有必要时再约地见面。"蒋介石同我们见面商量的次日，就约张学良到保定见面。张学良先到车站迎候，蒋介石后到，在蒋介石的专车上见面，仅有宋子文一人在座。何应钦和我在另一专车上，没有参加，怎样谈的，我们都不知道。他们会谈仅仅个把钟头，张学良就很颓丧地辞了出来。蒋介石走后，我们和张学良各乘各的专车回北平。次日[①]张学良就发出辞职下野的通电。不日离开北平到上海去了。

何应钦的作战部署

何应钦继张学良任北平军分会代理委员长，负华北军事的责任；我当了参谋长，都在居仁堂办公。参谋团设在府右街南口右侧的大楼，除由南京带来几个高参——侯成、陶钧、徐祖诒、徐佛观等外，其余都是东北军的原班人马。何委东北军参谋长鲍文樾为军分会办公厅主任。原任张学良参谋处处长的金元铮（前清贵胄，陆军小学、保定军校三期毕业）是满族人，恐怕他靠不住，就加设了一个作战处，由徐祖诒任处长，

① 据查，张学良通电下野是在 3 月 11 日。

也在居仁堂办公。何应钦和我秉承南京政府一面抵抗、一面交涉的既定国策，倚靠两千多年来秦始皇遗留下来的万里长城作为防御的唯一工事，想守住长城各口——独石口、古北口、喜峰口、冷口，阻止日军进入关内。独石口方面的防务调傅作义部队担任，傅作义本人进驻张家口；古北口方面把溃下来的东北军王以哲等部撤下整理，而以由南方调来的中央军徐庭瑶的第十七军（辖第二师黄杰、第二十五师关麟征、第八十三师刘戡）担任；喜峰口方面的防务以宋哲元的第二十九军担任；冷口方面的防务以商震所部第三十二军担任。由长城撤下来的东北军整理后，调北宁线天津以东及冷口以东担任防御，同时令孙殿英部坚守多伦以东地区，作敌后的威胁，使日军不能不有一些后顾。这是完全防御性的到处挨打的作战计划，根本谈不到进攻和收复热河、收复失地。

日本关东军既占领了黄土梁子，即分兵一部（大约一个旅团）南下占领平泉，向喜峰口进攻。东北军万福麟所部直溃口内，日军先头于3月9日占领喜峰口。调往该方面增防的原西北军第二十九军宋哲元所部主力方到达遵化，先头冯治安师黄昏后到达喜峰口。冯部乘敌人不备进行逆袭，黑夜里不用火器射击，而用大刀砍杀，用刺刀混战，杀死杀伤敌人不少，也有所虏获，把喜峰口夺回。这是长城抗战唯一的胜利。捷报传来，振奋全国的人心；大刀队的威名几乎把现代的精良火器都掩盖了。日军遭此意外的挫折，重新部署进攻，一时形成对峙的状态。

日军主力（约一个师团以上）占领承德后，即向古北口进攻。东北军王以哲部节节败退，企图固守古北口，等待徐庭瑶部的增援。徐庭瑶军先头关麟征第二十五师，于3月9日夜到达古北口城，而王以哲部已被日军击败，急于退走，11日就把古北口关口丢了。关麟征亲率所部增援，企图夺回古北口，不幸中弹受伤，不能达到目的，乃据守南天门阵地。黄杰的第二师到达增防后，该方面也成了对峙的状态。刘戡的第八十三师也调到该方面，由参谋次长杨杰任总指挥。

这时我们觉得榆关方面防守石门寨的何柱国军过于突出，不能不顾到冷口万一被敌人突破，敌人就可以占领迁安下滦州；喜峰口万一被敌人突破，则敌人可以占领丰润下唐山，截断榆关方面何柱国的归路。为了缩短战线，把何柱国军调驻滦河西岸，破坏滦河铁桥，依靠滦河作为防御。同时增强冷口方面的防御兵力。我们于3月20日给何柱国撤退的命令，平津日本报纸次晨就清清楚楚地刊登了出来。这当然是由于汉奸或电报密码泄露出来的，可见我们作战的一切计划敌人是清清楚楚的。国内报纸则攻击这次的撤退是受日本的要求。因此何应钦不得不向记者声明："我军此次对于滦东的军事调动完全是为了战略上的关系，绝无政治上的关系。"

孙殿英所部有三万余人，在3月以前即进达赤峰、围场地带，支援那方面的东北义勇军。日军进攻热河，同时以骑兵一个旅团附飞机坦克向孙部进攻，孙部溃退多伦以东地区。何应钦原要孙固守多伦以东的山岳地带，以减轻日军对长城进攻的压力。但孙经不起日军的压迫，于4月下旬放弃多伦，继续向沽源溃退。孙部军纪极坏，沿途骚扰不堪，外间并有谣言，说孙已接受伪满的委任，并没有与日军接触，就向后撤退。何应钦大为惊疑，因而对他的军饷、给养扣而不发，他的驻平办事处处长找我诉说经过，我想这样总不是办法，于是自告奋勇，到沽源、多伦前方去视察以明真相，好作处理。我乘火车到张家口，会同傅作义坐汽车向沽源前进，路经张北县与傅部的将领们见面。在沽源以北的平地脑保（蒙语泉水的意思）碰到了孙殿英。他向我叙述经过说："多伦在地图上虽是个大地方，但人烟稀少，给养困难，而且四面都是荒漠平沙。虽有些山，但是与南边的山完全两样，寸草不生，山势平延，很难阻止敌人坦克车的冲击和飞机的轰炸。即使没有敌人到来，我这三万多人也不能久驻那里，既没有兵站补给，又没有积储，一切都要就地想办法，所以军纪太坏，事实就是这样，我是承认的。至于说我不见敌人就溃退，请部长你去看看，我那些伤兵是哪里来的呢？又有人造谣说我受了‘满洲国’的委任，部长你知道，全国都知道，我孙殿英挖了小溥仪的祖坟，即使我去投他，他肯容我吗？岂不是把我这麻子脑袋往刀上送？我孙殿英虽然是土匪出身，混了几十年，也还知道一些民族大义，即使至愚也知道自己与小溥仪有不共戴天的仇恨。那些造谣的人无非是想栽我，请部长转报何部长，并且妥为处理。我一定服从命令，绝无二心。”我心里想他后面这段话，倒是实情，他所以不投伪满的关键就在这里。于是我答应即发欠款 40 万元和面粉 4 万袋，并指定他在沽源、独石口、镇岭口一带向东面北面布防，好抽出傅作义部队作为机动使用。

在这期间，北平的古物正在南运。古物在北平的有两部分：一是属故宫博物院的，一是属于内政部古物陈列所的。当本年 1 月山海关失陷时，南京政府行政院决议设立中央古物保管委员会，并以榆关陷落平津危险，决将古物南运保存。北平各团体反对政府迁移古物，1 月 23 日，北平各界组织保护古物协会，通电反对南运，谓政府须全力守北平，若虑古物资敌，则华北数千万方里数千万人民应先保护，不应只顾古物等语。这个义正词严的通电，南京政府不加理睬和反省，仍然用军警保护运出，直到 4 月间尚未运完。我到北平的时候，内政部押运人员向我请示，那时我正忙于军事，就说："整个河北和北平正处在危险状态，守护之不暇，还有工夫顾那些东西吗？你尽量地运，运出多少算多少吧。"有一天，我到古物陈列所去看看，那位所长问我："部长要不要一两件东西？"我听了很惊异地说："所里陈列的古物，可以任由长官来要的吗？可以由你送人的吗？"他听见我的话有责备的意思，就转口说："并不是所里已经陈列的东西，那都是顶好的编了号的。库里还有许多次等的东西，没有编号，没有登账的，拿一两件也不要紧。"其实这个弊病已经是公开的秘密了，在那些所谓"古物保管专家"的手里，即使已经编号登记的珍品，他们也可以用假的换了出来。后来故宫盗宝案的发生，不就是这样的吗？可惜我那时候对字画古董不感兴趣，不然的话，尽可以大大捞他一把。

居仁堂军事会议

大约是三月二十三四日，前方比较平静，蒋介石曾秘密来到北平。当时虽说是秘密，后来报纸也知道了。蒋来北平是听取各方的报告并作指示，在居仁堂开了一个军事会议，各方面的高级将领都出席作了报告。古北口方面总指挥杨杰在席上大谈其后退配备的战略，他要把南天门阵地（古北口以南的阵地）向后撤退到密云县以东地区，引敌人深入，而在两侧配备两个军同时出击，一举就可以歼灭敌人的主力，长城战事就可以转移为攻势，不致坐着挨打。他并且报告前方敌人不断增加，战事如何激烈，要求增援。何应钦素与杨杰不睦，素来都把杨杰叫作杨大炮，听了很不高兴，就说："前方没有什么激烈战事吧！"杨杰说："我刚才由前方回来，难道还不清楚？"何应钦就叫："王厅长（伦）你立刻打电话去问问徐军长（庭瑶）前方的情形怎样？"王伦打电话问徐庭瑶，回话说前方很平静。弄得杨杰当场下不了台，满面通红，一言不发。不久杨杰的总指挥也撤销了，由徐庭瑶代理。杨杰从此就反对蒋介石。不过日军增加确是事实，正在部署尚未攻击，原来是第八师团，后又增加了第六师团一个旅和一个骑兵旅团，是由多伦方面转移过来的。

蒋介石作了最后指示，肯定地说，要以现有兵力竭力抵抗，不能希望再增加援军。会后随往西山碧云寺拜谒孙中山衣冠冢，并同何应钦、杨永泰和我在香山饭店吃了一顿不饱的晚饭，他就经保定转回南昌去了。蒋还交下一些问题，留杨永泰在北平与各方商量处理。当晚我即邀杨永泰到北平著名交际花杨惜惜家里去玩，顺便同各方的代表商量处理问题。到有东北军方面的于学忠、万福麟、鲍文樾，山西方面的徐永昌，宋哲元，驻平代表萧振瀛。杨惜惜是以前平汉铁路局会计科王科长的小老婆，王某贪污了十几万元，死后这些钱都归了杨惜惜。她有自己的漂亮汽车，华丽的公馆（缎库胡同五号）。那里有酒、有色、有财，经常有些“要人”出入。我们这些人在那里真是乌烟瘴气，蒋介石交下来的所谓军国要事，就是在那里商量处理的。

长城战事日益紧迫，北平也不能不有些军事布置。我们调了一些部队布置城防，主要是东城和北城。驻军在驻守地区，入夜是戒严的。在东城区苏州胡同一带素来是外侨尤其日侨活动的地方，他们不守驻军的戒严令东窜西窜。驻军哨兵要他们站住加以盘问，也是很平常的事。日本武官酒井隆也受到了哨兵的盘问。次日酒井隆就带了两个全副武装的日本步兵要到居仁堂见何应钦当面抗议。新华门守门的宪兵要武装的日兵停在门外，请酒井隆单独进去。酒井不答应，大闹起来。宪兵请示，何应钦也只好让他带着武装士兵到居仁堂。会见的时候，两个武装日本兵就站在跟前。何应钦抗议他这种无礼貌的举动，他的回答是因为在北平他的生命没有保障，因此不能不带武装进行自卫。何应钦问他缘故，酒井就说昨天晚上被哨兵盘问，并诳言哨兵要他跪下，拿大刀想杀他，因此他要带武装保护前来抗议。还说他与何应钦是旧相识，是同学，才来当面抗议，否则就会自由行动起来了。何应钦除一面向他解释道歉之外，还下令驻城部队以后对外国人要客气、要礼貌。

尽管长城战事如何紧张，何应钦和我还摆出好整以暇的姿态。有时去玩玩高尔夫球，有时去打打猎。有一天，他同我去游颐和园，那时泮水初解，浮冰绿水之间，有成百上千的野天鹅浮游。我们问管园的可不可以打，他说从来没人打过，所以它们才敢年年到这里来快乐地游玩，一过春天，它们就飞去，一到冬天，它们又回来，是颐和园的天然美景。也就是说虽然没有禁令，可是从来没有人打过，以免破坏这天然的美景。他说话的用意，无非是想阻止我们去打。但我们猎兴大发，莫说没有禁令，就是有，我们一个是军政部部长代理北平军分会委员长，一个是内政部部长兼北平军分会参谋长，莫说是要打几只野天鹅来玩玩，就是要打三贝子花园里（即现在的动物园）养的老虎和狮子又有谁敢来阻止呢？于是我们居然开枪打了。后来听说天鹅从此就不来了。“始作俑者其无后乎！”

冯玉祥这时在张家口开始酝酿组织抗日同盟军。我同冯是 1927 年四一二事变后在徐州第一次见的面。九一八事变后，他一度到南京，又见了一次面。3 月 28 日我以私人名义，同高参陶钧到张家口去访问他，并看看情形。他请我吃一顿粗劣的晚饭，席间他说明了他抗日的宗旨，并力诋张学良、蒋介石的不抵抗主义的误国卖国。我心里想：现在长城不是正在抗战吗？何必另立旗帜？但我又想到抗战人人有责，多一方面的号召，壮壮声势总是有益的。那时他还是一个光杆儿，让他搞去吧，横竖搞不出什么名堂。因此我没有同他辩论什么，也没有劝他到南京去，我就回北平向何应钦汇报。但何却对冯十分重视，他说：“冯这个家伙野心很大，抗战不过是用来掩护的名词，以后如何发展，如何收拾，很成问题。”长城战事正在吃紧，只好暂时不管。

4 月下旬，方振武的部队响应冯玉祥的号召，由山西介休县开到了河北邯郸。北平军分会要他在邯郸候命，不拨火车给他北上，他就步行到了定县。我与方振武以前也有一面之交，何应钦要我去定县，同方商量，改编后参加抗日，拟改编为两个旅，以鲍刚、张人杰为旅长。他不同意，继续步行北上，到达徐水、满城附近。后方军队这样自由行动，何应钦大起恐慌，于是借口统一军令，饬将所有在察哈尔及河北两省的抗日救国军及义勇军等名目一律取消，其有人马充足的部队准改编为正规军参加抗战。这个命令的用意是想破坏冯玉祥抗日同盟军的计划，但不发生什么作用。方振武、鲍刚等的部队仍继续徒步向张家口集中从事抗日，精神是令人钦佩的。

我军的抵抗和撤退

北宁线方面自何柱国军退守滦河西岸，日军即进占抚宁、昌黎、卢龙等地，与我军隔河对峙。喜峰口方面因宋哲元的第二十九军防御相当坚固，敌人避免正面攻击的牺牲，找到冷口方面的弱点。那里原是东北军缪澂流师担任，后来商震部的黄光华师增加上去，虽然努力抵抗，但经不起日军的攻击，冷口遂告失陷。日军占领冷口后，分兵占领滦河上游的迁安，威胁滦河西岸阵地的侧背，主力则绕到喜峰口的后面，向防守喜峰口的第二十九军形成前后夹击的姿态。因此防守喜峰口的宋哲元军不能不撤退。北平军分会乃令何柱国、王以哲、万福麟等军撤至宁河、宝坻之线，宋哲元军撤至三河、平谷以东地区。敌人继续前进，先后占领遵化、玉田、丰润，向我军压迫。我为了布置津东防御去天津走了一趟。我在天津还去拜访了亲日分子张志潭（已由南京任为北平政务整理委员会委员）。我在言语之中表示要他顾全大局，听候中央处置，不可单独行动。他表示这个仗打不下去了，首先军队纪律太坏，人心恐慌，甚至有些人宁愿欢迎日军到来。他的话可说是代表了他自己，也代表了某些人。我在天津想与前方联络，但联络不上。因为那条线（即宁河宝坻之线）并不是预先构筑好的阵地，而是临时征些民工挖了一些土壕，更未架设通信网。前方情形十分混乱，眼见那线也守不住。我转回北平把情形报告何应钦。

古北口方面是敌人进攻的主力。自古北口失守，我军就坚守南天门。南天门地形险要，不能使用很大的兵力。日军以全力进攻，战事很剧烈，进展甚慢。徐庭瑶的三个师，起初是关麟征第二十五师在第一线，被打残了，黄杰的第二师顶上去，换下第二十五师，第二师又被打残了，刘戡的第八十三师又顶上去，换下第二师。由南天门而石匣镇而密云，节节抵抗，节节撤退，就是这样挨了两个多月，是长城抗战作战时间最长、战事最激烈的地方。3 月间，因喜峰口第二十九军大刀队一次的胜利，上海妇女界组织妇女慰劳队到喜峰口慰劳第二十九军，对古北口方面则没有去。我对她们的代表王孝英、沈慧莲说，古北口方面的战事比喜峰口方面激烈得多，她们都不相信。可见当时报纸把大刀队捧得天那样高，把对日抗战最激烈的部队都忘了。东北军方面更没有人理睬。

徐庭瑶军退到密云附近，既无险要的地形，部队又已残破，不能作有效的抵抗。北平军分会事先把傅作义的部队调到昌平附近向怀柔、顺义出击，但经日军的攻击，作战不利，退守顺义、怀柔以北山地。日军进至顺义附近，距北平仅 50 多里。而京东方面的日军既占领三河进迫通州，宝坻日军进迫香河，对北平形成三面包围的态势。这是 5 月 24 日的情形。当日军迫近顺义的时候，日军飞机九架飞过北平上空，飞得很低。机上的太阳敌徽及驾驶员的面目都看得清楚。那时既没有防空警报，也没有防空洞设备。我和何应钦听到了机声，才跑出居仁堂到假山下去躲避。我们的高射炮队也咯咯放了几响。但敌机并未投弹就飞回去了。事后，英、美外交人员深不以我们的高射炮的射击为然。他们说："日机不是来轰炸的，向他们射击，就会引起他们的轰炸或扫射。"但敌机不轰炸、不扫射，只有天晓得，也许他们外交人员事先知道吧。

这期间，德国总顾问费而采，也在北平参加我们作战计划的制定。他是第一次世界大战德国总参谋长鲁登道夫的作战处长。他每天都到居仁堂听听情报，看看地图，或同我们谈谈。但我觉得他只有一般的战略见解，尤其对中国部队的情形根本就不清楚。东北军自滦西撤到宁河、三河之线，又被敌人突破。他问我，那方面既不是敌人的主力，东北军的番号又那样多，为什么守不住？这个很容易答复的问题，弄得我很难答复，只好耸耸肩膀。5 月 24 日，上午他仍然到居仁堂，见办公室的作战计划地图都揭下来了，就大惊失色。我们把情况告诉了他，请他回南京以保安全，随后就调回国去了。蒋介石后来又聘请德国鼎鼎大名的塞克特将军当总顾问，他在德国当了很久的国防部部长，是凡尔赛条约后第二德国陆军的保育者。我曾参加他与蒋介石的座谈，蒋介石问他对日国防的意见。他说："最危险的是这条扬子江，必须沿江建设要塞，并沿江构筑游动炮兵阵地，沿江布置游动炮兵。否则一旦开战，日本舰队就可直捣汉口，把中国分为两下。"我觉得他的意见也很平常，难道这种平常道理我们也不懂得，要请教外国顾问吗？不过在蒋介石统治的时候，德国顾问是很吃香的。

订立城下之盟

南京政府抱定一面抵抗一面交涉的方针，除了军事抵抗之外，交涉的活动也是积极的。外交部部长罗文干、财政部部长宋子文 2 月底来北平就是做这个活动的。罗、宋回南京后，又派外交部次长刘崇杰来继续进行。他们希望通过英国驻华大使蓝浦森、美国驻华大使詹森，由英、美出面调停，把上海停战协定重演。但英、美在华北的利益关系并不大，不似上海那样积极，蓝浦森只是向日方要求维持《辛丑条约》，秦皇岛附近不发生战事。

南京政府不但在外交方面对英、美进行活动，做交涉的准备，同时也在内政方面调整华北的人事，为以后的妥协做准备。蒋介石曾要我兼任北平市市长，我没有同意；又叫我征求地质学家丁文江的意见，要他当北平市市长应付日本人，丁文江也不同意。5 月 3 日[①]，南京行政院设立驻北平政务整理委员会，以黄郛、黄绍竑、李煜瀛、张继、韩复榘、

① 据查，系 5 月 4 日。

于学忠、徐永昌、宋哲元、王伯群、王揖唐、王树翰、傅作义、周作民、恩克巴图、蒋梦麟、张志潭、王克敏、张伯苓、刘哲、张厉生、汤尔和、丁文江、鲁荡平为委员，并指定黄郛为委员长。从这个委员会名单来看，包括有代表国民党中央和华北地方各方面的人物，也就是想用这个委员会作为第一步“华北特殊化”，与日本进行直接交涉。黄郛是亲日派的头子，用他来当委员长，很显然是对日本表示妥协。黄郛被任命后，并不即时就职，而是在上海和北平与日本人秘密接洽，等待时机的到来。

军事上，到了 5 月 24 日，日军迫近顺义、通州、香河，北平成了三面被包围的形势，日机复在上空飞翔。前方的部队正在溃退，无法收容整理；后方又肯定没有增援的部队，即使蒋介石肯调援兵，也是远水救不了近火。北平只有刘多荃东北军的几个团和蒋孝先的中央宪兵第三团。白天我到城内各地去看看城防的布置，到晚上八点多钟才回到居仁堂，看见办公室里已经不像往日的样子，我的铺盖也已经捆好了。我问何应钦怎么一回事，他说：“前方情形你是知道的，军分会现在决定撤到长辛店以南，打算 11 点钟上火车，火车已经预备好，在西便门外跑马厂小车站上车。你回来得正好，我们等你作最后的商量。”在那里有黄郛、张群、李择一、王伦，连我一共六个人。我问撤退有没有请示得到蒋的许可，何说：“时机太紧急，来不及请示。”我说：“北平呢？”何说：“交给徐庭瑶防守，他的司令部设在西便门外的白云观。”我说：“敌人已占领顺义以南地区，还来得及由前方调回来布防吗？”何说：“这就很难说了，只好尽力地做去。”

黄郛自被任命为行政院北平政务整理委员会委员长之后，就在上海、北平与日方进行秘密接洽，他什么时候到北平我不知道，这次何应钦邀他来参加会议，自然有作用。黄郛说：“由驻北平日本武官方面得到的消息，如果中国方面肯派军使向关东军要求停战，便可停止对北平的进攻，用外交的方式结束此次战事，并希望在夜里两点钟给他们答复。否则关东军即向北平进攻。”黄郛、李择一自不必说，张群的意见是同黄、李一致的，但他不说话。王伦则主张守北平，并且要立刻调炮兵到天安门、中华门，向东交民巷轰击，先肃清城内的日本驻军，不管他日本人也好，美国人也好，英国人也好，一概把他轰完，横竖也不过丢了一个北平，使英、美旁观者吃一些亏，然后他们对日本有所责难，谁叫他们同日本人住在一起呢？他这些激愤的话，大家都不赞成。何应钦没有主意，仍然想撤退。我说：“调兵增援肯定不可能，前方部队正在溃退，未必就能调来北平，从容布防，而我得到的消息已经有人从事伪组织，运动某些部队参加。如果我们军分会一撤退，伪组织可能就立刻出现，敌人就利用伪组织作为对手与它签订协定，作为这次战事的收场；将关东军撤回关外，并不占领平、津，而平、津已成为一个特殊化的第二‘满洲国’。这样河北就非我国所有了，损失岂不是更大？因此我主张一面布置北平的城防，一面派军使去商量停战，万一停战不可能，然后把北平交由徐军长作背城一战。我们那时候仍有从容退出的时间，现在又何必这样急呢？”大家都以我的说法为然，但何应钦仍以未曾得到蒋介石的指示为顾虑，因为事情太重大了。那时北平和牯岭长途电话还不通，打电报去请示万万来不及。我说：“委员长要我们来主持这方面的事，我们要为他负一些责任。古人说将在外君命有所不受，况且现在是君命来不及的时候呀，我们应该把责任负起来吧。如果以后委员长不同意，我们愿共同受国家法律的处分就是了。”我说完这番话，张群支持我的意见，何应钦才决定派军使去与关东军商量停战，由黄郛、李择一去答复北平日本武官。王伦见这样决定，遂愤愤地上楼睡去了。后来王伦在中南海骑马，堕马触树，触破身死。他在那时算是北平军分会参谋人员中主张抗日最激烈的分子。

5 月 24 晚上的秘密会议开到 1 点钟以后，才决定派军使到顺义关东军第八师团司令部与西义一师团长商量暂时停战办法，其实就是战败了作城下之盟。派什么人当军使呢？这是一个忍辱负重的差使，既要有相当的官阶，又要有相当的仪表，最主要的还要会讲日本话。于是选派军分会作战处处长徐祖诒（燕谋）去充这个角色。他是日本陆军大学毕业，精通日语，相貌魁伟的少将，是很适合上述要求的。他当初不肯去，恐怕到那里受凌辱及以后还要受全国人民的责难，经我们多方的劝勉才答应了。他同北平日本使馆武官于25日上午5点钟乘汽车由东直门出城，抵达顺义某一个村子关东军第八师团司令部，同师团长西义一商量停战办法。路程不过50多里，个把钟头就到了。我们就好像热锅里的蚂蚁一样，静待他的回音。我们的行李已经捆好，不再打开，我只好到北京饭店去睡觉休息。早晨我又回到居仁堂，当我跨出饭店大门的时候，听到后面一个人很惊讶地说："他们为什么还不走呀！"由他的口气里可以想到当时北平某些人已知道我们已经准备火车要走了。他那句话到底是希望我们留在北平，还是希望我们早些离开北平呢？只有他自己才知道了。

大约12点钟的时候，徐祖诒回来了，他报告了与日军交涉的经过。他说：在顺义某个村关东军第八师团司令部里作了接待军使仪式，并签订请求停战的"觉书"后，西义一师团长就提出了暂时停战的办法，内容概要是：一、华军撤至延庆、昌平、高丽营、顺义以北、通州、香河、宝坻、林亭、芦台以南一带，以表示华军停战的决心，请日军不再前进；二、于5日内日方（指关东军）派遣代表与华方军事当局（指军分会）讨论停战条款；三、正式谈判地点须在日军占领地内。这个结果的下一步文章就更多了，首先是派谁当正式谈判代表，他的地位要比徐祖诒高一些，又要懂得日本话。我们再三商量，决定派参谋部厅长熊斌充当，另加上一个军分会总参谋的名义。熊斌也是日本陆军大学毕业生，过去同日本人有过一些往来。熊斌当时也不愿意充当首席代表，经我们勉励他做马关条约的李鸿章，何应钦并许了交换条件才答应的。其次是要派人到庐山向蒋介石作报告，因电报是不能弄得很详细，于是推我于25日下午4时专车回南京转庐山（当时报载黄绍竑28日回南京是错误的）。

我在25日午后6点多钟到了天津，在河北省政府主席于学忠处匆匆吃了一顿晚饭，我把前方情形及临时停战的办法告诉了他。他自然是同意的。随即专车南下，事先约好山东省主席韩复榘在济南车站见面，半夜里车到了济南，韩复榘已经候在那里；我们在车上谈了20多分钟，无非是把情形告诉他，他更是赞成停战。济南以后一直都没有停过车，那条路上就是我那个专车行走，其他的车都停了。第二日3点多钟到达浦口，走了22个钟头，据说是那时候津浦路最快的火车了。本想即乘飞机到南昌，但时候已经晚了。27日上午9时乘军用飞机到南昌，在行营参谋长贺国光家里吃了一顿午饭，随即乘火车于下午3点多钟到了牯岭。事先蒋介石已经把汪精卫、孙科等南京要人召集到庐山来，在庐山饭店那里等候我的到来。我把以前长城各方面的战况和前天晚上（即5月24日晚上）军分会所作的决定作了详细的报告，最后我并代表何应钦面请越权专擅的处分。早在我的意料之内，因为我们是本着中央一面抵抗、一面交涉的方针处理的，他们完全同意，没有一句责备的话。蒋介石说：“好！好！你们处理得对。以后的问题我另有电报给敬之（何应钦号）。季宽先生你很累了，你去休息休息吧。”至此我的千斤重担算是放下来了，索性住在庐山休息一些时候。《塘沽协定》于31日在塘沽签字，怎样情形我不知道。长城抗战就此结束了。

娘子关战役前后

黄绍竑

我去山西的经过

七七事变发生时，我任湖北省政府主席。8月，蒋介石在南京召开会议，决定在军事委员会之下添设六个部，为保密起见称为第一、第二……第六部。最先成立的为第一部，主管作战，任我为部长。其余各部以后陆续成立，但名称不保密了。我被任命为作战部部长，并非因为我有什么指挥作战的才能，而是因为那时李宗仁、白崇禧尚未到南京来，蒋介石对各方面的联络还需要我戴着这个头衔去奔走，我不过是出场的傀儡而已。9月，敌寇先后侵占大同等地。蒋介石要我到山西去看看，同阎锡山商量以后的作战计划。

大约是9月20日前后，我到达太原。那时八路军已渡过黄河开入山西增援，我在山西饭店碰见不少八路军的高级将领。阎锡山因大同失守，受到全国的谴责，装模作样在雁门关的岭口设立行营，亲自到前线坐镇去了。我去到岭口找阎。跟阎锡山在一起的有山西省政府主席赵戴文，绥靖公署参谋长朱绶光，还有一个是第二战区军法监张培梅。我把蒋介石的话转告他们，并说："蒋委员长认为山西是多山地区，易于防守，而且晋绥军对防守也有很好的经验，务要将山西守住，控制平汉铁路的西侧面，不让敌军沿平汉铁路南下渡过黄河，进而威胁武汉。”阎说：“中央的指示，我很清楚，也很同意。我在抗战前，在山西境内各要隘及太原城北郊，都做了一些国防工事，也就是为了要保卫山西。”他又说：“大同的撤守，是战略上的自动放弃。我同委员长的指示一样，要死守住东起平型关、雁门关，西至阳方口之线。”阎锡山还说，他认为非大赏不能奖有功，非大罚不能惩有罪，所以对于放弃天镇、阳高作战不力的军长李服膺主张必须枪决。其实李服膺在晋军中是属于“五台派”，是阎的亲信，当初阎是想袒护李服膺的，但在群众愤怒要求之下，加之军法监张培梅力争，阎不得已才枪决的。

阎锡山还说，照他的判断，敌人必先取得山西，然后沿平汉路南下。如果平汉路方面，能在保定以北（当时保定附近我军尚未南移，但前方的卫立煌、孙连仲已后撤了）挡住敌人，敌人光从大同方面进攻雁门关，尚易抵御。如果保定、石家庄不守，敌人必然进攻娘子关，从东北两方面包围山西。判断日军对晋北方面是主力的进攻，平汉路方面是助攻。晋北方面现在只有晋绥军和八路军，兵力尚嫌不足，不能兼顾娘子关方面。为确保山西起见，尚须加调中央军来山西协同作战。

我同意阎的说法，答应回南京后向蒋介石去说。当然，我在回京途中的时间里，他也立刻打电报向蒋介石请求。

临走时，阎还对我说：“我坐镇雁门关，决不后退。你报告蒋委员长，放心好了。”我见在那里没有什么事，也就回太原转返南京。在石家庄见到平汉路方面在前方指挥作战的刘峙、徐永昌（他任什么职位已忘）、林蔚（军委会高参），知道卫立煌部和孙连仲部都已沿平汉路西侧地区后撤，战事正在保定附近进行。石家庄是准备于保定失守后的又一防线，这就是战略上节节抵抗的部署了吧！

在石家庄，忽然传来了八路军在平型关大捷的好消息。这是抗战以来第一次打胜仗！当时石家庄的人民群众，以无比兴奋的情绪庆祝这个胜利，竟然在那种时候放起鞭炮来，几乎把敌机的空袭都忘记了。

那时我仍兼着湖北省政府主席，就从石家庄直回汉口，把省政府的职务交给秘书长卢铸代理，然后乘船去南京。我把山西的情况向蒋介石报告后说："阎百川虽决心很大，但他自己同一些老人坐镇雁门关也不是办法，应该有个长久计划，山西才能确保。"我还说："平型关虽然打了一个胜仗，但日寇还在继续不断增兵，山西以后的困难必然是很多的。"蒋介石忽然问我说："你到山西当第二战区副司令长官，帮帮阎百川的忙好吗？"当时我想：这个问题很不简单，蒋固然是想我去山西帮帮阎锡山，其实也就是他想在山西插一手。我和阎锡山以往就打了不少交道，在那时候他不会拒绝我的。同时我也想起，作战部在蒋介石作风之下，不过是承转命令的机关而已，而且陈诚一起首就有电报反对我，说我"内战内行、外战外行"，这样做下去也没有什么意思。于是我说："委员长考虑很是。我也愿到那里帮百川的忙，但要求委员长先征得百川的同意。"后来阎锡山回电虽同意了，但是有条件的，他推荐与他有历史关系的徐永昌继任作战部部长，蒋介石也只好同意。

娘子关战役

我大约是1937年10月1日前后离开南京到山西任第二战区副司令长官的。我到石家庄时，已不是前些时听到平型关大捷喜气洋洋的样子了。敌机连日轰炸车站和市区，破坏得很厉害。国民党军队由保定之线稍事抵抗即行撤退，想在石家庄以北沿着滹沱河、平山、正定、藁城之线布防（右翼至何处记不很清楚）。那条线上，据说曾做了一些国防永久工事，但因时间的关系并未完成，有些水泥尚未干燥凝固，模子板都还未拆呢！

孙连仲部在藁城以西布防，他的右翼似是商震部宋肯堂军，孙的指挥部就在石家庄以西 10 多里的铁路边小村子里。我到那里去看他，并在那里吃了一顿午饭。我问他情况怎么样，能支持多久？他说他的正面现在还平静，日军攻击的重点似在右翼，已开始炮击了，炮声隆隆，隐隐可以听见。他说右翼能经得住这轮炮击就很好了。那时孙部尚未奉令调入山西，我到入夜才乘车去太原。

我到太原时，阎锡山已把设在雁门关岭口的行营撤回来了。他把撤退的原因告诉了我，说："八路军在平型关打了一个胜仗，迟滞了敌人的前进。后来，敌人的援兵到来仍然从平型关方面突进。此外，敌军又由阳方口方面突破，虽未大力攻击雁门关正面，但已处在左右包抄的形势，我军遂不得不全线后撤，打算在忻县以北数十里的忻口镇布置战场进行决战。"他又说："中央调来刘茂恩、高桂滋部已到雁门关之线作战，现在又调卫立煌全部和孙连仲部、裴昌会部来晋北参加忻口会战。忻口正面狭小，左右两翼都不易为敌人包抄，以晋绥军全力及中央各军当正面，八路军在敌人侧后活动，晋军的炮兵有八个团（周玳是炮兵司令）都集中在那方面使用。"照他的部署和听他的口气，必定能在忻口战场把日军予以歼灭。

我问到娘子关方面的情况。他说，平汉路方面如能在石家庄之线守得住，敌人自然不能进攻娘子关，即使石家庄之线守不住，而平汉路正面我军能与敌人保持紧密的接触，敌人如西攻娘子关，平汉路我军就侧击敌人的后方，也是有利的。他又说，娘子关以北至龙泉关之线，已调陕军冯钦哉两个师和赵寿山一个师（是杨虎城的直属师），又调中央第三军曾万钟守娘子关以南九龙关马岭关之线（娘子关不包）。他所说这些部队的调动，都是在我上次来太原之后和我再来太原之前的时间里，由蒋介石与他直接商量决定的，所以我不很清楚。

在忻口和娘子关战事未发生之前，我每日必同阎锡山及少数高级人员在太原的一个比较坚固的小防空洞躲空袭。那时敌机每日必有一次或两次轰炸太原。每次在防空洞里，必见到一对年纪较轻的夫妇。当初我不知道是什么人，后来才知道是托派的张慕陶，改姓马，是阎的参议。我心里很奇怪，阎锡山为什么与张慕陶这样亲密呢？张慕陶为什么要改姓马，我当时一直不明白。

大约是 10 月 5 日左右，石家庄的电话不通了，而忻口大战正在部署未曾开始，我对阎锡山说要到娘子关方面去看看情形怎样，好作处理，他很赞成。

我同从南京带来的高级参谋陶钧、裘时杰、徐佛观等到了娘子关外井陉车站，由车站电话叫石家庄，叫不通；叫获鹿站，也不通，显然获鹿也可能被敌人占领了。我登上车站南方的高地展望，拥挤在车站附近的，有正待上车的孙连仲部队（一部已转到太原附近），和好些由石家庄、获鹿拥来避难的群众。当时群众对敌人是敌忾同仇的。有人捉获一个据说是敌人的便衣侦探，扭送到我面前来。老乡们说这人说话既不是本地口音，装束也不像本地人，而是初学说的东北话。我叫徐佛观用日语审讯，原来是一个日寇化装的侦探，就在高地上把他枪决了。敌人便衣侦探既到了那里，敌人的队伍也就离那里不远了。

当晚我回太原把情况告诉了阎锡山。我说："娘子关方面情况相当危险。第一是正面布置得太宽，北起龙泉关，南至马岭关，从地图上看就有 150 余公里，只有五个师（陕西军三个师，第三军两个师），都是一线配备，没有重点，也没有机动部队。敌人如突破一点，则全线都要动摇，尤其是尚未指定统一指挥的人。我料石家庄我军南撤后，敌人必以主力向娘子关进攻，策应忻口的会战，以少数兵力压迫南撤的我军。我军在平汉线上屡次溃退，即使是少数敌人也很难对它进行反攻，以牵制敌人主力向娘子关进攻。我建议把孙连仲部调回娘子关方面，作为预备队伍。"阎同意我这意见，遂把孙部调回娘子关作为机动部队。

阎问我这方面归谁统一指挥，我说就由孙连仲负责。阎说："冯钦哉、曾万钟两个都是老军务、老资格，孙连仲虽然资格也很老，但对冯、曾两人平时没有很多的关系，指挥一定有困难。"他想了想，问我可否担任娘子关方面的指挥？我当时虽然知道有许多困难，也只好答应了。

阎锡山在山西境内的重要地区已构有国防工事：一是以太原为中心向北以至雁门关一带各隘口；一是以大同为中心东至阳高、天镇。这些国防工事是孙楚主持设计的。1936年我因西安事变，南京要我到山西去找阎锡山出来调停时，孙楚曾陪同我去参观过太原北方30余里阳曲弯一带的工事。照我看，他们为了节省经费和材料（主要是钢筋和水泥），有些掩体都比较单薄，而且纵深也不够。正面有多宽，我不清楚，通信设备更未完成。娘子关方面的工事，在他们看来是次要的。何以见得呢？因为当雁北战局已很紧张时，而晋军新编第十团尚在那里赶筑工事。

10月中旬我乘车去娘子关方面指挥，除了我由南京带来的高参陶钧、裘时杰、徐佛观和两三个副官之外，则是阎锡山拨给我的无线电台和电务人员，此外由广西拨给的卫队两百多人。这个卫队的武器，步枪是军政部发的，机枪是再三问阎锡山要才给我的。我最初问他要时，他说兵工厂已停工，太原库已无存，后来给我的那九挺轻机枪据说是由临汾调回来的。

我当晚到了娘子关，找到师长赵寿山了解情况。他说正面尚未有敌情，他这师有五个团加上补充团为五个团，光守娘子关正面，问题不大，可虑的是左右两翼，尤其是左翼冯总指挥（二十七路）尚未取得联络，右翼友军既不知是哪个部队，更未取得联络。我告诉他，右翼是中央第三军曾万钟部，已经把孙连仲部调了回来作总预备队。他说，这样就很好了。他把布防情形报告了我，以主力扼守关口外的雪花山，其余则布置在铁路两侧高地。雪花山守得住，也就是娘子关守住了。万一雪花山守不住，娘子关正面仍可扼守。

我转回关后30余里下盘石车站附近的指挥部。这个指挥部依山靠河（小河通出关外），军用地图上叫作磨河滩，是一个双口窑洞，是国防工事构筑的拟定的指挥地点。在那里，除了一个双口窑洞之外，一无所有，更谈不上什么通信设备了。在整个娘子关战役中，通信就赖正太铁路的电话线和一些乡村电话线以及无线电台。

我把那位晋军新编第十团的白长胜团长找来，问他们这方面的工事情形。他说，这方面工事构筑的时间比太原以北晚得多，材料也欠缺，而构筑力只有他这一团，兵员名额也不足，虽然尽了全团的力量，只能做到这个地步，请副长官原谅。我听了，也无可奈何。在娘子关方面虽然筑了一些炮位，但大炮一门也没有。

我要无线电台向冯钦哉取得联络，但一直到娘子关失败，都未联络上，原来他没有将电台架起来，所以他那方面的情形如何无从知道。我想冯钦哉所以如此，就是要避开上级赋予他的作战任务。据我当时及事后知道，娘子关左翼是没有什么敌情的。如果敌人知道这个情形，由平山向六岭关进攻，一定不费什么气力就把太原和忻口之间截断了，比之进攻娘子关省力得多。

大约是10月21日的上午，娘子关正面发现敌情了。敌人是川岸兵团，由井陉方面进攻，自然是赵寿山师首当其冲。我屡次打电话问赵，他都回复我“守得住”。赵师所以守得住，是由于赵部官兵的努力勇敢，而日军进攻娘子关正面不是主力也是原因之一。所以娘子关正面，直到右翼溃退，赵寿山师才不得不撤退了。这是以后证明的事实。

日军川岸兵团（由二十师团和一些特种部队组成），以一部攻击娘子关正面，而以主力向娘子关右侧循徽水、南漳城前进，进攻旧关（也叫故关）。旧关方面的敌情，发现比娘子关正面迟了一些。那里是赵寿山师与第三军防线的接合点，在战线上是薄弱的环节，所以日军先头一举即占领旧关。第三军也曾增加兵力反攻，以图恢复，军长曾万钟也亲到前线督战，却无能为力。那里距我的指挥部只有三四十华里，我写了一封亲笔信派高参裘时杰、徐佛观带给曾万钟，并视察战况。这封信的大意是要他鼓励官兵不惜牺牲奋勇杀敌，恢复旧关。曾万钟虽然亲到前方指挥，屡次反攻，日军兵力虽不大，却扼险死守，终未能把它夺回来，成了暂时相持的局面。

日军得到后续部队的增援，即再行攻击，把第三军那里的战线冲破一个缺口。敌人以一部向南压迫第三军，以主力向北，企图占领下盘石车站，截断娘子关的后路。次晨敌军已迫近我指挥所的后山。我当时手里除了 200 多名卫士之外，没有掌握什么部队。适孙连仲部尚有三十师的一个旅，在附近车站候车运太原，而尚未知道孙部要东调的计划，我找到旅长侯镜如，要他增加上去阻止敌人。侯虽没有奉到直属长官的命令，对越级指挥的命令却接受了。侯镜如旅上去后总算把敌人顶住了。同时我命令娘子关正面的赵寿山师向井陉出击，以阻止敌人后续部队向旧关前进扩大缺口。但赵师出击的结果不好，反而把关外的要点雪花山丢了。赵寿山向我报告，说他的部队损失很大，但决心死守娘子关和正面铁路线上的要隘。这样，敌人遂将攻势转移到旧关方面，扩大缺口，侯旅伤亡很大，亦被冲破。恰好陕军原杨虎城的教导团，由团长李振西率领到来。这个团的官兵有 2000 余人，士兵有许多是青年学生，是杨虎城当时想扩充军队作为下级军官之用的。西安事变前，有些共产党员曾在这个团里当教官，所以士气昂扬，团长李振西也很勇敢。我即命令该团由下盘石的后山向前进的敌军迎击，由上午八九时接触，战斗至下午 4 时，总算把敌人顶住了。该团伤亡很大，收容下来仅剩五六百人，团长李振西也负了伤。

孙连仲率领二十七师（是他的主力部队）和其他部队白天乘车东运，沿途被敌机轰炸，伤亡不少，午后才到下盘石车站，当即增加上去，把这条战线稳定了下来。这时我将战线予以调整，娘子关以北仍由冯钦哉负责，虽然他一直不架设电台与我取得联络，但那方面尚无敌情，也只好如此。娘子关正面，要赵寿山师缩小正面，沿铁路扼守。那时正面的敌人已转到旧关方面了，顾虑不大。孙连仲部担任旧关方面的防务，这是敌人进攻的重点，并希望孙能夺回旧关。曾万钟第三军布置于旧关之右九龙关、昔阳方面，而该方面自旧关战后就失去了联络，情况一直不很清楚。

孙连仲部增加上去之后，首先将敌人压迫回到旧关附近，但旧关仍在敌手。那次战斗虽在某些地方把敌人压迫包围在山沟里或村庄里，但敌人不肯投降。我出了大赏，俘虏一个日本兵就赏大洋200元，而孙部解上来的俘虏仅有两个。据说俘虏日本兵固然不容易，即使俘虏到了，稍不注意，他们就自杀，这是他们武士道教育的结果。记得有一天，一个被打散了的日本兵，乱窜到我的指挥所附近来，四周围都被我军包围，他仍不投降，一面放枪一面乱跑，只好将他打死。有一次我悬赏五万元要孙连仲派一营人夺取敌占的旧关某要点，他指定二十七师的某营担当这个任务，并宣布我的悬赏。那营长慷慨地说："赏什么啰！军人以卫国为天职，即使牺牲了，只希望抗战胜利后能在哪儿立一块碑来纪念我们这群为国牺牲的人就满足了。"后来那个要点仍未夺回来，那营长和大部分官兵都牺牲了，剩下的不到百人。可惜那营长的姓名，我现在记不起来。

这时冯钦哉部队仍不知消息，曾万钟方面也失去了联络，战况不明。由于孙部的增援，旧关方面的战局得以稳定了一些日子，但是要持久仍是困难的，因此我要回太原同阎锡山商量下一步的办法，并把指挥所撤至阳泉。

我把娘子关方面的战况报告了阎锡山。我说："娘子关方面冯钦哉部显然是有意规避作战，曾万钟部情况也不明了，铁路正面虽不是敌人攻击要点，赵寿山师也已打得很残破了。攻占旧关的敌人，虽有孙连仲部暂时顶住了，但敌人必定会陆续增加。他们攻击的目标，必是孙连仲与曾万钟两部的接界点，向昔阳、平定方面突进，企图占领阳泉，截断正太路，包围娘子关和旧关的我军，威胁太原。我要求从忻口方面抽调一些部队增加娘子关方面，以免影响忻口方面的会战。”

阎锡山把他的注意力都放在忻口战场，而对于娘子关方面起初是不很注意的。他总以为平汉路上的石家庄可以维持若干时间，娘子关方面就没有被攻击的顾虑；即使石家庄之线撤退，平汉线上的我军仍可牵制敌人向娘子关攻击。他料不到石家庄丢得那样快，更料不到敌人不顾平汉路我军的牵制，而以主力进攻娘子关。其实平汉线上的蒋军自石家庄一退，就退到安阳，仅在漳河南岸防守，完全不起牵制敌军的作用，所以娘子关战役自始即是处于疏忽被动的。

阎锡山考虑了一会儿说：“川军邓锡侯集团军已奉令调来山西，先头部队已到达风陵渡，渡河后即可由同蒲路乘车北开，预定是增加娘子关方面的。”我说：“时间来不来得及呢？”他又考虑一下说：“忻口方面担任正面作战的部队，是不好抽调的。”

我次日即赶回阳泉，驻在阳泉煤矿局。一两日后，昔阳县打来长途电话，报告敌人已迫近昔阳，要我派军队堵击。这显然是敌人已由我们右翼突破，平定阳泉（阳泉属于平定县）就是敌人进攻的下一个目标。这时（大约是 10 月 23 日）恰好川军先头某师曾苏元旅到了阳泉，我就要他向平定、昔阳方面阻止敌人。但四川军队的枪械很差，既缺乏轻重机枪，而步枪也都是川造的，打了几十发子弹就要发生毛病。曾苏元率领所部连夜向平定、昔阳方向出发，次日就遇到敌人，战况怎么样，以后一直不清楚。

这时我手里除了一个卫士队之外，别无其他部队可以指挥。敌人如果攻占阳泉，不但威胁太原，也就将我正面的孙连仲部与赵寿山部的后路切断了。我当时决心把正面的孙、赵两部撤回阳泉。其实孙连仲在没有我的命令之前，已自行撤退到阳泉。次日，孙连仲到了阳泉，说敌人由他右翼突破，一部向昔阳方面压迫，大部转而向他的右翼包围。他部队各师伤亡都很大，不能不撤下来。我问赵寿山部的情况，孙说不清楚。

我这时候能指挥的也就只有孙连仲这部分军队，我要他在阳泉收容整理，再从事抵抗，阻止敌人进攻太原。我的指挥所就在这时转移至寿阳县城铁路南侧的半月村。在那里驻了几日。这时遇到八路军刘伯承师的队伍，经此地向昔阳前进。他们都在夜间运动，迅速而秘密，向敌后挺进。

孙连仲在稍后的时候也退到寿阳城里来。有一天晚上，我到他指挥部里问他的情形。他说他的三个师，只有冯安邦的二十七师尚好一些，其他如池峰城的三十一师和张金照的三十师，都损失很大，没有什么战斗力了。我向孙说，正太路上如不在阳泉作有效的抵抗，敌人一下就能冲到太原。我们的责任是很大的，无论如何要令二十七师师长冯安邦在阳泉抵抗，不得后撤。适在这个时候，冯安邦来电话报告，说敌人已接近阳泉，阳泉地形不好，要撤到阳泉以后地区收容整顿才能抵抗。孙连仲要冯安邦接受固守阳泉的任务，并且对冯安邦说：“再后撤，就要把你枪毙！”冯安邦说：“报告总司令，我手上只剩了一连人，如果收容好了，我总尽我的最大努力就是了。”孙连仲与冯安邦是亲家，据说孙对冯一向是有些袒护的。孙当着我面说要枪毙冯，也许是做给我看的，说明他已对部下下了最严厉的命令。

就在那天夜里，又有两列车的川军由晋南经榆次开到寿阳车站，是王铭章率领的后续部队。在那紧急的情况下，我只好令其东开，占领寿阳、阳泉之间铁路以南的山地，掩护前方部队的收容整顿，并归孙连仲指挥。

太原会议及太原失守后的狼狈情况

这时忻口战场经过相当激烈的战斗，对当面的敌人既无法歼灭也没击退，而敌人又陆续增加，不断进攻，我军很难维持。阎锡山打电报给我，同时也直接打电报给各总司令，要我同孙连仲即刻到太原去开会，讨论防守太原的部署。就在那日下午四五点钟我带同一班卫士到达太原。我的指挥部人员则停留在榆次附近的鸣李村，我关照他们必要时向榆次以南撤退。孙连仲也同他的参谋长金典戎到达太原。

会议是在太原绥靖公署会议厅举行的，由阎锡山主持。到会的除我和孙连仲之外，有忻口方面作战的卫立煌和晋绥军的高级将领，山西省政府主席赵戴文、参谋长朱绶光、参谋处处长楚溪春都在座。阎锡山把必须保卫太原的理由向大家说了。他的计划是：以忻口方面退下来的部队据守太原北郊的既设工事，并派一部守汾河西岸高山的工事；以娘子关撤退的孙连仲部据守太原以东的高山既设工事；以傅作义部死守太原城。

在会上，我提出意见，不很赞同这个计划。我并非认为太原附近的既设国防工事不应固守，而是认为忻口和娘子关两方面的部队正在败退，恐怕在还没有占领阵地的时候就被敌人压迫到太原城边来。同时，那些所谓国防工事的可靠性，亦还是一个谜。这是我在娘子关方面得到的坏印象。万一那些部队站不住脚，被敌人压迫下来，这许多人马，前方后方都混杂在太原城区的锅底里，其危险的后果就不堪设想了。

太原是阎锡山统治山西30多年的首府，是他毕生所经营的兵工业（太原兵工厂）和其他某些工业的所在地，也是山西集团官僚们多年积聚财富的集中地点，阎是不肯轻易放弃的。

我认为太原城固然不宜轻易放弃，因为那时候失守一个省城，全国都会震动的。但我不主张以野战来支持守城，而应以守城来支持野战部队的休息整顿。也就是说，即使守城部队都作了牺牲来换取大多数野战部队休息整顿的时间，也是值得的。如果照阎锡山的计划，用所有的部队（除守城部队之外）防守北郊既设工事，以支持守城部队，即使都能按照计划占领阵地进行抵抗忻口方面南下的敌人，但我估计娘子关方面的敌人与忻口方面敌人是配合行动的，这样娘子关方面敌人没有一些阻挡就到了太原城的东南门，由南北两方面同时夹击太原城和据守北郊工事的野战军部队，其后果是不堪设想的。

我主张将娘子关方面的部队（那方面能掌握的只有孙连仲部和一些续到的川军）撤至寿阳县铁路线以南和榆次县以东的山地收容整理，并与八路军联络。日军如直攻太原，则从敌人侧后予以袭击。日军如向南进攻，则沿同蒲路东侧山地逐步撤向太谷、平遥。忻口方面的部队，除派一小部守北郊既设工事作守城的警戒部队外（必要时撤过汾河以西），其余皆撤过汾河占领汾河以西的高山地区，监视敌人，从事整顿，必要时则侧击敌人。这样布置，则由忻口、娘子关溃退下来的部队，既可休整，也可牵制敌人攻击太原城，太原城也可作为城外部队的支援。

我这些意见，孙连仲和卫立煌当初都是赞成的，而阎锡山仍坚持他的原计划。晋绥将领向来对阎的计划不敢表示异议。我更指出，忻口会战是费了很长时间的准备才能进行的，怎能在大溃退之后又再匆匆进行另一场会战呢？时间是绝不许可的。

最后会议上就剩了我同阎锡山相持不下，其余的人都是在战场上多少天未睡的，就在会议厅打起呼噜来，不再管什么计划不计划、争论不争论了。会议开到了午夜一点多钟仍无结果，最后阎锡山说：“军队已经行动了，要改变也无从改变了。”原来阎锡山打电报要我们来开会的同时，已将他的命令下达给各部队总司令了。

阎锡山说完上面那两句话之后，就对朱绶光、楚溪春、赵戴文轻轻地说：“咱们走吧！”他们就离开会议厅了。有些人还睡着不知道呢！楚溪春对阎说：“还未宣布散会，会上的将领还不知道呢！”阎说：“不用管了。”不久电灯忽然灭了，不仅太原绥署漆黑一团，整个太原城也没有半点灯光了。这种狼狈情况，是我在国内战争和抗日战争中所未见过的。

但我对蒋介石应有一个交代，便摸到长途电话室打电话给侍从室主任钱大钧。巧得很，电话一挂就通了。我把娘子关和忻口战场两方面的溃败情形和太原会议情形告诉了钱大钧，要他转报蒋介石。钱问我太原能守多久。我说很难说，如果照今晚的情形来看，会议无结果姑且不论，而高级将领多半不能回到部队去指挥，这样混乱是很不妙的。我告诉钱大钧我立刻要离开太原了，要他听以后的消息。那是1937年11月4日的深夜两点钟。

我打完南京的电话，走到绥署大门停车的地方，竟然静寂得怕人。指定给我使用的汽车找不见了，更没有其他的汽车，真使我心里着急。我想起傅作义以往和我打过不少交道，有相当的感情，他负守城的责任，当然还在城里，去找他或许还有办法。但当时满城漆黑，也不知道傅的司令部在哪里。我的随从副官周杰英劝我赶快走，迟了怕被封锁在城里就不好办。我带着十多个卫士摸到南门，幸城门还开着。这大概是因为阎锡山还有许多贵重的东西没有运完，汽车仍在进进出出。

我们出城由公路走向汾河桥（太原汾河桥有两座，一在城南，一在城北），在桥上又遇到了很困难的问题。汾河桥桥面很窄，汽车只能单行。很多由太原满载物品的汽车要向西开，而那些回太原运东西的空车却要向东行，彼此不肯相让，闹成一团。有些司机已在车上呼呼睡着了，一点也不着急。我见这样情形，如果相持到白天（那时已是深夜3点多钟了），敌机一来轰炸，岂不都完了吗！于是我这个战区副司令长官就暂时充当汾河桥的交通司令。我拿出副司令长官的名义向那些空车司机说理，连劝带骂，弄了一个多钟头，要他们向后退让，因回空的车占少数，后退也比较容易，让那些载重的汽车过完，然后过去。我还在桥门派我的卫士执行这个任务。

天快亮了，我同副官、卫士截着一部回空卡车，乘着来到太原西南数十里的开栅村停下来。第二日早晨到乡公所查问，才知道这地方离交城县不远。我们到县城打听，才知道阎锡山也到了那里。阎锡山那晚临走的时候，并未告诉我他将到什么地方去，在这里是无意中找到他的。我去见他，把昨夜出城的经过概况说了。他问我："你看太原能守得多久？"我说："很难说。我很担心城外的部队昨晚和今天是否能进入阵地站得住脚，守城还在其次。"他又说："宜生（傅作义号）是守城有名的。那年他守涿州两个多月，抗住了数倍的奉军和优势炮火。我在城里储备了半年以上的粮食和弹药，太原的命运就寄托在他的身上。"我对傅作义过去的守涿州也是钦佩的，但是当时我想，相隔十年，时代不同了，而敌人又是气势方张的日寇，是不是能同守涿州那样守得住，心里很怀疑，只是口里不便说什么。

阎锡山要我同他驻在那里，好遇事商量。我住了一夜，告诉他娘子关溃退下来许多部队还得去收容。他不说什么，遂叫交通处拨给我一辆卡车和一辆小轿车。次日一早我坐汽车由交城经汾阳、孝义向介休进发。在路上两次遇到敌机，幸而发现得早，不待扫射我已躲进路旁的沟里去了。虽然遭到扫射，人车都未受损。汾阳、孝义的老乡们还不知道太原的情形，仍然是熙熙攘攘来赶市集。我们到了介休，情形就大不相同了。那是同蒲铁路的大站，刚被敌机轰炸，车站毁了，正在燃烧着。停在站上的列车也炸得乱七八糟，死亡的士兵尸体不堪触目。车站的人员都逃散了，打听不到以北沿线的消息。在黄昏的时候，我找到了失去联络的卫士队，他们是在榆次将失陷的时候步行退到介休的。他们说，指挥部人员比他们更早些时候已乘火车南下了。这个卫士队就是我当时唯一能掌握的200多人的部队了。我同他们在介休、灵石之间一个小村上住了一夜，次日出发，傍午到了灵石城稍北公路上靠近长途电话线的小村里。我就在那里进行收容，但是退到那里的都是零星失散的士兵，没有官长率领，集合不起来。显然可以料到，娘子关方面的部队，多半是由昔阳向和顺方向南进，或者是由榆次向太谷，或者是向沁县南进。铁路是敌机轰炸的目标，他们是要避开的。

我用电话向各方面联络，想找阎锡山说话，报告东面的一切和探问太原城的情形。阎的声音很低，五台话也难听懂，最后只好由参谋处处长楚溪春代为答话。楚溪春说太原城于11月8日丢了。这是我离开太原城的第四日，也就是太原城只守了四天。当然这是出乎阎锡山和蒋介石的意料，就我来说，虽意料守得不会太久，但也料不到会丢得这样快。阎锡山本人那时已由交城移到隰县属的大麦郊，此后的行动我就不清楚了。

在这里，还得回过笔来补写一些太原会议后和一些北郊战事以及其他的情况。这些材料是根据曾经亲与其事的人事后告诉我的。

太原会议到深夜无结果，阎锡山同他的幕僚偷偷地溜走了，电灯也黑了，我狼狈逃出太原已如上述。据孙连仲后来告诉我，他摸到城门时，守城部队快要把城门堵塞了，说了许多好话，守城兵才肯把城门的堵塞物弄开了让他走出来。他的部队原指定是占领太原东边一带设有工事的高地，但由于时间急迫，部队收容了多少都不知道，更谈不上占领阵地抵抗敌人了。于是他只好带领在身边的一些人渡过汾河向河西山地上乱跑乱窜。他遇到由忻口退下来的部队，也不占领北郊工事从事抵抗，而是向西山乱窜。又据孙部三十师旅长侯镜如说，三十军和他的部队也未能占领太原以东指定阵地，就被敌人压迫向南撤退。当时未参加忻口会战的裴昌会师，虽奉命当晚开到阳曲湾据守既设工事作为掩护，也未到达就溃乱南撤了。所以原定据守北郊既设工事保卫太原的计划，由于当晚的混乱，根本不能实施。敌人从北面、东面直迫太原城，太原从而失陷，造成华北战场的最大损失。

我在灵石住了几天，没有什么部队可收容，每日除了打电话给南京报告之外，就没有什么事可做。我在电话中同钱大钧说，山西的战局就是这样，我再在那里是没有什么作用，想要蒋介石把我调回南京。钱大钧还告诉我说，阎锡山对我很有意见，他认为忻口会战是由于娘子关方面的作战不力而致溃败失利的。我当然不同意阎锡山这种推卸责任的说法，但也不想辩什么。钱大钧同情我的处境，答应转报蒋介石，但说也须征求阎锡山的同意。我见在灵石没有什么事可办，遂决定退往临汾。临汾是晋南比较大的地方，山西省政府和绥靖公署的人都退集在那里（但阎尚未到）。在那里，我见卫立煌也退来了。不久我得到蒋介石的核准和阎锡山的同意，离开山西乘专车回南京。山西以后的情形我就不知道了。

白崇禧

游击战与正规战相配合，积小胜为大胜，以空间换时间。

● 1893 年生，字健生，广西桂林人，回族。

● 1936 年 6 月，联合广东陈济棠发动“两广事变”，电请中央准予出兵北上抗日，任抗日救国第一军团副总司令。

● 1937 年，抗战全面爆发后任军事委员会副参谋总长兼军训部部长，参加指挥淞沪会战。

● 1938 年初，协助李宗仁指挥台儿庄战役，歼灭日军两万余人，取得了抗战以来首次对敌人的重大胜利。

● 1938 年 7 月，任第五战区代司令长官，指挥武汉会战，予敌重创。同年 11 月，任桂林行营主任，负责第三、第四、第七、第九战区的作战。

● 1939—1944 年，先后参加指挥南昌会战、桂南战役、三次长沙会战、桂柳会战等。

● 1966 年 12 月 2 日，逝世于台北寓所。

回忆八一三淞沪抗战

白崇禧

淞沪会战

民国26年8月4日，我奉委员长电召飞抵南京，委我任副参谋总长职。当时情形日日紧急，日本在河北、绥远、平津一带挑衅不已。我最高当局知日为贯彻其大陆政策，必不会停止侵华之行动，乃于南京召集全国将领开会，表示决心抗战。各将领归去后，秣马厉兵，动员调遣，待命抗敌。8月9日，敌武装官兵侵入上海虹桥机场警戒线内滋生事端，与我方保安队发生冲突，借此集中多数兵舰，并以陆战队登陆，要求我撤退驻沪保安队，我严词拒绝。8月13日，敌遂集中驻沪陆军及海军陆战队万余人①，向我保安队进攻，淞沪战事即告发生。我为应付事变，令张治中部三个师向上海增援，初期我以优越之兵力一度进展至汇山码头。8月22日晚，敌军第三师团、第十一师团及第八师团之第四旅团、第一师团之第一旅团。于川沙②、狮子林、宝山③等地同时登陆，向宝山、罗店、

① 此时日在沪尚无陆军，海军陆战队兵力亦不足万人。

② 浦东另有川沙县，这里系指川沙口，又称小川沙。

③ 日军未在宝山城登陆，是在宝山县境之小川沙登陆，另有一部在蕴藻浜附近黄浦江岸登陆。

浏河之线南犯，我方续以陈诚部增援，24日起开始反攻。上海地狭而近海，敌人陆海空联合作战，极易发挥威力，我军反攻因之未能奏效。后以敌人之增援部队陆续增加，以主力进攻罗店。19日[①]罗店陷，我军退守闸北、江湾、庙行、双草墩一线。第三战区副司令长官顾祝同将军（司令长官原为冯玉祥，冯调任第六战区司令长官后，由委员长兼任）指挥张发奎、朱绍良、薛岳、罗卓英、刘湘（本人未至前线）[②]、廖磊（淞沪战事发生后月余始到达上海）等之集团军，与敌对峙于北站、刘行、浏河之线。当时我军力若每一集团军以三军计算，共18个军，若每军以三师计，共54个师。敌人之兵力至9月底共聚集20万人，并与强大之海空军力量配合，故以优越之势，突破我庙行、江湾之防线，我军乃向蕴藻浜南岸、陈行、广福、施相公庙、浏河一线转移。

我军转至新防地继续与敌相持，战事激烈。我军因缺乏现代化武器，全赖血肉之躯与之相抗，所以伤亡甚重。后因敌人火力猛烈，我军被迫向苏州河南岸、江桥镇、小南翔撤退。因制空权操之于敌手，敌机日夜侵扰，遂与左翼兵团续退至青浦、白鹤港[③]。当时因联络困难，下达命令较迟，各部准备不周，撤退秩序甚为混乱，是以青浦、白鹤港之线不守，乃向吴福线[④]之既设阵地撤退。当时以受敌机日夜跟踪之威胁，各部队撤退秩序更为紊乱，以至吴福线又告不守，而续退向锡澄线[⑤]。11月9日[⑥]敌迫近锡澄，中央见部队伤亡重大，于敌人强大空军之威胁下又无法作战，乃下令撤退淞沪战场，部队主力向浙皖赣边境撤退，一部沿京

---

① 应为29日。

② 刘湘本人在武汉。所部由第二十三军军长潘文华指挥。

③ 据了解，11月9日我军全线撤退，乃因日军11月5日在金山卫以三个师团登陆包围我侧后方之故。我军一部退至青浦、青阳港是9日以后之事。

④ 吴福线系指苏州至福山一线的国防工事。

⑤ 锡澄线系指无锡至澄江（江阴县城）一线的国防工事。

⑥ 11月9日下令撤离上海，敌迫近锡澄线在十数日后。

沪大道向南京撤退，参加守城。上海抗战至此告一结束，历时两个月又26日。上海抗战原计划本是节节抵抗，故有既设阵地和吴福线、锡澄线，后因敌人掌握制空权，行军不易，不能按照原定计划实施，复以命令下达仓促，部队准备不周，故原计划尚未实现便开始撤退。

淞沪战役之检讨

（一）对日军之检讨：

1. 敌人利用淞沪沿海之形势，发挥陆海空三军联合作战之威力，以装备之优良，训练之纯熟，发挥各兵种在战场上之战力，予我军创伤甚重。

2. 日军官兵在战场上均能发挥奋斗牺牲，前仆后继，有武士道与大和魂之精神，彼虽为我之敌人，亦应取其所长而效法之。

3. 敌人之纪律太差，对民众奸淫、掳掠无所不为。我军虽装备不如敌人，因日军之行为所激起同仇敌忾之心理，却为抗日战事中激发精神之利器。

（二）对国军之检讨：

1. 国军官兵深具民族意识与国家观念，于淞沪战场虽制空、制海权操之于敌手，而我方之装备训练亦远不如敌人，然我军悉能以血肉之躯与日军相抗，其视死如归之精神可歌可泣。

2. 我军以劣势之陆军装备，抵抗敌军海陆空联合作战之优势，所凭借的全是爱国精神。自8月13日至11月9日将及三个月，我军伤亡虽重，但敌人损失也不少。打破日军阀三个月征服中国之迷梦。

3. 我军因无空军掩护，炮兵又少，攻坚非常困难。抗战期间，我军攻陷敌人坚固阵地之战役，固不乏其例，如昆仑关与密支那两场战役，但终属少数，考其原因乃在于武装不如敌人。

4．日军炮火猛烈，又有空军掩护，我军进攻效果很小。

5．我军训练远不如敌人，使用同一武器之命中率亦远逊于敌人，步兵对轻重武器因训练不精，不能使用自如，未发挥较大之威力。

（三）国际对沪战之评论：

我军在淞沪作战，装备虽居绝对劣势，因为英勇抵抗，赢得国际间一致之赞誉，今列举数条如下：

1．（民国）26年11月28日伦敦海通电云：此间各报对上海前线华军于猛烈抵抗后，能按照预定计划，作最有秩序之撤退至业经布置妥当之防线，一致表示钦佩。英国《泰晤士报》发表社论，特别提出华军之英勇抵抗，并称日军尚未获得其摧毁中国军队之主要目的。即此次两军作战，双方伤亡惨重，但十周之英勇抵抗，已造成中国堪称军事国家之荣誉，此前所未闻者。须知若干华军器械，犹未充分，但一般所认为不能保持一日之地，彼等竟守至十周之久。此种奇迹，自属难能可贵。上海一隅之抵抗，对于整个中国均有极大之影响。

2．11月28日伦敦路透社电云：《泰晤士报》同日社论，对淞沪战事之最近一幕有所评论，先论本报对于此次上海作战中国部队之英勇智谋表示最大敬意，继谓日军欲使华军有计划退却变为总溃散，殆将感力尽精疲之苦。日军之最大与唯一目的，在摧毁中国陆军，使之不复有坚强有效之战斗力，苟无以达此目的，则土地纵有所得，亦无多大关系。日军纵谓杀死华兵甚多，纵谓上海战事此后不必再延长，然实则未必如是，上海十周血战，将有一日证明中国已安置从来未有的兵力之基础矣。华军现已从滑稽故事之迷雾中，脱颖而出。……目前虽华军大部分犹训练未足，武装未齐备，并因无力量购置雨衣，犹携雨伞（指川军）与俱，虽如此犹能抵抗现代化武器，作有秩序之撤退，此种精神将在各处发生影响。

3．11月28日路透社伦敦电云：《新闻纪事报》同日社论称，华军在沪抵抗日军攻击之战绩，实为历史中最英勇光荣的一页。沪地华军之忠勇抗战，当可感动参加九国公约之诸代表，为维护国际法起见，同取均势之坚决立场，各国有较中国所有更强之武器，力能发起对日之国际抵制，此举可使日本早日屈膝，而迫令放弃侵略之狂暴行为。

以上是英国报纸对沪战之批评与推崇。这种国际间之同情，与国内人民情绪得到安慰，全是三月来淞沪抗战牺牲 30 万部队之悲惨结果。

上海战场撤退之后，蒋委员长对战地之转移，有下列之训示：

（一）此次淞沪战争已给日人绝大之打击，充分表示我们军人为国家为主义决死抗敌的精神。

（二）纪念光荣战死之官兵，就要继续他们牺牲的精神，完成他们的遗志。

（三）高级将领应加倍勤劳，认真研究改正部队的缺点，讲求有效的战术，以减少官兵的伤亡，增大战斗的力量。

（四）今后作战应注重之要点：此次上海阵地转移，我们移至沪战最后一线，大家应抱定牺牲的决心，誓死固守，与上海共存亡。

淞沪会战时，军队高度表现了大无畏精神，人民所表现的也是慷慨捐输。凡部队所需要的无论食物，或是防御用品如麻袋、沙包、铁丝等都是无条件贡献，这种爱国热诚无形中鼓舞士气不少，至今犹令我深为感动。

桂南会战

白崇禧

敌大本营决定南进政策后，于民国 28 年 2 月上旬，令第二十一军攻略海南岛，该军以台湾旅团于海军协力下，登陆海南岛之海口，占领北部之琼山、文昌、定安等县，又续占该岛南部之榆林港，为南进之海军基地。当时海南岛我无正规部队，保安队司令王毅抵抗不住，乃撤退五指山打游击。同年 9 月欧战爆发，远东方面，英、美无法兼顾，敌即将青岛之第五师团划归第二十一军指挥，与台湾旅团集中海口附近，敌第四舰队与加贺航空母舰亦停留海口水面。企图攻取南宁，以便断绝我越、桂国际交通，并借此为海军航空队基地，对我西南空军基地攻击。

双方作战序列：

敌军（民国 29 年 1 月下旬）：

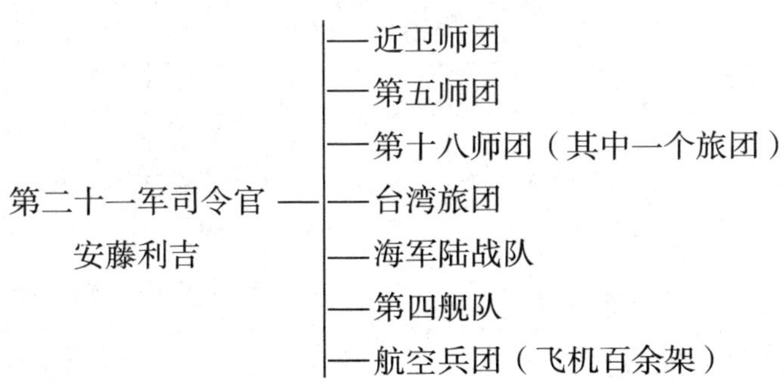

敌军兵力共三个半师团，海空军在外，共约10万人。

（注：民国28年11月至（民国）29年1月，敌攻南宁、昆仑关之指挥官为第五师团师团长今村均，指挥第五师团与台湾旅团。迨我军反攻昆仑关、南宁之时，驻广东派遣军总司令由安藤利吉改派久纳诚一指挥，又调来第十八师团一旅团）

我军（民国28年11月中旬—民国29年2月下旬）：

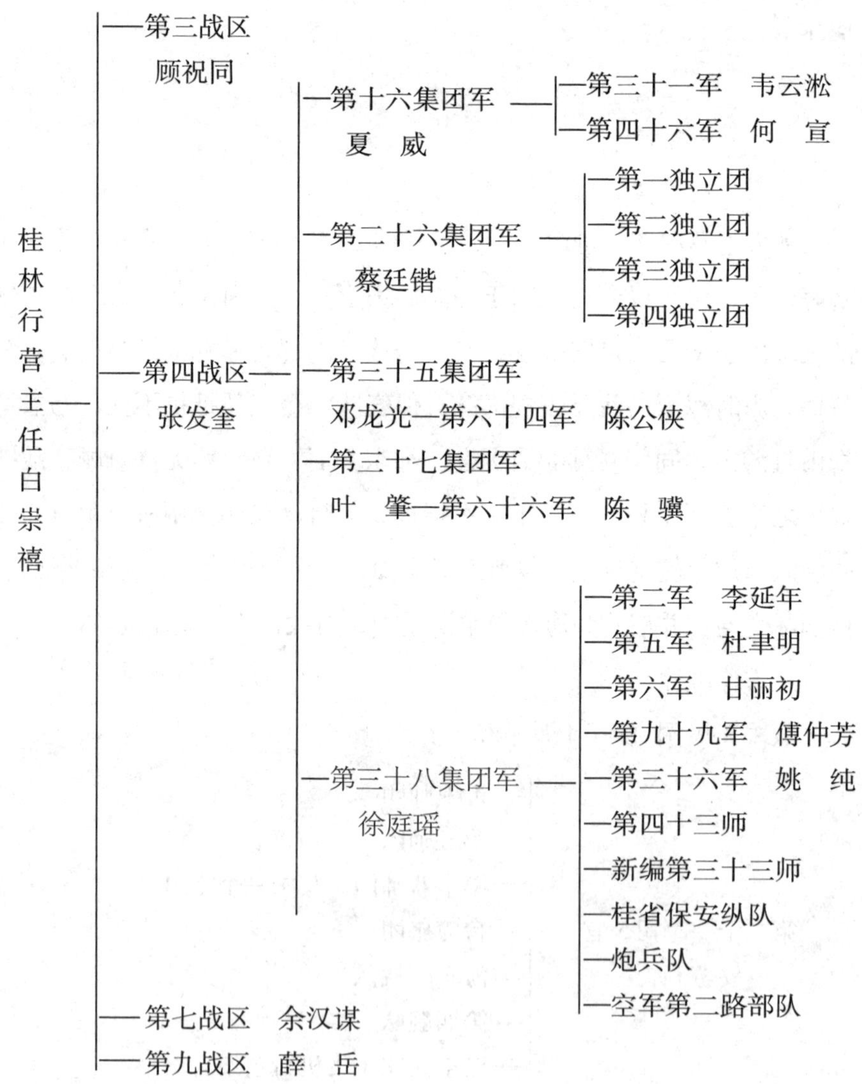

敌攻南宁、昆仑关

广西全省与广东南部钦廉一带为第四战区辖区，敌企图攻取南宁，以断我桂、越国际交通线，民国 28 年 11 月中旬，敌以第五师团与台湾旅团借海、空军之掩护，由钦州湾之龙门港登陆。我守军新编第十九师竭力抵抗后，退守板城、上思，敌占领钦县。敌第五师团取道邕钦公路，台湾旅团取道小董、百济往北推进，进迫邕江南岸。我第十六集团军一部与敌隔江对峙，我第一三五师、第一七〇师、第二〇〇师先后赶至南宁附近之老渡口与四塘附近增援。敌强渡邕江，攻占四塘，24 日敌攻占南宁，我军主力沿邕宾路向八塘、昆仑关撤退，一部沿邕武路退守高峰隘，与敌继续战斗，至 12 月 1 日，高峰隘失陷，4 日昆仑关失守，敌改取守势。

国军反攻南宁、昆仑关

桂林行营以收复南宁为目的，令第四战区于昆仑关、高峰隘以北地区占领阵地，牵制当面之敌，掩护我军主力集中。时桂林行营奉军委会之命组织桂林行营指挥所于迁江，由行营主任亲自指挥。

1. 敌情：敌占昆仑关、高峰隘后，改取守势，积极加强工事，企图确保邕钦地区，并拟打通邕龙线，切断我国际交通。

2. 我军攻昆仑关部署：将现有兵力分为北路军，以第五军、第九十九军之一师属之；东路军指挥第一三一师、第一八八师；西路军辖第十六集团军，于 12 月 18 日开始分向昆仑关正面邕宾路、邕龙线之敌攻击。

3. 战斗经过：北路军（第五军）因战车、炮兵协同密切，进展迅速。惟邕宁之敌北上增援昆仑关，守兵有死守之状，我以新编第二十二师、第九十二师于邕宾路之五塘、八塘不断截击敌人，断其昆仑关、南宁间交通。但敌不顾牺牲，拼命钻隙向昆仑关增援。虽其后方为我切断，但敌以空运补充兵员、粮弹，负隅顽抗。至12月25日午后，我以第一五九师加入昆仑关东北高地作战。因我步炮之密切协同，先后占领六〇〇、六五三、四一五及老毛岭、枯桃岭、六城等附近重要高地，得收瞰制之利。当时我亲至炮兵阵地观测，命令以重量较轻之法制卜式山炮与俄制战防炮各一连，搬至敌左侧为我占领之高地，向敌阵地侧射，破坏其铁丝网。再由新编第二十二师、第一五九师向阵地正面冲锋，终将敌阵地占领。当时我空军在五塘、八塘间上空支援地面部队作战，曾与敌发生空战。我机因性能较差，遭受相当之损失。是役将敌第五师团之第二十一旅团长中村正雄击毙，并伤毙敌军约5000人，取得我抗战以来攻坚之首次胜利。

同时西路军第一纵队第一七〇师、第一三五师攻高峰隘亦有斩获。第二纵队之第三十一军（欠一个师）于邕江南岸将敌第五师团一加强联队堵截伏击，联队伤亡过半，残敌向南宁溃窜。民国29年1月4日，我占昆仑关后，续攻九塘，敌退八塘凭险固守，我军因伤亡过重，急待整补，只得暂停攻击。

敌反攻昆仑关

1. 敌华南派遣军司令官安藤利吉，以第五师团惨遭挫败，南宁危急，乃由广东方面抽调近卫师团与第十八师团一旅团，以海运由钦州湾登陆，增援南宁，合原有兵力共约三个师团，编为第二十二军，以久纳诚一任司令官，准备反攻昆仑关。

2. 敌增援部队于邕江南岸与我邕钦路部队对战时，我即把握先机，重新调整部署，攻北岸之敌。

我军战斗序列：

邕江北岸：

右翼军总指挥甘丽初——第六军（欠一团）

中央军总指挥　徐庭瑶
中央军副总指挥　李延年——第二军、第三十六军、第九十九军

左翼军总指挥　叶　肇——第六十六军、第一一八师

邕钦路守备部队——韦布，辖地方部队、民团暨第六军一团。

邕江南岸：

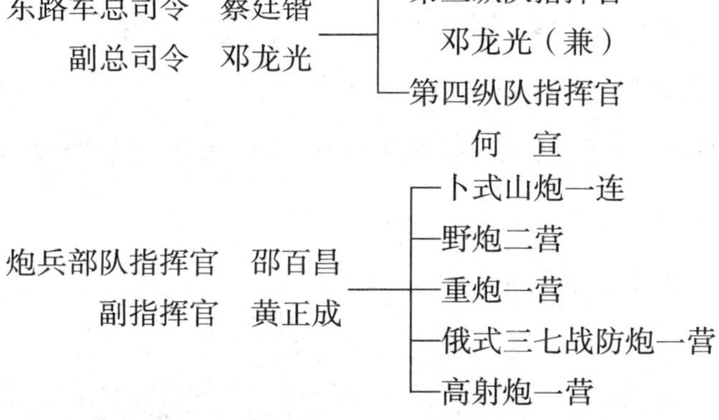

3. 恢复南宁目的，应迅速集结兵力，准备以后攻势。兹将我军部署简述如下：

邕江北岸：

右翼军以主力集结武鸣县属之葛圩、林圩附近，一部位于阮凭岭、石灯岭向四塘方面警戒，中央军应巩固八塘以北及以西占领线。

左翼军确保占领阵地，主力集结富兴村、五礼村，对敌不断扰袭，

第一纵队于邕武路接防后，由扶南渡江归还建制。

邕江南岸：

西路军以十万大山及左江上游为根据地，主力位置于吴村以南、大塘以北，协同东路军扰袭敌人，破坏交通、阻敌增援；东路军以灵山、陆屋为根据地，协同西路军以向大塘、大寺间敌人攻击，破坏交通，阻敌增援。

4. 战斗经过：

敌第五师团一旅团与第十八师团一旅团，于民国 29 年 1 月 25 日沿邕宾路向昆仑关阵地正面攻击，近卫师团沿邕永路向宾阳迂回攻击。我军虽奋勇抵抗，奈因装备较劣，未能阻敌前进。同时第三十八集团军在宾阳总部，为敌机炸中。因其为前方各部联络中心，一时通信中断，无法指挥掌握，呈独立作战状态。至 2 月 2 日宾阳、思陇为敌攻占，我军虽后路被断，而昆仑关以西之第九十九军仍与敌激战一周，伤亡甚大。此外固守昆仑关正面之第二军、第三十六军也在与敌苦战中，并不因后路断绝而退缩。后因联络中断，补给不上，迫不得已，乃分向隆山、都安、忻城退却。敌占邹圩，隔清水河与新编第三十三师对峙。同时，敌进占上林、武鸣。

收复南宁

敌自反攻昆仑关得手，占领宾阳、武鸣后，遂将第十八师团调回广州，归还第二十一军建制，只以第二十二军占领南宁、钦县、防城及其外围据点，增强工事固守。我军以收复南宁为目的，将兵力区分邕江南北两岸布置。3 月 1 日我南岸西路军夏威所部使用主力于邕钦路以西，以一部分布于邕钦路以东，向大塘、吴村方面袭击敌人，并发动民工破路。东路军蔡廷锴所部袭击小董、大寺之敌，并与民团合作，破坏交通，阻敌增援。我东、西二路军于邕钦路以东，不断与敌激战，敌我均有相当伤亡。我西路军第四十六军攻大塘、小董之敌，并切断邕钦路。

邕江北岸于3月12日始向敌攻击，敌为解除左侧威胁，增派部队向我攻击，近卫师团一旅团由良庆沿蒲庙东进，占永淳、灵山；邕钦路有敌一联队为基干，附炮骑兵，由牛岗经平吉向我进攻。6月17日，邕南之敌沿邕龙路再向龙州进犯，当晚占绥渌城，继占明江、龙津。

民国29年10月，德国闪击西欧，席卷西欧，法军战败。日军于9月间，以第五师团占领越南，近卫师团与台湾旅团仍固守邕宁、钦州，我第四战区以敌后方联络线延长，兵力较前减少，令各路军发动攻势。第三十一军围攻龙津，第四十六军扫荡明江之敌，龙州之敌于10月26日开始向越南撤退，我军收复龙州。第四战区又令第十六集团军扫荡邕、钦路东段残敌，并协攻南宁；并令第三十五集团军分由邕宾、邕武二路向南宁之敌猛攻；另一部渡邕江，截断邕钦路，协同第十六集团军攻邕钦路北段之敌。我各部均奋勇进攻，第六十四军占高峰隘、宾阳之三塘，且向南宁挺进。第一五五师由永淳渡邕江对敌攻击，时邕江北岸之敌向邕钦路撤退，我第三十五集团军于30日收复南宁。是时敌总兵力约3万多人，我各部继续追击，至11月17日，敌四面遭我侧击、尾击，乃沿邕钦路以海空掩护，由海道乘船退却。

桂柳会战

白崇禧

战前形势与双方兵力部署

敌为打通大陆交通线，先占平汉路继占长衡路，控制粤汉路北段后，继续发动桂柳会战，企图打通湘桂、桂越二线。敌以冈村宁次为第六方面军司令官，指挥第十一军横山勇（辖第四十、第五十八、第三十四、第十三、第三十七、第一一三等六个师团）及第二十三军田中久一（辖第一〇四、第二十二两个师团），另两个独立旅团（第二十二、第二十三混成旅团），与第五航空军，兵力共约18万人。敌于9月上旬，以第十一军主力集中于湘桂路沿线，一部于湖南道州；第二十三军主力沿西江向肇庆、都城集结，以第二十三旅团集中于雷州半岛，对我第四战区桂、柳、邕方面分进合击。

我第四战区先后调集第十六集团军夏威，第三十五集团军邓龙光，第二十七集团军杨森与黔桂湘边区总司令汤恩伯，兵力共16军，40个师，约16万人。第四战区因兵力之劣势，装备训练较敌为差（有若干部队经长衡会战后，未得补充即抽调入桂参战，战力甚低），故采取内线作战方案。

军委会以敌主力集结湘桂方面，一部于西江与雷州半岛，遂训令第四战区先击破湘桂之敌，确保桂柳。张发奎司令长官乃命第十六集团军之第三十一、第四十六军集中桂柳，构筑城防工事。

战斗概述

湘桂路方面之敌第十一军，拟向广西全县进攻，我第九十三军原奉命于全州要隘囤粮储弹，阻止敌人，不意第九十三军与敌一接触后，未经激战，即放弃黄沙河，粮弹亦全部丢弃。敌占全州后，即沿湘桂路进迫桂林，另一部由龙虎关经灌阳直趋桂林，时我第一三一师、第一七〇师担任守城，敌以五个师团兵力，先将桂林外围阵地击破，于民国33年11月4日占领桂林城南外围阵地，随即以炮轰城，并使用燃烧弹将城内房屋大部焚毁，因桂林木屋居多，致到处酿成大火。至11月7日，敌由定桂门、中正桥、马龙洲强渡漓江，攻入桂林城，发生激烈巷战。至11月11日[①]，桂林城遂陷敌手。此役第一三一师师长阚维雍于风洞山指挥所为敌包围，因恐被俘受辱，遂以手枪自戕，壮烈殉国。防守司令部参谋长陈济桓因负伤不能行动，也举枪自戕。另第三十一军参谋长吕旃蒙亦阵亡，其余守城官兵亦伤亡大半。

敌军攻占桂林后，经永福、中渡、黄冕、雒容进攻柳州，并占领之。[②]后经宜山、河池，进占贵州之独山，旋自动撤退，仍回桂境。雷州之敌继于11月下旬攻占南宁，西出龙州，北攻迁江，企图打通桂越路交通。敌我伤亡很重，呈对峙状态，会战告终。

① 据查，桂林沦陷日期应为1944年11月10日。

② 据查，日军进攻桂林与柳州为同时进行，两地于11月10日同日沦陷。

桂柳会战之检讨

敌方：

一、敌为打通湘桂、越桂二路，第六方面军使用二军、八师团、二独立旅团、一航空兵团，较我第四战区为优之兵力，故将桂、柳、邕、龙占领，于短时间内将湘桂、桂越二路占领。唯敌仅控点线，铁路沿线两旁仍由我有组织之民众所占据，经常破坏其路线或轰炸其铁桥，使其不能顺利使用。

二、敌于太平洋战场，首先为空战之失败，空战之失败影响海战之失利，海空之失利则又影响岛屿陆军之孤立，致兵源物资补给困难，故敌拟打通平汉、粤汉、湘桂、桂越四路，直通安南，由陆路之补给以减少海上之威胁。但此路线太长，不易控制，两旁又有我游击队与民兵，随时袭击其点线，致敌无法利用。

我军：

一、常德会战、豫中会战、长衡会战、桂柳会战几乎纷至沓来，敌为打通此四路，不惜调集重兵，以打击我野战军。我军实力经此几次会战后，损失不少，每师兵力损失有达1/4或1/3，甚至1/2者。

二、我国名为征兵制，实际户口未清，几无一省能完全合乎征兵之要求。不过彼善于此而已，中央当时在军政部兵役署策划征兵，于各省设有军管区，各省主席兼军管区司令。军管区下分设若干师管区，师管区下分设若干团管区，各设有师、团管区司令。这些机构，专司征调之责，但因户口未清，不能完全实施兵役法，有若干半征半募。例如：军政部分配兵额于各省，倘规定某一省应征10万人以上，若此省有100个县，一个军管区、四个师管区，则每一个师管区（25个县）应分配25000人。

若一师管区辖五团管区，则每一团管区由五县分摊5000人，即平均每县1000人。县再分各乡镇村街。若一县为20个乡镇，则每乡镇应摊50人。设一乡镇有五村街，则每一村街分配五名，设一村街有50户人家，则每10户抽出一人，何人中签即由何人应征。若不抽签，或用轮流办法，而有钱人家皆不愿让自家子弟当兵，凡中签后，常以金钱雇人替代，因此兵贩子应时而起，当其得钱，报到之后，随即逃之夭夭，准备下回“卷土重来”。当时征兵机构只要凑足数目，即算了事，不管兵源之年龄、体格如何，致兵质不佳。加以入营后待遇差，有不堪其苦者，或半路而逃，或入营而逃，逃风很盛，无法阻止，故部队常有缺额，战斗兵不仅质量差，且数量亦经常欠缺，此亦战斗力削弱之一大原因也。

军队每经一次会战，损失很大，补充极其困难，虽勉强有征兵机关送来壮丁，则未经训练，遇有战事即持枪而战，武器使用未曾熟练，无法发挥战斗效力，是即“不教而战”，亦无异于驱市人而战，故战力之低可以想见。

三、近代战争，因武器进步，伤亡众多，不仅求精兵，且要多兵，故需全国总动员。为达全国总动员之目的，需要实行完全之征兵制度；为实行征兵制，除严密之户籍外，又必须有普及之政治教育，使人人皆知服兵役乃国民应尽之义务，如此征召而来之兵，始有民族意识、国家观念，始能发挥战斗力，为国牺牲。

四、按兵役法，兵役有现役、预备役、国民兵役之分。国家征兵机关依法征调所需要之壮丁，平时，适龄壮丁之征调，入预备师受新兵训练相当时间后，令其退役。凡中签之壮丁，更番入营，以储备受训壮丁，于乡镇为预备役；遇国家有事，征调入营补充一线战斗，或充二线补充兵力。每一会战后，缺少之兵源，皆以受过训之壮丁补充，如此可维持原编制人数，保持原战斗力。抗战时，日本全按此法办理，故战力得永久保持。

五、桂柳会战前，第四战区原有兵力仅第十六集团军与桂省团队及一些特种兵。迨战事起，始由湘、粤第七、第九两个战区调来增援部队，即多半参加长衡会战损失很大而未经补充之部队，故战力很低。以质量言，我兵力不如敌；就数量言，也不较敌为多，故难望有所表现。

桂柳反攻作战

白崇禧

战前形势

敌自湘西会战后，自知战力日减，战志消沉，无力控制所占之广大地面，曾缩短防线，集中兵力，以防我反攻。我军委会乘敌战志衰退之际，乃令陆军总部转饬所部二、三方面军迅速反攻桂、柳，收复广西，以为反攻广州之张本，进而实行总反攻计划（按此时我美械装备 30 余师已整编完毕，且有中、美联合空军可掌握制空权，总反攻条件已具备，故由广西开始，先打通海口，以接受美国海上军援。同时可借此壮盟军攻打日本之声势）。

战斗概述

第二方面军于民国 34 年 4 月下旬攻占桂境都安后，即向都阳山脉进出，进迫南宁。是时，桂境民团及绥靖部队（属绥靖公署，以独立团为单位）纷起响应，凡我军所至之处，敌莫不望风披靡。5 月 27 日，我第六十四军攻占南宁，敌主力向柳州退却，我军主力同时跟进，一部向龙州追击。

我派遣一师与地方团队协同于7月3日克复龙州、凭祥，驱敌于国境之外。我第三方面军汤部于5月上旬向河池、黎明关攻击，迭将河池、宜山攻克。是时，各路均向柳州攻击，至6月29日，第七十一军克复柳州，敌向桂林溃退，我部沿桂柳公路向桂林攻击前进。第三方面军主力进出越城岭山脉后，分向全县、兴安进攻，并先后占领之，向桂林近郊推进，协同友军围攻桂林，于7月28日进占桂林，敌向湘境逃窜，伤亡甚多，战事结束。

作战检讨

敌方：

一、敌总兵力不过10万人，采取守势，分布于广西全省桂、柳、邕、龙各要点，备多力分，自湘西会战失败后，敌志气颓丧，加以太平洋战事节节失利，更足以动摇敌人军心，故于精神上已注定失败地位。

二、敌空军在此战役中，其质量或数量至多与中、美空军相等或稍劣，因未能掌握制空权，故影响陆军战力。

我军：

一、此次反攻桂、柳作战，我采取攻势，精神上已胜敌一筹。自湘西会战胜利，我士气更加百倍。

二、我陆军多数得美械装备，火力增强，后勤改善，补给充实，诚所谓“士饱马腾”。

三、中、美联合空军在战役中，支援陆军攻势，此亦制胜之一大原因。

四、广西全省民众，凡适龄壮丁均经军事训练，故国军发动攻势后，各地民团与绥署部队，均能密切与国军共同作战，发挥全面战之威力，增加声势与实力不少。

白崇禧

反攻广东作战计划

1945 年春拟定，此计划未及实施，敌已投降。若敌不降，此计划与反攻桂柳作战一样，当可克敌制胜。

1945 年，中国战区最高统帅为适应军事形势之发展，与我邻接战区协同作战，故策定总反攻计划，其中之一即为反攻广东作战计划。此计划代名为冰水人及白塔，预定于 1945 年秋，对在华日军断然实行总反攻。在实行总反攻之前，先夺取西南海岸港口，以增加陆空军物资之供应，并谋对日最后决战发生更大之贡献。

1945 年 5 月 8 日，轴心国之德国投降，而意大利早已投降。同时，日本南进至太平洋各岛屿之部队，由于海空军日渐削弱，陆军也渐失利。是时，史迪威公路敷设油管已达昆明，每月运输物资达六万吨以上，而中国陆军总部半年来所编之阿尔发部队有 36 个步兵师，已大部完成，兵源火力较日为强。中国陆军总部为达成最高统帅所赋予之重大任务，遂依据总反攻计划策定反攻广东计划，并立刻完成一切部署。兹将敌我兵力概述如下：

敌军兵力：

以长江以南及珠江流域、越南等地区之敌军而判断之。敌兵分布于越南、雷州半岛、海南岛、长沙、汉口及其外围地区，共为 12 师团，17 独立旅团，约 33.2 万人，另一航空兵团、海军在外。

我军兵力：

陆军总部所指挥反攻广州作战兵力为第一、二、三、四方面军以及直辖部队，共 19 军，58 师，约 34.8 万人，特种兵在外。此为主攻兵力，其他邻接战区助攻部队不计。

一、作战方针。以打通广东之海口为目的，先须夺取雷州半岛，再分别进攻衡阳、曲江。我滇南部队则制越北兵力，主力则沿西江流域东下，攻取广州。

二、作战指导。

（一）第一方面军固守滇南原阵地，阻止越北敌人出击，保障我向东作战之安全。

（二）第二方面军先以一部夺取雷州半岛，以为我补给基地，主力沿西江东下，进攻广州西正面。

（三）越北之敌若以主力北向云南，或西向广西进攻，破坏我向东作战时，我第一、二两方面军应挥军入越，攻击侧背，将河内海防占领。

（四）第三方面军以一部进攻衡阳，以主力由广西贺县攻取广东之曲江，再会攻广州。

（五）第四方面军攻取衡阳、宝庆后，继攻长沙，进出汨罗江，使我进攻广州、香港之友军不受敌威胁。

（六）第三、七、九各战区各以有力部队会攻衡阳、曲江、赣州、翁源之敌，各抽一军集结于长沙，以空运补给后，向东江推进，以加重广州敌人在东方之压力；且选择一通内陆港口而占领之，俾接受美援潜艇装备，增强战力。

（七）其他第一、二、五、六各战区应进攻当面之敌，阻敌兵力之转用。

（八）中美空军应协助地面作战，夺取战场上之制空权，以一部轰炸敌在海面活动船只。

（九）在进攻雷州半岛、广州及香港时，希望美国海军协同作战，阻止敌人增援，使作战容易。此计划拟定后，正准备攻击部署，何应钦上将除将总部推进至柳州外，并设一指挥所于南宁，一时士气大振，大有“灭此朝食”之气概。适日本于8月15日宣布投降，否则我军必能依此计划，将敌摧毁，圆满达成此任务。

张义纯

广西动员抗日，派出军队有第七军、四十八军、三十一军，以后又增加八十四军大部分驻在安徽。

● 1895 年生，字靖伯，安徽合肥人。

● 1927 年，由皖系改投国民革命军，此后在新桂系军队中任职。

● 1937 年全面抗战爆发后，任国民革命军第四十八军副军长，率部参加淞沪会战。

● 1938 年 2 月，任安徽省民政厅厅长、安徽省代理省主席，兼任安徽省军管区副司令。率部参加徐州会战，在淮河两岸阻击日军，配合台儿庄友军歼敌。同年 7 月，升任第四十八军军长，率部参加武汉会战。

● 1939 年 11 月，任国民革命军第二十一集团军副总司令。

● 1942 年 1 月，率部抵御进攻立煌（当时为安徽省会）的日军。

● 1943 年 1 月，任第三十三集团军副总司令。

● 1982 年 9 月 10 日，病逝于上海。

新桂系统治安徽概述

张义纯

我出身于保定军官学校，中华人民共和国成立前在旧军队生活数十年，在皖虽曾当过省政府主席，但为时短促。我的注意力主要集中在军事方面，有很大的局限性。这篇记述，挂一漏万，势所难免。

安徽旧省治在安庆，1937年冬，抗战形势恶化，始由安庆迁往六安。日军进攻武汉，又迁往立煌[①]。1945年抗战胜利后，省会改设合肥。及至蒋介石发动内战，节节败退，复于1948年迁回安庆。不久，再迁皖南屯溪。今以省政府迁治为脉络，分为五个时期，略述新桂系统治安徽的经过。

六安时期

上海八一三抗战开始，广西军队动员编组，陆续开往徐州、蚌埠一

① 即今金寨县，位于皖西，是土地革命战争时鄂、豫、皖边区革命根据地的一部分。1928年初，党领导广大农民武装起义，建立了红四方面军和苏维埃政权。1933年4月，蒋介石为便于“清剿”皖西红军，将六安、霍邱、霍山和河南省的商城、固始等五县边区划出置县，以卫立煌的名字命名“立煌县”，县治设金家寨。中华人民共和国成立后，改称金寨县。

带参加抗战。李宗仁任第五战区司令长官，安徽属第五战区管辖，国民党中央即以李宗仁兼任安徽省主席。其时我任第四十八军副军长，当由上海抗战前线转至浙江于潜县时，奉李宗仁电召往徐州，被告以安徽省政府改组。李拟以我担任民政厅厅长，代理主席职务。同时，调第四十八军军长韦云淞任第三十一军军长，发表我继任第四十八军军长。1938 年 2 月，我与李宗仁同在六安宣布就职。

在这里，简单地补叙一下我与新桂系的关系。1916 年，我从保定陆军军官学校炮兵科毕业后，被分配在北洋政府军队里服务，前后达 10 年之久。1924 年，我是陆军第二十四混成旅第二团团长，兼第一支队司令官。为了反对曹锟贿选总统，曾从福建打到浙江，紧接着又参加了江浙战争，在北洋军队中成了一名所谓“干员”。可是我感觉到这样干下去不是办法，为了自己的前途，在 1926 年国民革命军出师北伐时，我离开北京，投入国民革命军，由第六军军长程潜派我充副师长，率领安徽军队两团（王普第三旅）进攻南京。不久宁汉分裂，程潜去汉口，杨杰继任第六军军长，军队改编，我与李明灏等同时辞职。随后，陈调元约我随军北伐，我同他一起进军到了山东郯城。是时，白崇禧任国民革命军第二路总指挥。陈调元、杨杰两军均归白指挥。陈、杨二人在与白谈话中常提到我，并多称许之词。适李宗仁新成立的第十九军（由湖北刘佐龙的部队改编而成）需人整训，经白崇禧推荐，调我前往充任该军第二师师长。我从山东回到南京，转往芜湖，与李宗仁见面，李为我举行了一个很隆重的就职典礼。我与李、白素昧平生，他们对我如此重视，使我顿生知遇之感。从此，我身居要职，前后近 20 年，成了新桂系中一个重要成员。

我们接管安徽省府后，内部仅作了局部改组，更动了民政厅厅长和秘书长，其余仍旧。有章乃器者，随同李宗仁来六安，被任命为省政府委员代理秘书长，我以民政厅厅长代理主席，财政厅厅长为杨绵仲，教育厅厅长为杨廉，建设厅厅长为刘贻燕。省府会议认为皖南已划归第三战区，又有长江阻隔，管理不便，遂决议成立皖南行署，并派省府委员戴戟为行署主任。戴原籍皖南，以他任皖南行署主任，人地比较相宜。皖省计有63县（皖北40县，皖南23县），当时除已沦陷的县份外，尚有2/3的县份在省政府管辖之下，政令尚可通行。

当时，在安徽境内的广西军队，有两个集团军的总司令，一个是第十一集团军李品仙，驻寿县；一个是第二十一集团军廖磊，驻合肥。在皖省政府改组时，李品仙曾公开要求做省府委员代理主席。李宗仁、白崇禧因我是皖人，故调我为民政厅厅长代理主席。这种内幕情形，我起初是不知道的，后来竟成为种种困难的主要原因。

为了发动民众配合军队作战，第五战区曾经在徐州组织了一个“动员委员会”。皖省政府改组后，李宗仁即在六安组成“安徽省民众总动员委员会”。委员人选，来自多方面。第一次会议，推举我为主任委员，并由我就委员中推出章乃器为秘书，其他如常恒芳、光明甫、沈子修、朱蕴山、朱子帆等都是委员。动员委员会中，有不少进步人士，而省党部则多是CC分子，因而会、部之间矛盾重重，形成对立。

安徽省政府的改组，名义上既是为了配合抗战，那么随着战事的发展，必然有一些“新政”设施。首先是开始训练军政干部。在六安北大营设立一所“安徽省政治军事干部训练班”，由我兼任班主任。参加受训的军事干部，多是保安团队初级干部和军士；政治干部多是青年学生，训练期满后，派当乡、村干部。每期训练人数约3000人。此外，省府各部门的行政人员，也施行军训。

安徽保安处原辖有保安团六个团，在上海战事紧张时，因前线士兵伤亡众多，奉国民党中央电令，以安徽保安团全部开往上海补充前线缺额。以后，我复由各县地方自卫队中抽选士兵，补充保安团队。

省政府改组后不久，奉国民党中央命令，成立了“安徽省军管区司令部”，办理兵役事宜，由省主席兼任司令，我为副司令。司令部成立后，即筹设“兵役人员训练班”，以训练干部，办理兵役业务，此为抗战时期安徽设立征兵机构的开始。由于办理不善，弊端丛生，滋事扰民，莫此为甚。

随着抗战俱来的困难，不一而足。津浦铁路南段在皖境内者，多被日军侵占，难民纷纷向省府所在地六安奔集。民政厅乃在六安设立难民收容所，办理收容事宜。以后难民越来越多，遂分散安置于各乡村。儿童则交中央在六安设立的保育院教养，并陆续向后方输送。有一次，输送难童的大卡车，在湘、桂交界处渡黄沙河时，因司机失慎，连人带车翻堕水中，全车儿童同罹惨劫。迄今思之，犹有余痛！

抗战形势越逼越紧。我就职之后，即于颍、亳、寿一带（皖北各县）开始武装民众，以配合正规军作战。皖北各县人民素有“淮上健儿”之称，抗日情绪颇高，即使编组十万武装部队，亦有可能。惟民生憔悴，饷糈不易供给。我斟酌情况，除各县原有自卫队外，决定大县编组一个大队（三个中队为一个大队），中县编组两个中队，小县编组一个中队。武器、兵饷均由各县自给，但须县府负责统筹。当时安徽抗日自卫军共成立六路，石寅生、李武德、郭造勋、岳相如、余亚农、宋邦翰分任各路司令（以后有更动）。第五战区长官部委我兼任安徽抗日自卫军总司令。为了节省经费，我决定以全省保安司令部的机构和人员兼办自卫军业务。

台儿庄战役后，日本侵略军增调部队，向徐州大规模发动进攻，我军不支，阵地向后转移。李宗仁退至阜阳，召廖磊、李品仙和我去开会，商讨今后行动。我以在六安系暂维持政局，任务艰巨，现既告一段落，遂婉言辞职，仍愿回军队服务，并对李宗仁说：“我虽辞职，但仍负责将省府全部迁至立煌，俟安排妥当后，再离开省府。”

斯时，前线军队纷纷向后撤退，日军亦渐向六安进逼。我回六安后，遂命令省政府各厅、处向立煌迁移。

省府迁至立煌后，我即电老河口（第五战区司令长官部所在地）报告李宗仁，并继续申请辞职。李回电准我仍回第四十八军任军长原职，省府职务暂由秘书长朱佛定代理。我所以辞职，有三个原因：其一，省府及保安司令部人事复杂，我系代理主席，无权调整，办事掣肘；其二，大别山区系军事区域，没有直接掌握兵力，政令难以推行；其三，日军正调动军队进攻武汉，我原系第四十八军军长，自以回任为宜。

立煌时期

朱佛定以秘书长代理省政，为时短促，不过维持现状而已。省府迁至立煌后，六安县不久也沦陷了。战事日益紧张。日军西向武汉进攻，第二十一集团军奉命参加武汉会战。第四十八军和第七军均隶属第二十一集团军。这时第四十八军司令部已转至麻埠（六安县属）。军部派队来接，我即随往麻埠就职。所辖三个师，即贺维珍的一七二师，张光玮的一七四师，区寿年的一七六师。第四十八军在桂林时我任军参谋长，在上海抗战时我任副军长，已是三易其职了。

在麻埠驻扎不久，便奉命开往潜山、太湖、宿松和湖北黄梅一带，与来自南京向武汉进攻的日军作战，以阻其前进。及至广济，便进入防御阵地，参加保卫武汉大会战。如以兵数对比，在上海作战是五对一，武汉会战时是三对一，我军人数超过日军。但由于国民党的腐败无能，在指挥作战、武器装备以及士兵训练等方面，均较敌军相差甚远，故终无法阻遏日军凶锋，武汉仍不免于沦陷。

1938 年 10 月武汉失陷，第二十一集团军奉命留在敌后，以大别山区为根据地作“游击战”。于是第四十八军开回英山、霍山、六安一带驻扎，后来陆续扩展至 10 余县，军部设在英山、霍山间的深沟铺。第七军则分布于鄂东黄安、麻城、罗田、黄冈一带，军部设在滕家堡。其时，第二十一集团军总部亦驻在英山县城。日军探知我军留置其后方，以大别山区为根据地，处在南京、汉口之间，认为是心腹之患，乃派遣劲旅深入山区扫荡。经罗田，第七军避而不击（军长张淦），日军即进攻英山，第二十一集团军总部遂转移至立煌（这时总司令廖磊已被任命兼任安徽省主席）。仓促之间，弹药未及运走，概行焚毁。廖磊由立煌给我电话，谓日军已至英山，仍继续前进，着速派队迎击。斯时，第一七六师师长区寿年驻霍山，第一三八师师长莫德宏驻麻埠（武汉会战后，第一七四师划归第八十四军，改以第一三八师归第四十八军指挥）。我立即派第一七六师丘清英旅赶往迎击，丘旅遇日军于英山河池镇，激战一昼夜，次日拂晓，我军另派部队迂回至敌后，敌始后退。

武汉会战后，廖磊和李品仙两总司令争夺安徽省主席职甚烈，廖以白崇禧的支持而获胜，李遂率第十一集团军往襄樊一带布防，并兼任第五战区副司令长官（还有一个副司令长官是孙连仲）。廖、李原在唐生智军中同事，1927 年宁汉分裂，唐生智被李宗仁击败，部队改编，廖、李皆归附新桂系，升任军长。两人素有矛盾，形同水火，各立门户。幸各当一面，表面上尚可相安。抗战期间，广西军队的军需大权操于总部。廖任总司令时，军队节余的兵饷，多缴归广西增购军火；李则贪财好利，军中节余尽入私囊。廖常以此攻讦之。廖来立煌就任省主席，我辞民政厅厅长，仍留任省府委员，平时省政会议，照常出席。这时，陈良佐任民政厅厅长，章乃器任财政厅厅长，方治任教育厅厅长，蔡（灏）公望任建设厅厅长。省府人事主要分为两派，互相斗争，极为尖锐。

军部到了深沟铺后，官兵多发生疟疾，我亦疟疾大发。病尚未愈，廖磊命我率部队两个团，往皖北各沦陷区，代表省府“宣抚民众”。我自六安出发，经寿县、颍上至阜阳。适第五路抗日自卫军司令余亚农由立煌回防，行至颍上县三河尖，被一个广西籍的游击司令扣押，并劫去饷银。我了解情况后，即派一个广西籍的参谋前往接护余亚农来阜阳，仍令其回亳州任自卫军司令原职。我由阜阳巡视太和、亳县、蒙城、涡阳、怀远、颍上诸县，经正阳关到霍邱。这些地方已遭劫难，田园残破，触目惊心。最突出的是淮北大水，人民惨罹浩劫。人民群众都以为黄河决口是日军所为，因而增强了对侵略者的仇恨。哪知事实上是蒋介石在撤军时下令在花园口决堤所致！平畴千里，一片汪洋，人民的生命、田庐、牲畜，损失不可胜计，所受灾难，胜于侵略者的劫杀。我初亦无所知，此时身临其境，瞥见遍地大水，到处都是灾民，才知淮北人民所受苦难的深重。

安徽抗日自卫军，是省府在六安时期成立的。武汉会战后，白崇禧欲就此基础加以整编，改为游击部队，以便掌握利用，嘱我主持。我因不愿离开正规军，婉言辞谢，遂由廖磊负责。廖以自卫军全系安徽土著民兵，深恐同床异梦，不利于对皖省的统治，遂由桂省调来许多绿林出身或弁护出身的军官，担任游击司令，分驻在大别山外围地区，原有自卫军各司令及各级人员全部更换。自卫军本身带有地方性，枪支亦多私有，一旦人事变动，军心涣散，新委司令又不善于掌握，遂不免骚扰地方，嗣后各县长相继向省府反映，都不愿负担经费。廖磊病故后，遂由省务会议决定，撤销游击部队组织，所有士兵及枪支仍分别交还地方，编为县自卫队。

廖磊担任省政府主席时间很短，1939 年 10 月，患脑溢血症死去。时第五战区司令长官李宗仁在老河口，闻廖病故，急电调我代理第二十一集团军总司令职务，省政府主席则由民政厅厅长陈良佐暂行代理。1940 年 1 月，李品仙来立煌，就任第二十一集团军总司令及安徽省主席之职，带来一批湘籍人员作为骨干。因第二十一集团军全系广西官兵，他省人不易插入，遂多安插在党、政方面，其重要人物有苏民、杨绩荪等。安徽党、政双方，过去常有摩擦，国民党中央为利用李品仙起见，派他兼任省党部主任委员。于是安徽党、政、军大权遂操于李品仙一人之手。

李品仙发表为第二十一集团军总司令时，我亦同时被任命为副总司令，住总部（在立煌）。第四十八军军长由第一七六师师长区寿年继任。李颇注意政治干部的训练，省府开办干训班，由李自兼主任。总部方面有一个第五战区训练分团（每战区都有训练团，第五战区训练团设在老河口，立煌设分团），抽调各军军官前来受训，每期为三个月。

1940年冬季，我以大别山防区安谧，为视察部队整训成绩和社会情况，曾出巡一次，自立煌出发经外围各县，计有岳西、霍山、舒城、桐城、潜山、太湖、宿松、罗田、黄冈、麻城、黄安、固始、商城、霍邱、六安15县，行程千余里，历时两月。当时觉得在抗战期间军队仍能按月发饷，物价比较稳定，前途似尚有可为。

1941年春以后，李品仙自觉人事布置差不多了，防区亦尚安宁，他的贪财思想就日渐暴露出来了。在一次闲谈中，他对我说："到了抗日胜利后，政治走上轨道，即不能乱搞钱了。"从这年起，省府各机构人员逐渐增多，开支日繁，捐税亦随之增加。李品仙在一次省务会议上公然说："现在非省刑罚、薄赋敛的时候。"于是政治风气日益败坏，上行下效，聚敛成风。立煌设有贸易机构，专门经营商业，与民争利。所有大别山出产的桐油、木、竹、茶、麻、生漆、茯苓、猪鬃等，概行统制，垄断对外贸易，民间收藏，则为犯法。市上日用商品收购一空，然后再高价售出。是年下半年，物价陡涨，货币贬值，军民生活皆受影响。李品仙托言这是全国性的，为抗战时期的必然现象，不是大别山一地如此。这种风气渐渐影响到军队中，士气遂日益衰落，军中常有人怨愤地说："我们来抗战，难道是为了掩护你们做生意发财的吗？"

李品仙过去所搜刮的财富，大部分存放在香港，日本人占领香港后，颇有所失，李遂在安徽加紧捞取，以为补偿。我想这是李品仙失之东隅收之桑榆的逻辑吧！有广西友人从后方到立煌，说李品仙以前驻寿县时，曾盗掘楚王坟墓，劫走许多宝物，包括墓中一大批阴沉木，先运广西，又转运香港。

1942年夏季，我赴第五战区司令长官部所在地老河口开会。抗战时期，每战区都设有作战人员训练班，受训人员多是各军、师中级军官，每期三个月结业，由司令长官兼班主任，各集团军总司令或副总司令担任副主任。这一期作战班，我为副主任，住班专任其事。结业后，我又带第二十一集团军在作战班受训的人员赴南漳县第三十三集团军（总司令是冯治安）参观。其实，蒋介石到西安召集各集团军总司令开军事会议，李宗仁因我在老河口，拟派我前往。适白崇禧来老河口，又改派李品仙前往，叫我仍回立煌坐镇。我虽有怀疑，但又不知他们闷葫芦里究竟装的什么药！我转回立煌，李品仙往西安，我又代理总司令。李品仙开会后，回广西一次，约五个月之久。在这期间，立煌被敌军攻陷，惨罹浩劫。

李品仙利用职权，植党营私，凡是他认为“异己”的人，皆在被排挤之列，对我亦不例外。为了排挤我，他和李、白商定，将我和刘和鼎对调。刘亦皖人，系第三十三集团军副总司令兼第三十九军军长。于是刘率第三十九军来到大别山区，接防第四十八军防地，军部驻在滕家堡；第八十四军军长莫树杰率部开赴老河口布防。我回立煌后以将去之身代理着总司令的职务。第七军军长张淦已先李品仙请假回广西去了，副军长程树芬调任鄂东游击总指挥，军中无人主持；第三十九军又是初来接防，此时如果日军突然向立煌进攻，各军各师是否效命？我能否指挥如意？是可以想象得到的。

1943年1月2日，立煌沦陷，在当时是一件大事。先是日军中国派遣军总司令畑俊六在南京召开军事会议，汉口日军第十一集团军司令塚田攻参与会议后回汉，飞经大别山区（黄梅、宿松一带），被我军地面部队击中，敌机焚毁，坠入深山，当时因日暮亦未搜获。汉口日军以塚田攻飞机未返，又听说有一架飞机被我方击落，当即派遣部队进入大别山区，分头寻觅，时经数日，始在黄梅山中寻获塚田攻死尸，拟即转回汉口（据鄂东游击部队报告如此）。我鄂东防御部队，对进入山区的敌军，始终避战，不发一枪，启敌轻视，敌军遂乘机增派兵力进犯立煌，图谋报复。敌军进犯的路线，是由鄂东方面经黄冈、罗田一带前来。总部接到情报后，即令第三十九军迎击。但他们新来接防，为了保全实力，处处避战。我即以电话找刘和鼎讲话，不料他的军部已离开滕家堡了。鄂东门户既已洞开，敌军遂肆无忌惮，深入山区，经僧塔寺要隘进到英山地带。我即电令第四十八军军长苏祖馨速迎击，仍令刘和鼎军随敌后追袭，以收夹击之效。苏祖馨见敌来势甚猛，未战而退，于是敌遂直向立煌进攻。我以总部无总预备队急电李宗仁速派第八十四军回救立煌。在长官部方面，初以敌军由汉口出动，恐其进犯襄樊，特派第八十四军在平汉铁路以西布防。嗣知立煌情况危急，乃调第八十四军赶援立煌，但已缓不济急。我虽严令刘、苏两军积极抄袭敌后，牵制前进，无如他们畏敌如虎，不敢交战。我指挥不灵，只得派总部特务营和驻古碑冲的战干团（都是各军、师的初级军官）到迎春岭布防，以阻击来敌。这时立煌人心惶惶，唯视我一人的行动为转移，尤其是省府一般人员，急得走投无路，最后乃决定暂时避往霍邱。敌犯迎春岭，利用大炮集中射击，数小时后，特务营不支后退。参谋长陆荫楫早就想走，这时更迫不及待。适第一七三师师长粟廷勋奉总部命令，率两个团来援，我就命他担任立煌警备司令，迎击来犯之敌。粟有惧色，我乃陪他在总部等待他的部队全部来到，粟仍打算溜走。黄昏后，敌人大队虽未到达，而立煌到处起火，秩序紊乱，一般僚属一定要走。陆参谋长拟定计划，退往叶家集。他认为该集通向老河口，联络后方运输线必循此道。我坚决不同意，主张暂离立煌，仍要准备收复。陆对我冷笑。

我主意已定，不顾陆的反对，率领总部人员由响山寺后面的小径赴鹅毛岭。山路崎岖，黑夜行动尤多困难。我前因巡视部队坠马，腿伤未愈，是晚经过狭路，又误坠深坑，步履更感痛苦。力疾行至鹅毛岭，已距立煌数十里，露宿山上。随我同行的人，除少数参谋副官外，还有特务营的一个手枪连。连长是个青年军官，他原在部队当排长，因在战干团受训成绩优良，我特提升他为特务营连长，此次沿途警卫深为得力。次早，我们翻山行走约半小时后，日军即来此搜山。我们行至第七军军部所在地的独山镇，我即以电话同驻六安的第一七二师师长钟柱南讲话，叫他除留少数部队在前线对敌警戒外，即率全师来独山镇随我反攻立煌。钟云："合肥方面之敌，亦蠢蠢欲动，若进犯六安，归谁负责！"我即肯定告诉他说："完全由我负责，即使六安失守，也要等待立煌收复后，再回师收复六安，此时要先救护首脑，不可违误。"钟师遵令开来独山，我即督队起行。同日，我在第七军军部亲拟一个火急电报致第三十九军刘军长、第四十八军苏军长、第七军张军长、第八十四军莫军长，告以决心反攻，收复立煌，仰各军立派得力部队进攻，我已督率第一七二师即晚向立煌前进，如各军作战不力，各军长应按照抗战连坐法的军律惩处，除电军委会及长官部备案外，特电遵照，云云。

我们反攻立煌，与出走时的路线不同，此行须经过茅坪和迎春岭等处。茅坪距立煌45里，只有三五间茅屋孤立在沙滩上。我经过其处，忽见有数十人裸体挺卧在地下，近视之，皆被刺刀戳死，惨不忍睹。听说这些人都是兵役机构由外县征集来的壮丁，送往军队补充兵额，前晚行经茅坪，投宿于此。适日军经过，恐他们逃回立煌报信，不愿放枪使人闻知，遂一一以刺刀戳死，死状极惨，见之下泪。目睹敌人之残暴，益增我战士之愤恨。第一七二师到达立煌附近，据报日军进占立煌后，无意久据，已于前夜集队向叶家集方向退走。后来听说第八十四军正由商城来援立煌，莫军长探知日军由立煌退出，竟避战退回固始县，使日军得以从容退去，令人愤懑。此次日军轻率深入大别山，若各军能听命令，努力作战，在日军进攻立煌和退走时，完全可能将其全部歼灭。无奈将领都缺乏抗战的决心，一意避敌，坐失良机，使敌军从容来去，如入无人之境。日军侵袭立煌，放火焚毁街市房屋，省府和总部亦均化为灰烬，公私财产的损失无法估计。

当大别山军事紧张之时，李品仙由广西到达皖南，他不敢过江，竟绕道宜昌上游回来。立煌收复不久，接到李宗仁电令，由第二十一集团军派一参观团前往西安参观和考察胡宗南军队的训练情况，并指定我为团长，限期到达西安。此事由军训部部长白崇禧主办，特派步兵监杨正治率领必要人员前往检阅。白耳闻胡治军之名，抓住机会，电告驻安徽第二十一集团军及广西夏威集团军各派参观团同往西安考察，借资改进桂军的训练。我们组成的考察团，岁暮踏雪登程，到商城与李品仙相遇，我即将立煌失守情况告诉他。我们步行到洛阳，乘陇海铁路火车到达西安，军训部及广西参观人员尚未到达，胡宗南表示可先参观。我们就先到王曲和灞桥两地，参观军校和军队步、炮各兵种的操练以及对空、对坦克作战的表演，其方法多采用日本步兵专门学校的教练规范。此后又参观风陵渡的防御工事（黄河对岸即是日军）。我们共参观三天，总的印象是：虽然形式上是整齐的，但战斗精神究竟如何，那只有天知道了。胡宗南坐享高位，在当时我的心目中却是一个谜。据闻其军中重要军职及快速升级必须具备“黄、陆、浙、一”四种规格，即黄埔军校、陆大毕业，籍贯浙江及第一军（原胡所部）出身。由此可以想见其治军的精神和目的了。参观毕，我们按预定程序，由西安赴汉中，参观军官学校第一分校，然后转往重庆。到重庆后，由副军长漆道澂率领团员回皖，我则暂时留下。

李品仙在安徽非法聚敛，并纵容部属作恶，因而引起了旅外皖人的反李运动。当时重庆各大学和专科学校的皖籍学生，集队到市区游行，喊口号，贴标语，要打倒李品仙。时李宗仁仍驻老河口，亦早有所闻，曾派人调查李在皖的情况，但遇到李品仙派系的抵制，不了了之，使皖人非常失望。

抗战时期，各战区的管辖区域，常因抗战形势的变化而有所改划。后来李宗仁调任汉中行营主任，指挥第一、五两个战区。第二十一集团军所在大别山区，则扩大范围，北至陇海铁路，南至长江，西至汉口，东至海州，称为第十战区，以李品仙为战区司令长官。既划为一个独立战区，李更可横行无忌了。

我因不愿就第三十三集团军副总司令之职，遂申请调任军事委员会高级参谋，并进入陆大将官班甲级第三期学习去了。

合肥时期

抗战胜利后，安徽省府由立煌迁至合肥，从此合肥成为省会了。我在抗日胜利的次年，由重庆回合肥，见合肥街市新开了一条马路，仅省府和主席私邸有电灯，商店和居民仍用油灯，更没有自来水，什么建设都谈不上。抗战胜利后，国民党成立国防部，白崇禧任国防部部长。我由合肥转往南京，在国防部任高级参谋。

国民党政府迁回南京后，各大专学校皖籍学生又集队游行，进行倒李（品仙）运动。李见此情形甚为恐慌，不似以往在立煌时期对于舆论之无动于衷了，派人往南京分头活动，企图实现釜底抽薪之计。这场风波闹了许久，未能平息。

嗣后夏威由广西调来安徽就任第二十一集团军总司令，并兼任第八绥靖区司令官，驻在蚌埠。夏在蚌召开绥靖会议，省府派民政厅厅长黄同仇（桂籍）代表出席。夏提出一个提案，黄同仇认为侵犯省府职权，与夏有所争执，夏深为不满，于是李、夏的矛盾日益尖锐。白崇禧袒护夏威，遂改组安徽省政府。

1948 年夏季，安徽省政府改组，夏威任主席，并兼皖南行署主任。行署原设在屯溪，工作人员由省府各厅及保安司令部抽调，约 200 人，内分秘书、政务、警保三处，办理行政业务。

夏威接任之始，解放战争正在徐州进行，及至宿县解放，安徽亦受到重大压力。夏威来安徽，省府所用人员，大多是旧时之人员，并无新的设施。又因他不熟悉皖省政情，多受部属蒙蔽。到任不久，即发表一大批县长，计 17 人，都系桂籍。内有 14 人曾在李品仙任内当过县长，或不称职，或贪污失职者，此次又委为皖省各县县长，舆论大哗。县长的任用，为社会观瞻所系，而夏完全听其秘书长黄绍耿所支配。黄曾任皖南行署主任，声名狼藉，这批新县长多奔走夤缘于黄之门下，得到黄的推荐。夏威此举，大失人心。

安庆时期

徐州解放，蚌埠一线亦岌岌可危。合肥密迩蚌埠，人心极不安定，省府乃迁往安庆。第二十一集团军渐次撤走，多向江西省境移动，只留吴中坚一师在安庆。月余后，皖北各县相继解放。此时夏常到汉口与白崇禧会商军事（这时白已由国防部部长调来汉口主持军事）。时局紧张，省府内部桂、皖两派之争亦烈，最突出的是张宗良任建设厅厅长时，张系三青团的重要干部，有陈诚作靠山，因而与夏威常有冲突。

广西军队既退出安徽，皖北各县又相继解放，夏威遂急急求去。李宗仁征得各方面的同意，决定以我担任主席。我在皖南行署接到夏威自汉口来电，邀我赴汉。我即乘汽车经祁门、景德镇至南昌，转火车至九江，和徐启明（广西将领）晤面，才明了此行内容。抵汉口和夏威见面，谈到安徽省府改组之事，我即推辞，认为目前局面非我所能为力，并以六安往事为鉴。是时白崇禧已赴南京，夏遂和我乘飞机赴南京，见着李宗仁（白又已回汉），提及此事，我仍表示犹豫。这时李已当选为副总统，以团体利害关系，劝我勉为其难。李是我多年的长官，待我不错，我就没有坚决辞谢。

屯溪时期

1949年春天，安徽省政府改组，国民政府任命我为主席，朱子帆为秘书长，张威遐为民政厅厅长，杨中明为财政厅厅长，柯育甫为教育厅厅长，巫瀛洲为建设厅厅长，在屯溪就职。省府已先由安庆迁来屯溪，在黎阳一个中学校内开始办公。这时，皖北40个县已全部解放，尚未解放的只剩皖南23个县了。

夏威在合肥时，将保安团队编组为三个旅，不久又改称为师，以保安副司令张湘泽为军长。当广西军队退出安徽时，保安团队亦随之调离皖境，军官多已调换桂籍人员，皖籍士兵不愿远离乡土，多有逃亡。皖北仓库粮食，在撤退时也运走了。田粮处处长（姓陈）弃职潜逃，不办交代。地方财政早在李品仙时被搜刮一空。我接任后，各主管部门相继报告兵、财、粮三缺，环境极困难，省府每月开支，大部靠中央补助，仅能维持现状。

当时，解放军已直抵扬子江边，势如破竹。国民党的守江部队如惊弓之鸟，纷纷溃逃。刘汝明部多经过皖南退走，纪律极坏，到处骚扰，人心惊慌。地方人士要我在屯溪维持治安，我只好留下。解放军行动迅速，又受到广大群众热烈欢迎。我于4月26日由屯溪向皖、浙边境撤走，行至江山以北的马金镇，即被人民解放军追上，我与全部随行人员立即放下武器。从此安徽省全境获得解放，国民党新桂系对安徽的统治亦永远结束。

中华人民共和国成立后，共产党和人民政府对我宽大为怀，让我一直住在上海，并安排我在上海参事室任参事，受到无微不至的照顾，内心感激不已！

我对桂系军人回忆的片断

张义纯

我参加桂系的由来：我是安徽合肥人，以前未去过广西，与李宗仁、白崇禧二人素昧平生。只因北伐之前，我在北方军队干事，于1924年参加臧（致平）杨（化昭）长征之役（由福建转战闽赣浙三省）和江浙战争，微有声誉。是时我30岁，任陆军第二十四混成旅第二团团长兼第一支队司令。李、白闻之，乃在北伐时期，托人访问，邀我到芜湖与李宗仁晤面。他说："我们是慕名，特来邀你共事。"稍住几天，遂就任第十九军第二师师长（李宗仁北伐时，以广西军队编为国民革命军第七军，任军长，到湖北改编刘佐龙师为十九军，胡宗铎任军长）。我因感于知遇，遂始终在桂系服务。兹就我所知所闻及亲身经历，回忆所及，据实撰写有关桂系情况的片段如下：

桂系李黄白三人，在军队发迹起家及统一广西

李宗仁是广西陆军小学毕业，辛亥年又入广西陆军速成学校毕业。黄绍竑、白崇禧都是保定陆军军官学校第三期毕业。李在广西林虎部队中任事，黄、白均在马晓军警卫营中当连长。后来时局改变，他们合并

起来，公推李宗仁为首，黄绍竑为副，白崇禧为参谋长。广西称他们三人为李黄白。那时广西是陆荣廷、谭浩明等旧军阀统治的天下，李、黄、白率领部队和旧势力奋斗多年，始克统一广西。唐继尧又派云南军队侵入广西南宁，几经战斗，方将滇军逐出境外，统一局面，方告底定。1925年，李、黄、白通过保定同学温翘生往北京联系（温和执政段祺瑞的侄子段宏纲、外甥陈钧亦是保定同学），从中说项，段任命李宗仁为广西军务督办，黄绍竑为帮办。

国民革命军北伐

广西有了统一基础，又通过早在广东的桂军宿将李济深的关系，与国民党有所联系。1926年秋，广东国民革命军北伐，组织六个军，以何应钦、谭延闿（副军长鲁涤平代理其职务）、朱培德、李济深、李富林（留守广州）、程潜为一、二、三、四、五、六军军长，李宗仁的广西军队编为第七军，湖南唐生智为第八军，参加北伐。从广州分三路进军，东路是何应钦为总指挥，白崇禧为前敌总指挥，向福建、浙江、上海进军。中路是程潜为总指挥，向江西进军。国民革命军总司令蒋介石兼西路总指挥，向武汉进军。当时北方军阀吴佩孚是直系头子，他的势力包括湖南、湖北、河南等省，北伐一开始，吴佩孚就成了第一号目标。孙传芳亦系直系军阀，盘踞苏浙皖赣闽，自称五省联军总司令，在闽赣一带布防，主力在江西。奉系军阀张作霖以大元帅名义控制北京中央政府，他的势力范围包括东北三省和河北、山东等省。张吴孙三人，各霸一方，内部不统一。各省军阀，初是观望，后看北伐形势顺利，多倾向北伐军，望风起义。北伐军攻克武汉后，目标转向南京，即进军南昌。李宗仁当时将所属第七军，编为两个纵队，由夏威、胡宗铎（湖北人）两个师长为纵队司令。当南昌前线作战激烈时，胡宗铎纵队抄到敌人后方、南浔铁路中间重地德安，猛烈攻击，起了重大作用。因此，孙传芳在江西溃败。国民革命军在江西得手后，派程潜为江右军总指挥，以第六军及鲁涤平、贺耀祖等部为骨干，向南京进军。李宗仁为江左军总指挥，亦向南京进军。斯时南京守军为奉系张宗昌、褚玉璞部队。在南京西郊栖霞山激战十余日，褚玉璞军溃逃，革命军胜利收复南京。何应钦在闽浙方面，因地方军起义来归，进军顺利，白崇禧亦已进占上海，任上海警备司令。李宗仁江左军在合肥打退了张宗昌军后驻军芜湖，我担任十九军第二师师长，就是在芜湖就职的。

一、龙潭战役。国民党在攻克武汉后，建立国民政府。蒋介石在攻克南京后，与武汉国民政府分裂，另行成立南京国民政府，形成宁汉对峙。1927年4月12日，蒋介石背叛革命，破坏国共合作，在上海发动清党运动。白崇禧以上海警备司令充当了刽子手，革命前途，受到阻碍。蒋介石因宁汉分裂，内外受迫，遂引咎辞职下野，东渡日本。南京方面由何应钦、李宗仁、白崇禧三人主持。在这时期，军阀孙传芳和武汉国民政府唐生智暗中勾结，集中六师兵力，号称10万反攻南京，部队由浦口渡江，向龙潭进攻，并已全部登陆。这时何应钦率第一军开往浙江，尚未全部开走，何、白二人在镇江晤商，急调部队抵抗，听说陆续调来16个团，均抵挡不住，孙军仍向南京方面猛攻。白崇禧电告李宗仁，急调第七军和十九军两军，合力围剿，激战三昼夜，死伤甚众，终将敌军六个师，全部包围缴械，南京转危为安。

二、西征武汉打唐生智。何、李、白合力消灭孙传芳过江部队后，还要解决武汉唐生智的问题。经过协商，决定讨伐唐生智，以解决宁汉分裂的局面。于是第七军和十九军分头向武汉进军。十九军由江北西行，我率第二师为前卫。唐生智所属第三十五军军长何键在安徽当省政府主席。因我军前进，遂逐步向西撤退至湖北境内，在广济县车坊铺山地布置阵地，指挥官是刘建绪。我率领全师进攻，激战终日不分胜负。嗣以我军从别径绕攻其侧背，刘部感到威胁，开始向广济城撤退。同时浠水县亦被我第三师攻下，何键向唐生智告急，由汉口派来援军李云杰师，水运到兰溪，与我第七军对敌，激战终宵，终于力竭退走。于是我军长驱直入，进入汉口。武汉国民政府垮台，唐军向湖南退走，有一师长张国威在败退中被唐派人绞死。

我军进到武汉后，十九军留守卫戍武汉。第七军担任追击任务，继续向湖南进军。最后唐生智下野，所属部队改编，大部分北上去北京，归北京行营主任白崇禧指挥，如李品仙、廖磊等改编后，仍为军长。何键一军留在湖南，西征到此遂告结束。李宗仁除原有的第七军、十九军外，又收编了唐生智部队，势力大增。当时即与蒋介石、冯玉祥、阎锡山并驾齐驱，分任国民革命军一、二、三、四集团军的第四集团军总司令。该时李、白势力已有广西、湖南、湖北及北京地区。李宗仁还兼国民党武汉政治分会主任，委派胡宗铎为湖北清乡督办，陶钧升任第十八军军长兼任湖北省清乡帮办，在武汉大举清乡。詹大悲住在汉口租界，即在该时被捕杀害。清乡闹得天怒人怨，湖北人称胡陶二人为胡闹淘气，可见其气焰嚣张，不满人意。

湖北省政府改组，以张知本为主席，张难先为财政厅厅长，石瑛为建设厅厅长，都是湖北知名人士。行政方面，一般布置平妥，社会安定。

我在芜湖就任第十九军第二师师长后，率军作战到汉口。不久十八军成立，我以第二师师长升任十八军副军长。1928 年夏随同陶钧率军往鄂北襄阳、樊城一带，收编地方部队，驻在襄阳。忽有一位不速之客桂振远远道来访。桂是安徽六安金家寨人，与我是老同学，又曾在洛阳同事。此次是奉其上级之命，从汉中来此，与我有公事接洽，求我帮助。内容是：吴新田一军，驻在汉中，此次整编军队，属于第二集团军冯玉祥范围之内，冯、吴不合，吴不愿接受冯的整编，决意来鄂，投归第四集团军，听李宗仁指挥，派桂先来接洽，请指定行军路线，以便全军开来。我当时与陶钧商妥，派参谋季鼐随桂回陕，迎接吴军从子午谷那条路线出中原，经往汉口集合。全军到达汉口后，吴新田和我商量，他已年老，饱经世变，不愿再度军队生活，拟请退休，愿将全军移归我整编。我将此意转告李宗仁，李完全同意。实际上吴新田之军本是安徽部队（即北方张敬尧老第七师），因我是安徽人，人地相宜，愿意相让，借以保全军力。我接收此军，共有 10 团人。李宗仁内定以我军和刘和鼎旅（4 个团）合编一个甲种师（共 10 团人）。多余四团人，交总部整编，称为第四集团军第十三师。在全国军队番号编为第五十六师，以我为师长，刘和鼎为副师长仍兼旅长。当时各集团军整编军队，名义上整编，实际上扩编。师有甲乙两种，甲种师和军一样（9 个团），乙种师是六个团，军改编为师，名称改变，其实仍是换汤不换药。

三、蒋桂之战及李明瑞叛变。1929 年春，蒋桂之间，矛盾激化，武汉局势紧张。主要原因是为湖南省主席调动而起。事前何键来汉口，向李宗仁告密，又赴北平行营主任白崇禧面前告密，都是说鲁涤平在江西得到南京接济军火，将对湖南采取军事行动，企图切断广西与武汉的联络，以不利于武汉。时谣言四起，时局越来越紧。李宗仁担心爆发新战争，乃只身赴南京，意图与蒋面谈一切，以图谅解。不料南京已经采取军事行动，军队已出发在途。李宗仁得知确讯，不敢去宁，乃悄悄乘原轮往沪。这时武汉方面又发生李明瑞叛变事件。蒋、桂之战已在所难免。李明瑞原是广西第七军第一师师长，整编后第七军改称第十五师，原一、二、三师改称一、二、三旅，仍是三团制，李明瑞是第一旅旅长。他在武汉，看到胡宗铎、陶钧都升官发财，极为气愤，蓄恨在心。他有一个表兄俞作柏，与蒋介石有勾结。蒋派俞来汉口，和李明瑞联系，听说送款 30 万元，又许以高位，遂促成骤变。蒋介石在南京调兵遣将，派刘峙、张发奎等率军西进，愈逼愈近。武汉方面因第四集团军总司令李宗仁去沪，就由胡宗铎、陶钧、夏威做主。当时驻在武汉军队共有六个甲种整编师，即六个军兵力。师长是夏威、胡宗铎、陶钧、叶琪、程汝怀和张义纯六人。他们以为有六个军，共有60团人，而且都是久经战斗，足堪一战。不料内变起于仓促，出乎意料。当时夏威失于觉察，当军队出发之际，夏有小病，反而派李明瑞代理师长职务。李率领全军出发，竟在途中宣布投蒋。二、三两旅长李朝芳、尹承纲迫于形势，只得屈从。后来夏威下令将李、尹两旅又调回来，然时已过迟，无济于事。武汉未经战斗就失陷了。胡、陶、夏、程四部退到沙市、荆州，接受改编。胡、陶、夏下野。我从荆州到宜昌，所部交刘和鼎带领，我亦解职。叶琪率军回湘，李宗仁在武汉的局面完全垮台。

白崇禧在北平所指挥的部队，原是唐生智旧部，武汉出事，蒋介石起用唐生智，收回原部队，白崇禧只身逃走。

黄绍竑在广西，因蒋派俞作柏、李明瑞回桂，亦告失败。蒋桂之战以桂系失败而告终。

再回广西恢复政权

蒋介石利用俞、李带兵回广西，推翻李、黄、白在广西的政权，以俞作柏为广西省政府主席，李明瑞为广西绥靖主任。但李、白虽在海外，决不甘心失败。李明瑞所有部队，都是桂系旧部。他们互有来往，愿意合作推翻俞、李，拥护老长官回来。李明瑞部下杨腾辉首先造反，突袭李明瑞。其他部队陆续亦跑到李白方面。李明瑞要求蒋介石派军队援助。蒋虽派朱绍良率军援桂，唯大势已去，李明瑞节节失败，朱绍良援军退出广西。

一、广西李黄白变为李白黄。李宗仁再回广西恢复政权，黄绍竑与李、白有矛盾，毅然离开广西。他在全国政协文史资料中已把事实写得很清楚，兹不赘述。李白提升黄旭初为省政府主席，原来李黄白变为李白黄三个头子了。但黄旭初是完全服从李白指挥的。

二、整军经武，大办民团创练空军。李、白回广西后，仍袭用第四集团军旧番号，李为总司令，白为副总司令。白又兼广西南宁军校校长，以刘士毅（江西人）为教育长，整军经武，发愤图强，所属军队干部，都是由南宁军校培养出来，以巩固一己的体系。他们又在柳州创建空军，以适应作战需要。在柳州设立航空学校，以林伟成（广东人）为校长，冯璜为教育长。后来“六一”抗日运动，林伟成乘飞机逃往南京。当时经费困难，第七军特少设一个师，节省经费，以资补航校开支。还在南宁西乡塘创立民团干部学校，黄旭初兼任校长，我也当过一次副校长，完全军事化。其中内容有政治、经济、军事、文化四个部门，并有农业试验场，学生常往农场实习。干校学生以中学毕业生居多数，少数是各县、乡、校长调来轮训。李、白对民团干部的作用十分重视，不久即将最基层的乡干部与乡学校校长、民团指挥合而为一，由一个人担任，称为政、教、卫三位一体。基层干部质量高，则在政治上发挥作用大。广西大练民团，旨在全民皆兵，办理征兵，有条不紊。抗日军兴，广西征召10余万新兵，都能及时征齐，稍加训练，便开赴前方作战，就是办民团的效果。

广西穷苦，李、白号召艰苦节约。自上而下，不论军政教人员或学生，男的一律灰布军装，布帽布鞋；女的布衫短裙，纱袜布鞋。省内禁赌、禁烟、禁娼，所有寺庙一概铲除偶像充作公用。故而全省都能艰苦朴素，埋头苦干。口号是建设广西，复兴中国（不过三禁并不彻底，在桂林等主要都市，仍有特区，容许赌、烟、娼，但限制公务人员涉足，且抽重税）。

当时广西曾一度诩为模范省，土匪绝迹，路不拾遗，夜不闭户，且在国内报纸上大为渲染。各界人士到广西游历考察的络绎不绝。最知名的：一为臭名昭著自称社会主义大师的江亢虎，到桂之后，曾希望李、白畀以教育厅厅长或师范专科学校校长之职，所谋不成而别，李、白赠了旅费西大洋3000元（广西使用毫洋或称西小洋，每130元合西大洋

100 元，西大洋与上海钞票相仿。军政人员均支毫洋薪水，且以规定对折实支）。另一位胡适博士，在广西亦大讲其学，并游览名胜，大题名号，情况均载当时《独立评论》。临别有无赠款不详。但李胡之间有一定的相知，即濒临解放前，胡适时任北京大学校长，李宗仁任北平行营主任，同在北京，相互吹捧，李拥胡竞选总统，胡推戴李竞选副总统。尔后胡竞选总统作罢，但仍为李拉了不少选票，这是后话。

李宗仁虽是行伍起家，但有一定的政治头脑，始终想涉足中央政权。所以 30 年代广揽人才，容纳了不少托派人士，派遣和重用留苏学生。其中知名人士如王公度、刘斐等。聘广西耆宿马君武为广西大学校长，其他如甘介侯、潘宜之、邱昌渭、黄季陆、朱佛定等，都成为桂系文臣谋士。李、白对异省客卿，在一定程度上加以重用，但对主要职位则一律用广西人。30 年代初期，广西经李、白整顿后，社会秩序相对安定，有些欣欣向荣。但是广西经济落后，终究是个穷省，以致军事扩张，何以能堪，所以到 1936 年与蒋介石矛盾又尖锐化之后，省内财力不足，西大洋与沪钞比值大跌，广西半独立局面就无法维持，不得不又与蒋介石言归于好。

三、两广“六一”抗日运动。日本帝国主义侵略中国，自 1931 年“九一八”起至 1937 年“八一三”上海全面抗战，已有六年。日本得寸进尺，由蚕食变为鲸吞。我国人民忍无可忍，抗日呼声日益高涨。于是两广在 1936 年有“六一”抗日运动，共谋抗战。是年 12 月 12 日“双十二”又有张、杨发动西安事变，最终促成蒋介石宣布抗战。

李、白二次回广西，恢复政权，我于 1933 年到广西，任十五军参谋长和第七军参谋长。在“六一”抗日运动时，又调任第二十五师师长驻岭溪县，与广东交界，准备支援广东。不料陈济棠在广东对部队已控制不住，先是空军受蒋收买，全部飞往南京。不久陆军余汉谋又全军投蒋。陈济棠气急了，将省库存款 100 多万元资助广西抗战，只身离粤而去。广西团结一致，坚持抗战。蒋介石派参谋总长程潜来桂讲和，同广西合作抗日。

四、广西的秘密组织和王公度事件。广西有秘密组织，名称“三民主义同志会”，实际上与蒋介石的复兴社相类似。以李宗仁为孙中山继承人，要忠于他个人，对内要团结同志，如有异己，须随时检举；对外须随时随地注意考察外来的人，有无来广西做特务工作者。因有此组织，曾破获两次特务案件。以后复兴社人不敢再来。入会时举行宣誓仪式，入会后每星期同志间开会一次，讨论文件，并交流情报，对外保密，直至八一三上海抗战开始之前，白崇禧到南京开会，与蒋介石约定，双方一律取消秘密组织，白有电报告知，以后不要再开秘密会议了。当时广西军政人员参加入会居多数。我在桂林十五军当参谋长时，接到总部电告，赴南宁开会。事前不知何事。到达南宁，李宗仁和王公度陪同我赴一场所，办理入会手续，并举行仪式。王公度是其中一个关键人物，他对此甚感兴趣，并常到各处视察，好像除李宗仁外，就要服从他了。

王公度是广西人，于北伐时往莫斯科留学。回广西后有人说他是托派。那时他任广西省政府委员，又是第四集团军总司令部政治处处长，兼任南宁军校政治部主任，颇有权势。李宗仁信任他，白崇禧说他太阴沉了。后来总部政治处处长调换潘宜之。王公度在南宁家中，往来宾客甚众，附和他的人居多，其中也有斗争。我听他说，某人要毁灭，广西不能用这样人。他们常开秘密会议，当时有许多知识青年都跟他跑。王派中有四大金刚：谢雨苍、崔真吾、张威遐，还有一个我忘了。有一次秘密会议中谢雨苍说：“广西现在是李白王，不是李白黄了。”更有人说：“将来连李白也不要了，只有王公度一个人。”这些话，我都是听来的。到了两广“六一”抗日运动后，王公度活动积极起来，有他同党的人检举他，李、白先不相信。有常跟王公度在一起的人，把王公度昼夜随身带着的一只提包拿来检查，内中有一秘密文件，极其重要，就是要在广西出兵抗战，李、白离开广西的时候，他要出来改创局面。此项秘密文件落入李、白之手，李宗仁还说，就是民选，广西人也不会把王公度选出来吧！开会讨论，总参谋长李品仙说："像王公度这样的人要释放？以后再有这样的事怎么办？"李宗仁起先还有犹豫之意，后来听李品仙这样说，又是证据确实，就决定枪毙了。与王公度同时执行死刑的，还有谢雨苍、崔真吾二人。其余都从宽释放。抗战时在王案中被释放的人，在安徽任事的居多，张威遐就由专员当民政厅厅长。解放时，张溜掉了。

抗日战争中

一、"八一三"上海全面抗战。蒋介石迫于形势，于1937年"八一三"前夕，决心发动全面抗战，调兵遣将集中上海，保卫沪京（南京），并邀白崇禧到南京，共谋抗日。要求广西出兵10万，开到津浦铁路南段徐州、蚌埠一带，拟定以李宗仁为第五战区司令长官，指挥山东、江苏、安徽地区战事，驻扎徐州，并任白崇禧为副总参谋长兼军训部部长，长驻南京。

广西动员抗日，派出军队有第七军、四十八军、三十一军，以后又增加八十四军大部分驻在安徽。以李品仙为第十一集团军总司令，廖磊为副总司令。后来上海战事紧急，又增编二十一集团军，以廖磊为总司令，率第四十八军全部和第七军一个师开到上海大场一带，同日军对垒作战，激战10余日，敌军武器装备，远胜于我，我军伤亡一万多人，因死伤过重，撤到嘉定一带整编，担任总预备队。其时韦云淞为第四十八军军长，我是副军长。不久韦调任三十一军军长，我继任四十八军军长。在上海抗战时，我方共有70多个师。蒋介石本是消极抗日，积极反共。唯在八一三上海抗战开始，他为本身利益，抽调嫡系部队50多个师参战，想打一胜仗，在国际上博取好评，抵制日军进犯。当时国际联盟正在日内瓦开会，讨论中国申诉日本侵略。极力挣扎三个月，最后仍是失败退走。我们防线本在江阴、福山镇经常熟、苏州、吴江嘉兴至乍浦一带，早做好工事，临时军队溃退，乡保长一逃而空，既找不到工事，工事钥匙亦找不到，无从利用工事固守。敌军一直跟踪紧追，我们退至常熟、无锡两处，只有零星抵抗，亦无济于事。第七军军长周祖晃，在吴兴亦被击败。二十一集团军转往皖南，过江后归还五战区原建制。

二、安徽省政府改组以政治配合军事抗战。我在行军中途至长兴县，接到李宗仁自徐州来电，调我先往安徽去。我绕道南昌、长沙、汉口到徐州，和李宗仁晤面。方知安徽省政府改组，由李宗仁以五战区司令长官兼省主席，他不能常在安徽，调我当民政厅厅长并代理主席职务。我于1938年2月初在六安就职，干了四个月，忙得不可开交，主要政务须以政治配合军事抗战，头绪纷繁，一言难尽。我在六安北大营，办了一个安徽乡政人员训练班（包括政治、军事），收容沦陷区青年1000多人，加以培训，分配工作，增加基层行政人员抗战力量。同时训练班又召集保安团队干部与各县乡村长，轮流调训，以增进其抗战智能。

在抗战紧张时期，我接到徐州李宗仁手电指示：在安徽发动武装民众适应抗战需要。我即亲往皖北各县，发动武装民众，成立安徽人民抗日自卫军。计有五路军，每路有三个纵队，一纵队分三个大队（大队等于一营人），各地区专员县长统筹办理。交由各部队发放饷项，不许部队自由征筹，以免骚扰民间。自卫军配合正规军抗战，保家卫国。我以全省保安司令名义指挥自卫军，不另外设机构，借节经费。

三、台儿庄之战。日军攻占南京后，在徐州方面发动攻势，重点指向台儿庄。李宗仁指挥各部队，集中力量，予以聚歼。日军受此打击，在南京停留有六个月之久。在此期间，我方部队得有余裕时间，加以整补和重新部署，增加新生力量，对于尔后抗战，大有裨益。

四、驻守大别山进行游击战。蒋介石原派唐生智部队守卫南京。但是日军到南京，唐生智先跑了，丧失首都，贻笑中外。当时德国大使陶德曼留在南京，意图为蒋日拉拢谈和，而唐生智先跑，时人讽刺陶德曼是逃得慢，而唐生智变为逃得快了。日军在南京见国民政府迁往武汉，不肯谈和，乃继续向汉口进攻。

安徽省政府时驻六安，看到日军从已沦陷的合肥向六安进攻，我率省府各厅处工作人员，迁往大别山中心地区立煌县（现金寨县）。因事先已有安排，到达后，即进行办公，继续推行政治工作，以配合军事抗战。李宗仁叫我回任四十八军军长，率领军队参加武汉外围会战，匆促之间，我将省府事务交秘书长朱佛定代理，遂离开省府往麻埠四十八军司令部任事。略事部署，即率全军出发，至湖北广济县，即与日军对抗，昼夜激战。是时各军都来会战，部队虽多，人心不齐，兵器火力不如敌军，空军又处于劣势，交战10余日，到1938年初冬，武汉终于失守了。

当时二十一集团军总司令廖磊率第七军和四十八军两军回守大别山，在敌后进行游击战。第七军军长张淦率部驻滕家堡，对鄂东方面的日军作战。我率领四十八军驻霍山深沟铺，对安徽方面的日军作战。进山未久，日军来追，至英山河田镇，我一七六师师长区寿年派一旅部队前往阻击，日军受到打击，并以深山不敢深入，遂退回武汉。廖磊率二十一集团军总部驻立煌傅家湾兼任安徽省政府主席。新四军军长叶挺曾来立煌访问一次，在抗日初期，国共合作，情况尚佳。

是年深冬，廖磊派我带两团部队，前往皖北出巡，以收复沦陷区各县，推行省政。因我该时仍兼任省政府委员，春间曾代理主席去过皖北。当时严冬大雪纷飞，我冒雪带队出发，视察皖北10余县，目睹地方水灾，人民生活困苦。缘蒋军在北方战败，在郑州以北花园口，扒开黄河大堤，造成决口，大水泛滥。流到皖北一带，真是祸国殃民。当时安徽虽属沦陷之区，尚有三分之二县份受省府管辖，可以推行政令，缴粮纳税，仍可发挥军事政治双重作用，经济上亦可自给，故能持久抗战。

廖磊在安徽省只有一年，得脑溢血病故。李宗仁派我代理二十一集团军总司令职务。在此期间，合肥日军，乘机蠢动。有一营日军被我军在西郊10里的大蜀山附近包围猛打，并切断其归路，缴枪消灭。人枪送至立煌展览，人心大快。

我代理总司令半年，李品仙来立煌任二十一集团军总司令兼安徽省政府主席和省党部主任委员。我任二十一集团军副总司令。李品仙在安徽，党政军三位一体，一切权力集中在一人之手，乃能为所欲为。他是全国著名贪污能手，在沦陷区更加放肆，千方百计，掳掠财物，民怨沸腾。李宗仁听到舆论太坏，由老河口亲到立煌视察。但最后仍然支持李品仙，以巩固其政权。

立煌县失而复得的真相

桂系在抗战期间及胜利之后，统治安徽10年之久。我写过长篇资料，在安徽文史资料第一辑发表，兹不再述。我现只就日军进犯大别山，立煌失而复得的真实情况略述如下：

1942年冬日军进犯大别山。次年元月2日夜到立煌，这是当时抗战史上一件大事。因为汉口日军司令塚田攻获赴南京开会，乘飞机转回汉口，途经大别山，在黄梅附近山区被我高射炮击中，人机俱毁。汉口日军派了大约一旅人前来找寻尸身，就此进犯立煌，借图报复。先自鄂东进入山区，三十九军军长刘和鼎避战，将军部由滕家堡迁移别处，不报总部，以致日寇长驱直入，进至四十八军防区，军长苏祖馨又将军部从深沟铺迁往岳西县。日军更无忌惮，直奔立煌。我事先由一三八师调来两个团，由粟廷勋旅长担任立煌警备司令，他也逃走了。当时我是二十一集团军副总司令代理总司令，责任在身，急在心头。我们抗战各军，自上海抗战失败以后，在长期抗战中，都存有保存实力的私见。见到日军，总是避战。我军亦不例外。此次日军进犯立煌，我虽三令五申，要求各军尽力抵抗，仍是阳奉阴违，畏敌如虎，避免交锋。敌到立煌时，总部只有一个特务营，我令其开往长春岭抵抗，连驻在古碑冲的战时干部训练团也上火线作战，我在总部所得情报，都是告急。当时我的处境，极其困难，李品仙先由蒋介石召到西安开会，后回广西，已有五个月之久。第七军军长张淦亦告假回广西有半年未回。我又受李品仙排挤，要调任三十三集团军副总司令，此事上下都知道，是瞒着我个人。总部本有八十四军作总预备队，又被长官部调走。请求调回缓不济急。总部参谋人员都劝我走。尤其是参谋长陆荫楫做好计划，要保持后方联络线，向老河口方向撤退，我坚持不可，认为大别山是沦陷区，可以进行游击战，打不过敌人，可在山里兜圈子，俟机反攻。元月 2 日夜晚，日军进立煌城。我率总部参谋人员及一个手枪连，从山里柴径翻过鹅毛岭，到达独山镇第七军军部，打电话给一七二师师长钟纪，叫他带全师向立煌反攻。我在独山等候队伍一起前进。钟师长先犹豫不决，他认为六安不能放弃。经我说服，先救立煌，再回师保卫六安，一切由我负全责。钟乃连夜率师出发，这是反攻的一路。同时我电四十八军和三十九军，各派得力部队到立煌会战，共歼日军，如有违犯，坚决实行抗战连坐法，并陈报上级备案。3 日后，反攻部队都到立煌。日军自知孤军深入，处在包围之中，不敢久留，得知反攻消息，急从立煌向叶家集方向逃走，我八十四军正自远道来援立煌，本可遭遇，他们又避战。到固始停留，放弃歼敌良机，深为遗憾。我随一七二师反攻途中，在茅坪地方，见到有数十具尸体，都是我国军民，为敌人用刺刀戳死，惨不忍睹，更增反攻报仇之心。立煌城和总部房屋，都被日军焚毁一空。我感到我们抗战，不是有功，而是对人民有罪了。立煌收复之后，李品仙回来了。我被调职，离开大别山。此乃立煌失而复得之真相。

张义纯

抗日胜利　李宗仁竞选副总统

李宗仁由五战区调任西安行营主任，指挥一、五两战区。大别山方面，因抗战形势发展，新成立第十战区，李品仙为司令长官。战区面积扩大，北自陇海铁路，南至长江，西起汉口，东至海州。尔后抗战胜利，都获得接收的便利。

到 1945 年 8 月 9 日，我在重庆广山洞陆军大学，正要举行毕业典礼之时，忽听到外边鞭炮齐鸣，不知何事？通过电话，传来确讯，方知抗战胜利，日本无条件投降。人民欢欣鼓舞，到处放炮，以表庆祝，真是喜从天降，普天同庆了。

抗日胜利，重庆国民政府还都南京。李宗仁是时任北平行营主任，白崇禧一度曾当国防部部长，继为华中“剿匪”总司令。实际上李、白桂系势力，除原来占据的广西省外，更有在抗战中由廖磊、李品仙相继盘踞的安徽省。当时在国民党中，除了蒋的嫡系，黄埔军校出身的将领外，李、白桂系在国民党中是特殊的一股势力。所以到 1947 年，蒋介石发动的内战，已见败势端倪，欲以颁行宪法，选举总统来迷惑全国人民时，李宗仁却一点也看不清时局真相，认识不到全国已濒临解放前夕，不听从白崇禧的劝告，还出来竞选副总统。

1947 年南京召开国民代表大会，制定宪法，办理选举。蒋介石为所欲为，成为唯一总统候选人，当选总统。李宗仁、程潜、孙科竞选副总统。李程孙三人，相持不下。蒋介石请李程二人让给孙科，不要竞选。李宗仁表示，既然参加竞选，不能退让。程潜亦然。于是复行竞选，程潜票数较少，放弃竞选，将选票让给李宗仁。孙科票少落选，李宗仁票多胜利。唯在竞选期间，花费很大，如请客、送钱、许愿等，不一而足。李品仙则趁机在安徽各县，大肆摊派，凑集款项，专派卡车装运钞票去南京，并有机关枪随军护送，拒绝检查，真是选举中的丑闻。

1949 年初，时局紧张，蒋介石又下野，回奉化休息，李宗仁代理总统。这时我在皖南屯溪，以省政府委员兼任皖南行署主任。解放战争紧急，省府逐步撤退，已由合肥迁至安庆。广西军队由皖北撤往江西。安徽兵、财、粮三大项，被省主席夏威掳走一空。李宗仁叫我到南京会晤，对我说："夏威另有任务，安徽省政府改组，你当主席。"我说："时局艰难，我才不胜任，不能干。"他又讲："我当总统也是一样。这时'我不入地狱，谁入地狱'，你就去干吧！"不久解放大军过江，安徽全省解放了。军事发展，势如破竹，全国随之解放，国民党反动统治，至此结束。

徐启明

本军原旧七军，人事虽更易，而精神不稍异，军行千里遥，均能自力役，不敢惊扰民众也。

● 1893 年生，原名徐成，字光华，广西榴江人。

● 1937 年全面抗战爆发后，徐启明任第二十一集团军一七〇师少将师长，率部参加淞沪会战，承担掩护主力后撤的断后任务。

● 1937 年 10 月，升任第七军副军长兼一七〇师师长。

● 1938 年，任第二十一集团军参谋长，率部参加徐州会战、武汉会战。

● 1939 年，任广西绥靖公署参谋长，第五战区鄂豫皖边区参谋长，参加指挥随枣会战。

● 1940 年，任豫鄂皖边游击总司令部参谋长兼第二十一集团军参谋长。

● 1943 年 2 月，升任第七军中将军长。

● 1989 年 3 月 21 日，病逝于台北。

桂军第七军掩护淞沪大撤退作战回忆

徐启明

桂林誓师奔赴前方

民国26年（1937年）丁丑夏七七事变，抗日军兴。中央政府通令全国总动员一致对日抗战。五路军总指挥李宗仁集结桂军在桂林誓师，宣布中央命令对日抗战，征召副总指挥白崇禧飞抵南京，任陆海空统帅部副参谋总长，筹划对日抗战，并分别派遣第七军、第四十八军、第三十一军分途出发赴前方徐州集结待命。余当时适任第七军第一七〇师师长，奉命前驱驰赴衡阳集结，随后第一七一师及第一七二师及军长廖磊亦到达，待车出发武汉。时值丁丑秋月，沪上正进行对日激烈抗战，各外国人亦刮目相看，以中国窳劣兵器能够英勇对日抗战，非常赞佩。当时日人侈言三个月可以踏平中国。未几第七军与第四十八军及第三十一军俱相继到达集结徐州待命。统帅部任命李宗仁为第五战区司令长官，李品仙为副长官，驻节徐州指挥。嗣令第七军赴东海岸至山东半岛之日照县布防，防日寇由海岸登陆，余则率第一七〇师在连云港布防。第七军在东海布防未久，淞沪国军与日寇进行激烈战斗已将两月。此时第七军军长廖磊升任第二十一集团军总司令，率第四十八军及杨俊昌之第一七一师急赴淞沪参加蕴藻浜、陈家行之战斗。因此，调整人事，调周祖晃继任第七军军长，余为副军长兼第一七〇师师长，后因淞沪国军经两月有余之激烈战斗，已西撤转移阵地。适此时统帅部接得情报，敌军第十军三个师团有由杭州湾登陆夺我嘉兴，希图由太湖南侧向南浔、吴兴、长兴前进，迂回南京，截断包围淞沪大军退路之企图。

吴兴掩护守军转移

统帅部得悉敌第十军于杭州湾登陆企图后，乃急调集结在苏北东海的周祖晃第七军我之第一七〇师及第一七二师星夜驰赴吴兴，堵击日军，掩护淞沪大军转移阵地。时余兼第七军副军长，于11月15日率先头部队由东海乘火车转津浦线南运渡浦口过江至武进集结，17日早陆续到达吴兴城。随后，第一七二师程树芬师长与周祖晃军长亦到达。时有湘军刘建绪部队正在准备撤防，转移杭州。斯时更奉上命，着由我师派李本一团赴杭州归刘建绪指挥，因此我军减少一团之力。我与程师长及周军长、参谋长等，根据地图及实地观察的情况，决定作纵深配备之计划：以我在右为右翼队，沿浔吴公路占领南浔为第一线；派有力部队占领升山市作第二线；还派有力部队占领吴兴城作第三线；另选吴兴后方李家巷丘陵山地一带作第四线。程师在左为左翼队，占领太湖南侧山林地带，与余师南浔连接为第一线；另派有力部队于太湖南侧山林地带，与本师升山市之线连接作为第二线；另派有力部队于太湖南侧山林地带，右与余师吴兴城连接作为第三线；以后转移，仍沿太湖南侧山林地带与本师李家巷丘陵地带连接作第四线。本师右翼为水田湖沼区，敌人行动困难，只派一个营在右侧公路作游动掩护。

当时决定部署如上，我与程师长分途赴前方视察。适有军用小汽艇两只在吴兴城附近，我与程师长分用。因吴兴附近多系水田湖沼地带，且有小溪流可通行小汽艇，可作视察及传达之用。我到南浔附近，据前线部队长报告：敌寇前锋部队于18日已到达南浔附近，占领附近树林一带，并在树林间藏有狙击队，欲狙击我军，阻我前进，速退后方安全地带云。我即乘汽艇转回升山市获晤夏旅长国璋，指示一切，小心警戒。随即驶回吴兴城视察吴兴。余师指挥部即设在吴兴城东门附近。

20日拂晓，敌开始以陆、空、炮、坦克向南浔攻击。我军顽强抵抗，入暮将作巷战，乃令放弃，转移升山市之线。22日，敌复以陆、空、炮攻击升山市之线，不幸夏旅长国璋阵亡，乃转移吴兴城之线。26日敌复以陆、空、炮、坦克向太湖南侧山林地带及吴兴城之线猛攻，敌机往来穿梭轰炸我左翼山林地带。程师被强敌压迫，向左后方吴兴城侧三角地带转移，我右翼部队徐师漆道澂旅急速集结守吴兴城。27日，敌以陆、空、炮、坦克集中向吴兴城猛攻，我与周军长即在吴兴城后背高山上督战指挥。旋接漆道澂旅长电话报告：我守城及外围部队损失甚巨，战斗激烈，请增援。我与周军长面商，即嘱以无力增援，可放弃吴兴城，留少数有力部队据城环作掩护，速率大队沿吴兴城边公路向后转移到李家巷丘陵地带，占领阵地。当该队后撤时，炮火炽烈，我漆旅韦团长健生不幸被炮击阵亡。当敌猛攻吴兴城时，我程师左翼同时被敌压迫向后转移，亦电话急嘱程师部队转移吴兴城后方李家巷丘陵地带，占领阵地；并以徐师后撤部队占领李家巷丘陵地之棱线，作严密部署，另派一部在李家巷右侧高山地占领据点，掩护右翼。

时已入暮，敌有跟踪追击状，且有作夜袭骚扰行动。我嘱各部队沉着应战，如敌夜袭，不要移动，即在阵地准备作逆袭抵抗。我在此部署之间，程师长亦到，与程师长商决，请周军长速电报告统帅部，请火速派部队增援（时川军有三师已到达泗安，距离李家巷约四五十里）。统帅部无明确答复，周军长亦亲向川军直接要求，川军以尚未集结完毕为辞。当晚敌无动静。28日早，敌军并无别的动作，料敌初战吴兴，必有待休调部队，准备明日之行动。我乘此敌尚无行动之机，急令部队破坏后方公路桥梁，阻障敌之炮队及坦克通行公路，并令卫生队迅速将受伤官兵后运。当日我与程师长即在李家巷督战指挥，并令各部队长就近占领阵地，准备明日敌之大举之进攻。我意料敌得一日夜休养调整后，明日必然有大举之行动。

果然29日拂晓，敌出动飞机多架沿公路两侧作穿梭侦察轰炸，嗣炮火亦开始向李家巷前后炮击。未几步兵亦分波次随坦克出动，向我阵地前进。我急传令用预备队增援出击冲锋，士兵冒死蚁集，爬上战车用手榴弹集中轰击，毁敌战车两辆，我军伤亡甚众，敌势亦稍杀，其余战车后退停止，不敢前进。我与程师长在丘陵高地督战，目睹此战况激烈非常，不禁举手大声呼喊冲杀，以壮士气。此时我军死伤狼藉，仍死守阵地。及至下午2时，敌似增援，强力压迫程师左翼，用飞机及炮火轰炸我阵地后方，以七八辆战车直冲中央阵地，并用小部队向我右翼高地攻击，作包围势。因此中央被突破，两翼被包围，已无预备队可用，遂全线动摇，不支溃退。

我与程师长即用口头大呼传令向泗安方向转移退却。我与程师长在公路左侧田野间行进并在后随收容所部三四百人作后卫。时已入黑，方向不判，到一民家请指引向泗安方向移动，行约二三十里，见前方有火光烧桥梁，即派一排长带少数兵往前方探看。未几回报云：此乃淞沪大军转移，急速通过此桥，火尚未灭，我与程师长即由此过桥，遇有零星桂籍官兵云：我们是由淞沪转进经此处，虑敌人重兵器过此，故烧桥。又云：廖总司令亦已转进到泗安、孝丰去矣。

我与程师长判断，淞沪大军必已安全脱离敌阵转进，我军堵击敌人掩护国军转进任务已经完成，内心非常安慰，即向泗安转进。到达泗安时，川军部队已撤离，向芜湖转进。敌机仍沿吴兴、长兴公路至泗安来往侦察及轰炸。我与程师长在泗安稍作休息，即向孝丰转进。是日约下午4时到孝丰，知周军长亦已到达，即往会晤，并往见廖总司令，报告此役任务作战经过。所有我师及程师的部队俱散失，亦均陆续到达孝丰。廖总司令命各部队速清查人数，为整备缩编，大约每团除损失外，仅可编成两营弱，参加上海作战部队亦差不多可以说损失一半。吴兴之役，阵亡旅长夏国璋一员，团长韦健生一员，其余营连排长多人，战斗详报复有记载，此时记忆不清。

阻击作战得失检讨

统帅部得报，敌第十军第六师团有由杭州湾乍浦登陆，经嘉兴由太湖南侧之南浔向吴兴、长兴前进，迂回南京截断淞沪大军退路之企图。统帅部即命令第七军周祖晃军长率我第一七〇师及程树芬之第一七二师（本师缺李本一团，已拨归刘建绪指挥，在杭州布防，故两师兵力只七团），星夜驰赴吴兴，担任堵击敌人掩护淞沪大军转进之任务。当时部署是由太湖南侧山林地带连接南浔为第一线，又太湖南侧山林地带连接升山为第二线，又太湖南侧山林地带连接吴兴城为第三线，向后太湖南侧连接李家巷为第四线。从南浔至吴兴城约60里，后至李家巷、长兴之公路纵深八九十里。从20日开始作战至29日晨后被挫败。在10昼夜之苦战中，统帅部未派员随军联络，亦未设有指挥部。28日，周军长请统帅部派川军增援，亦未得明确指示，我军以七个团之兵力抵挡敌一个师团，又淞沪大军转进情形亦茫然不知其详。而29日最后在李家巷之线激战，敌用陆、空、炮、坦克集中从中央突破，两翼包围，我无预备队可用，无炮兵协助，更无战防炮可用，以致士兵冒死冲锋，作蚁集爬上战车，集中用手榴弹毁战车两辆，敌坦克始后退。此种惊心动魄之战斗残酷情形，谁能见到。最后终至无援，遂至全线溃败。

战后上方谴责周祖晃军长与我作战不力，着撤职留任（统帅部参谋处主张）。此役抗战10昼夜未有增援，到后来清查缩编，每团仅余两营弱，旅、团长阵亡各一人，营、连、排长损失亦多。如此牺牲损失，何谓战斗不力乎？又我军在第四线抵抗苦战之部队后转进至泗安时，遇见淞沪大转进之桂籍部队，亦已到达泗安，足证我军在三四线苦战之时，淞沪大军已安全脱离敌阵。而我军堵击掩护之任务，未受敌乍浦登陆截击之危险，自命此实为大功，而反得薄惩，命也！后在孝丰整编时，我又报告廖总司令我部有一团长李发，当战斗转移时，擅自率败兵向芜湖后方逃走，当被总司令以临阵退缩罪将之枪决，以示警诫。又后来我遇到白崇禧副参谋总长，将此役掩护任务及10日夜之苦战经过详报，深得其谅解。他只说：损失如此之大，阵亡旅长团长及下级军官如此之多，经10昼夜之苦战，且淞沪大军已安全转移退却，未受截击危险，不能算作战不力。他因为我所率两师皆刚由他手所精练而来之部队，不便作公正平反之议（撤职留任之处分，在徐州会战后，奉上命复回原职）。

统帅部为指挥大兵团之最高军事机构，高瞻远瞩，无论四面八方，均须详细顾及，而当时统帅部只全力注重淞沪大军之作战，忽略吴兴战场掩护战斗情形。又统帅部未派有监察员与联络员随军监察与联络，又未设有临时指挥部，搜集情报与战报。又后方泗安镇方面新到来四川之师，当然是统帅部最周密的筹划。当吴兴掩护部队在三四线战斗最激烈时，敌人之压力亦用尽，而泗安距吴兴后方不过四五十里，急速行军两小时可到达，当时周军长祖晃亦曾报告统帅部请令川军增援，统帅部当时应捕捉大好时机，严令川军适时加入增援，大可将敌压迫驱逐，夺回吴兴城，必操胜算而毫无问题。但统帅部对周军长之请援，不作断然决定，毫无处置，失误时机，遂至第七军七个团兵力经10昼夜苦战因不得增援而溃败，惜哉！此统帅部于参谋处作业方面，实有疏忽偏颇照顾不周之过失。

孝丰整编与李团归建

民国26年（1937年）12月，自淞沪及吴兴会战后，第七军与第四十八军伤亡惨重，实足惊人。后转孝丰集结，计约每团仅剩两营弱，每师仅剩两团强，真可谓浴血抗战，战虽败而士气未馁，所以急速整编，以备作持久抗战。计我师除李本一团调归刘建绪总司令指挥外，在孝丰编成两团，每团编成两营，团长为李瑞金、秦树森，副师长为罗活，师参谋长为马拔萃，参谋处处长杨伟仁等。当时各军奉命经天目山、分水、于潜县，暂时休整待命。我率第一七〇师则到桐庐布防，沿富春江对杭州警戒（时杭州已陷敌手）。斯时刘建绪电报，饬李本一团归建。

本师到桐庐沿富春江布防后，即派李瑞金团赴新登县候命，并嘱李团长派便衣二组，分向杭州方向查询奉命归建之李本一团的行踪，以便迎接。但尚未取得联络，乃悉杭州敌人，已派约一个营之敌，沿富春江西上，先占领富阳。

李本一团，因不知敌情，又不悉我有迎接部队，仍沿江岸东行，得悉敌人已先占领富阳，乃先派一个连，先行对富阳之敌作佯攻，并四面行动作混战扰乱之势。李本一团长，为本军战将，人极机警果敢。其本人即率大队，就近徒步涉水，向南岸行动。时富春江水浅，到处有徒涉场，我往新登迎接的李瑞金团，闻富阳方面有枪声，判断必为李本一团回归与敌战斗，即率本团向富阳方面行动，对敌佯攻。适此时已联络上李本一团之先遣队，告知该连长，富阳之敌由其负责纠缠，嘱该连随前队徒涉，追随前队。李瑞金团即对敌人作佯攻，敌人不知我军多少，只作守势。

李瑞金团以任务达成，即率队向桐庐方面撤退，并派人急速回桐庐，向师长报告李本一团已脱险，涉水过南岸，其本团亦已舍敌撤回，向桐庐归队。我得悉此情形，非常欣慰，即派员往富春江南岸查询，并就近在桐搜集船只四五艘，集中南岸渡口，等候李本一团渡江。李本一团长归桐庐见我，我非常赞佩，慰勉有加。又李瑞金团长，亦率队安全回桐庐，该团长亦为本军有素战将之一，能冲锋陷阵者也。

桂军第七军在徐州会战中

徐启明

保卫津浦南段　阻敌北进

首都南京沦陷后，日军急于集结南北战场兵力，企图打通津浦铁路。我廖磊之第二十一集团军（辖第七、第四十八军）奉命在九江集结，开赴津浦铁路南段以西地区，阻敌北进。正在准备离防，适有浙江省和战区部队及地方团队来桐庐与富春江沿线，分段接防。

斯时，总司令部又令各军以团为单位成立便衣队。每团挑选强壮士兵20名，仍带武器，就近于民间购买便衣及轻便农具，作为便衣队伪装，以便在战斗时，派出分赴战场左右，以眩惑敌人耳目，限一周完成，并作演习，颇见风趣。

嗣后廖总司令督各军开始行动，按第四十八军、第七军序列行进。廖磊总司令率张淦参谋长及必要人员在建德县附近之杨家村暂住宿，并命余亦率参谋人员随同住宿，作战斗详报。我乃留杨伟仁参谋随同住此，并命罗副师长率队先行。住此约一星期，廖总司令即动身，赶赴九江，督率各军渡江。我随后缓进，已赶上本师后队。仍然请罗副师长先行，我邀同马拔萃参谋长随后缓进。是日为1938年1月30日，恰是丁丑年的除夕。在这浙赣路玉山车站旅邸，天寒岁暮，居民寥落，市况萧条。且连日大军经此，物资消耗殆尽，无市年货者。乃命随从与马参谋长向外间搜购，得鸡鸭数只，以作羹汤，并浊酒一瓶，以慰劳瘁。因感赋五律一章：

烽火侵吴楚，哀军气益遒，
军声咸踔厉，寇势可堪忧。
岁晚关山暮，春归日月流，
明朝就征道，慷慨赴同仇。

次朝为戊寅年（1938年）元旦，即沿铁路线向南昌行进，转九江集结。休息二日，第七军随第四十八军之后渡江，至黄梅、宿松、太湖、潜山、桐城、舒城至合肥集结。正经舒城时，忽见公路边有绅士率领涌来民众数百人，握担把绳，向我第七军致敬。谓距今10年前，北伐军到此，乃是桂第七军，军纪如铁，鸡犬不惊，愿负力役事，运送百里程，以表敬军之意。今睹抗战军，又见标第七军旗帜，故民众奔告欢迎，自动携担结绳，愿务力役如昔年。余对绅耆谢曰：本军原旧七军，人事虽更易，而精神不稍异，军行千里遥，均能自力役，不敢惊扰民众也。深感盛情，并请转谢众意。此种情景极为动人，真古道热肠也！到合肥，见有难民潮，千百成群，扶老携幼，肩挑背负，向西逃避。据云：南京陷敌后，男子被屠杀，妇女无论老幼多被奸淫，所以倾巢渡江，冒死往津浦路西逃。敌机则沿公路线侦察轰炸，惨不忍睹！但每日难民仍络绎不绝，都向豫、鄂、皖边区山地逃跑。自1938年元月以后，敌主力已渡江，沿津浦线向北行动，并占领铁路东西沿线各据点，准备与自山东南下敌军向徐州进击，企图打通津浦铁路。

斯时，我五战区副司令长官李品仙来此，督令第三十一军刘士毅军长，协同东侧国军，对敌两面侧击，迟滞敌人北进。适值我第二十一集团军廖总司令赶到合肥。李副长官即令韦云淞之第四十八军与周祖晃之第七军，协同刘士毅之第三十一军，分向铁路左侧之定远、红心铺等据点，强力攻击，毙敌甚多。后敌增援，我军被迫后退，颇有损伤。本师旋奉命构筑合肥城及郊野防御工事，仍在津浦线南端，与敌相持对峙缠斗，有相当时间。

时适值白崇禧副参谋总长前来观察，召集李、廖、刘士毅及余在西门外丘陵观察，判断敌今后之发展，并指示我军应注意之事项。又令韦云淞接替第三十一军军长职，刘士毅调军委会军训部次长，王赞斌代理第四十八军军长。白与刘士毅即回武汉。

未几，本师亦奉命北移怀远淮河南岸，协同各军对敌西侧分段侧击。敌亦加强对我们侧击部队之压迫，并进占蚌埠，但尚未敢渡过淮河。李副长官鉴于我津浦路南段两侧国军英勇分段拦截敌军，阻其北进奏效，乃令第三十一军主力转移到淮河北岸，而将于学忠及庞炳勋军北调至徐州，加入台儿庄之战斗。

策应台儿庄作战　阻敌南侵

自1938年3月中旬以来，敌第十师团矶谷廉介部，及第五师团板垣征四郎部分路南下，企图迅速攻下台儿庄，进窥徐州，打通津浦铁路。幸我孙连仲军、庞炳勋、张自忠军及汤恩伯军陆续到达战场，敌军之攻势渐感不支。我军方面，复以周磊军加入战场，加紧对敌压迫，矶谷、板垣两师团各一部攻击台儿庄部队，遂为歼灭。至新增一个旅团，企图会同原有津浦南段之敌第九、第十三师团北进，解台儿庄之围，始为我固守淮河北岸之第三十一军所阻遏，不得渡河。后又被我第四十八军与第七军分段拦腰截击，迟滞了沿津浦路北上之敌，使我军在台儿庄的作战得以顺利完成，达成了阻滞敌人南侵的任务。设若津浦南段敌之救援军，得渡淮河急进，不二日即可以到达台儿庄，作反包围之举，必增加我歼敌的困难。战后，有许多军事家问我，台儿庄歼灭战，有无我桂军直接参加？我则曰，虽无部队直接参加，但有部队间接参加。如我第三十一军、第四十八军及第七军等广西部队，曾在津浦路南段分段拦腰侧击敌军，阻滞其北进，对我军取得台儿庄大捷、阻滞敌侵占徐州南下，起了一定的策应作用。吾于此特为记之，以明当时实际真相。

蒙城解围失败　掩护撤退

时约 1938 年 5 月间，日寇不甘心在台儿庄的失败，乃集中兵力 10 余万人，图由南北夹攻徐州，打通津浦铁路。南边的敌人由津浦南段之敌，改由西进攻怀远，企图迂回徐州之右侧背；北边的敌人，则由鲁西迂回徐州之左侧背，作钳形攻势，冀包围歼灭我徐州大军，以报台儿庄被歼灭之仇。我军在敌人作钳形包围之下，津浦路南段西侧我军亦予调整：调防守淮河北岸之第三十一军赴涡阳河之北；调周祖晃第七军之第一七一师赴涡河北岸，第一七〇师在涡河南岸，准备攻击怀远之敌；令第四十八军仍向津浦线左侧尾追敌后行动，牵制敌人前进。

廖总司令赋予我们第七军的具体任务是：占领涡河南岸芝子湖之线，亘涡河南岸之线，占领阵地，准备向怀远之敌攻击。我受领任务后，即令第一七〇师李本一团占领芝子湖，李瑞金团接连李本一团左翼，占领阵地，对怀远方向准备攻击，其余一个团（忘记团长之名）作预备队。部署完成，已入下午，严令各团小心准备，明日拂晓攻击。当日下午，周军长与我，召集程树芳、杨俊昌两师长会晤。余作笑谈曰：明日可能有一场大战，看敌人的箭头指向何处，何人就倒霉，望各人留心警觉、戒备。当晚敌无动作。

翌日早，我令李本一团开始向敌攻击，而敌拂晓亦开始向我展开攻击行动，双方遂展开全线战斗。敌以飞机、大炮向我全线炮击，未几战车亦出动，沿正面向怀蒙公路进击。战斗约半日，敌全线前进。当时忽有程师团长吴绍礼，派员急来我指挥部通知云：有敌一小队，向我左侧后方作包抄之势，我与马参谋长急到高地观察，果然见有敌人一小队，跑步向我左翼进击。马参谋长急令预备队抽调一个连，向敌迎击，敌即退走。未几左翼程、杨二师正面被敌突破，被迫向涡河北岸转移。我师正面李本一团亦告急。我即电话通知李本一团留少数部队掩护，立即率队向左后方转移（到某村集停止，等本部到达，再决行动）。余亦面命李瑞金团，留少数部队作掩护，主力部队迅速转移。我也率本部及部队先行到指定的某村等候、会合、候命（距离村集七八里）。余还留便衣队一组，在原指挥所阵地附近，作侦察敌之行动。待我率本部到达某村时，李本一团及各部均已依时到达。余与罗副师长及马参谋长商决，留一团即在此村集集结，以作警戒，师部本及大队人马乃离集三四里之村集停止，作短暂宿营，并决定后续之行动。

入夜，便衣队回来报告，敌人占领我作战附近村集后，即就地停止。其战车队即在怀蒙公路旁集结，未作追击行动。午夜，我与罗、马二人细商，判断敌人主力明日必向蒙城前进；另一部，必向涡河北岸压迫我总部及韦、周各部使之远离。其主力必速驰蒙城，因作如下处置决定：

（1）速电廖总报告我现在之大概位置，并沿公路侧击敌人。

（2）由李本一团选派共四个排作斥候队，以排为单位活动，每队雇选土人二名，以重金为偿，分作带路，袭击敌人，交互行动。

（3）此地离蒙城六七十里，派人先行侦察，离蒙城约 30 里地处觅一大村集作指挥所，以便休息宿营。

当此决定后，并命李本一团长来部细嘱办法，回队即办；并嘱副官，向村长接洽，给以重金觅带路若干人。本地人颇有爱国心，均能办到。

当晚入睡，不过一二小时，拂晓即起，便派便衣侦探两组，两人为一组，分派怀蒙公路南侧高粱地，借青纱帐作掩护，窥探敌人行动。同时派人往村长处，雇请若干带路人，带回交李本一使用。并派副官二人，请村长雇一带路人，由住地走小路，先向蒙城前进。探明情况。大队人马由住地往蒙城，尚有五六十里，即令李瑞金团作前卫，师部与其他部队作本队，留李本一团作后卫，并指挥所派斥候队，监察与收容。

起行后约两小时，即听闻公路侧右后方有枪声，料敌已开始行动，遇我斥候队伏击。又行动约三小时，再闻如前之枪战声甚久，因而知我斥候队伏击行动大为生效。时到下午2时，复闻伏击枪声数次，敌之行动迟缓。嗣得伏击队人回来报告，敌已停留在怀蒙公路附近一小市集集结，有停止宿营模样，四面布置警戒，防我袭击。又据副官回来报告，离蒙城约40里，觅就一大村集，近有零星市集，离公路约10里，可作宿营。我即率队至此，传令李本一团作后卫。时当入暮，饬各团倚三角形驻宿，并严密派出警戒。

当晚，我与罗副师长及马参谋长细密研判，断定敌明日必长驱向蒙城进击，我们单独无法对付。因地近蒙城，地势空阔，无高粱青纱帐掩护，行动难秘密，只得等明日情况发展。天将拂晓，得斥候队及便衣组来报，敌人前队已开始向蒙城行动，其大队人马亦随后出发，并派有后卫掩护，防我斥候队袭击。时近中午，敌似已到达蒙城。至下午3时，闻蒙城方面有枪声，同时亦有炮声，判断敌已大规模向蒙城攻击，我守军亦激烈抗击。我即令各队准备行动，令前队潜行至蒙城之南约20余里附近潜伏；余与罗副师长及马参谋长急速潜行至预定之地待机，并派二三组便探，分向蒙城内，与我守军作联络。

这时接廖总司令命令，令我率全师向蒙城解围，并令区寿年师急速赶到蒙城，归我指挥。时已下午3时，我令副师长、马参谋长急速将部队移近，对蒙城前敌全面展开攻击，随即见敌将气球升空作观察，跟着炮火攻来，坦克四五辆亦出动来攻，我前沿部队被迫后退一二里。复因预备队增加，向前猛攻稍退。斯时我急盼区师长速来，必可将敌驱逐，而解蒙城之围。但望眼欲穿，仍不得来，而城外之敌仍猛攻不停，城内我军亦枪战不息。时已入黑暮，我外围部队，仍据守原线，准备待旦，而城外敌炮不停，城内时有枪声未息，知敌尚未破城。乘夜，我将部署稍作调整。翌早我挥军进击，敌炮内外分击，我军前进多为战车所阻。未几，城内枪战寂然，知敌已破城而入。城内守军除有少数得突围逃脱外，周元副师长与守军多壮烈殉国，曷胜哀悼！

5月9日，敌陷蒙城后，反以攻蒙城之力，反击我军，我无增援，只得向后转移。深惭此役不能解救友军，更恨区寿年师之迟滞，巧避不前，实有贻误戎机之罪也。事后廖总司令曾当面斥责区氏，伊犹巧辩，以凤台离蒙城遥远不能赶到为词。当敌攻陷蒙城，占领未久，即整军飞驰而去，盖敌不在占领蒙城，而在排除障碍，得以安稳北侵永城，会合鲁西之敌，围攻徐州大军也。

鉴于徐州会战自元月以来将届半年，防守徐州的战略目的已达。基于持久抗战的战略要求，必须避免决战，因此第五战区长官部依统帅部的指示，于5月中旬，令在徐州以北及以东各军，按照指定路线，分途连夜转进。涡河北岸，廖总司令与韦军长、周军长同在一方，并令杨俊昌第一七一师，急据宿县，掩护徐州长官部撤退。当长官部于5月19日放弃徐州，向南撤退时，宿县却已为敌突破。长官部突围南下，非常危险。不得已，乃绕向东，穿敌空隙，再向西南转移撤退。杨俊昌由于守宿县不力，后被军法审判入狱。斯时，我在怀蒙公路中途附近停止待命。忽接廖总司令命我派得力部队，向宿蒙公路方面探察长官部行动。乃备马五匹，自率李本一团向东北方面探查迎接。行约半日，将入暮时即探知长官部人员向我方面走来。适将晚，我们即在一大村集停止宿营，得见白崇禧副总长、李宗仁长官、李尉文参谋长、徐祖诒参谋长俱徒步而行，已安然脱险。我立即向白、李简单报告近两日之行动，痛惜自惭，未能解蒙城之围，致周元副师长与官兵同牺牲；而尤痛恨区寿年师之迟滞不前，贻误戎机也。当蒙长官深切谅解，慰勉有加。越日起程，且喜有马匹代步，即向阜阳前进。这两日敌机穿梭不断，频繁追踪侦察，盖敌原料长官部队必向西转进，故敌由西南及鲁西向徐州作钳形包围攻势，以阻我西撤后路，企图一举歼灭60万大军。不料我长官部初向南，继转东，再向西南迂回转进，而我军大部队依照撤退计划，安然通过敌人包围圈，在双方百万大军会战史上，确系一奇迹，亦为日寇始料所不及也。徐州会战至此结束。

廖总司令率第一七二师及第七军，与第三十一军俱向阜阳转移。我在阜阳等候，均得一一会晤，并予慰勉。长官部已备有汽车，由阜阳直向商城。中途暂停休息，李长官与白副总长召集各高级军官将校，作凯切之训话。并作人事大幅调整：周祖晃军长调回广西另有任用，张淦调充第七军军长，王赞斌为副军长，马拔萃为第七军参谋长，余调充第二十一集团军参谋长，张义纯调充第四十八军军长。第一七〇师撤销，所余少数军官，交罗副师长带回广西待命。程树芬调鄂东游击队司令。杨俊昌系狱，交军法处审判。长官部随由商城至潢川，后又转移宋埠，准备下一回合武汉会战。

回顾保卫徐州，防敌人打通津浦铁路之战，自首都南京于1937年12月13日失守起，至1938年5月19日放弃徐州时止，我军在敌人数10余万精锐南北夹击下，与敌人缠斗五个月零六日，使敌人无法打通津浦铁路线，其意义非常重大：

（1）粉碎敌人三个月亡华迷梦，使敌人陷入泥沼中，欲拔不能。

（2）充分发挥长期抗战，以空间争取时间战略计划。

（3）台儿庄歼敌大胜，敌人死伤一万余人，鼓舞了民心士气，更坚定了国人抗战必胜信心。

（4）徐州及津浦铁路线保卫战，阻滞敌人西进时间几达半载，使我后方从容准备武汉会战。对长期抗战战略计划，贡献尤大。

附吊周元副师长及殉国官兵七绝一章：

军令如山誓生死，手提残卒守孤城。
纵然城破身全碎，已遏追师阻寇兵。

责区寿年师迟误戎机并自疚七绝一章：

连日交兵劫敌威，始终潜蹑待良机。
自惭无力摧强寇，空望区师解敌围。

莫树杰

我严令全军，非有命令，即使到最后一人，也不能擅自撤离阵地，违者军法从事。

- 1898年生，号剑青，广西南丹人，壮族。
- 1926年北伐战争开始后，任第七军第七旅营长。
- 1937年全面抗战爆发后，任一七五师少将师长，参加“八一三”淞沪会战。同年10月，兼任钦廉地区守备司令，力拒日军于北部湾外。
- 1939年6月，代任第八十四军军长。
- 1940年5月，率部参加枣宜会战，同年12月，晋升中将军衔。
- 1941年，第八十四军军部驻大别山麓河南商城，率部在商城一带与日寇激战百余次，威震日军。
- 1943年10月，任广西新兵编训处处长。
- 1945年2月任柳州警备司令。
- 1985年8月7日，病逝于广西南宁。

枣宜会战纪实

莫树杰

随枣会战结束后，第八十四军调整人事，我于1939年冬调该军接替覃连芳任军长。到职不久，1940年5月初，又爆发了枣宜会战（或叫第二次随枣会战、鄂北会战）。这一战役，历时将近20天，联系面广，战斗激烈，我方参加作战的部队，有孙震的第二十二集团军、孙连仲的第二集团军、黄琪翔的第十一集团军、张自忠的第三十三集团军、王缵绪的第二十九集团军等，兵力将近20万。还有汤恩伯的第三十一集团军，摆在桐柏山北面一、五战区之间，作机动兵团。第五战区司令长官部，是这一战役的最高指挥机构，司令长官李宗仁是最高指挥官。在反敌人扫荡前提下，各部队各有攻守。具体任务和战斗过程，难于全面综述。现着重就第八十四军参与这一战役经过和有关见闻，概述如后。

会战前敌我态势和战略部署

1938年10月下旬武汉失守后，第五战区司令长官部即于11月由鄂东宋埠移枣阳；1939年春，移樊城；1939年秋，又移到老河口。战区司令长官部移驻樊城时，司令长官李宗仁把在武汉保卫战中突围出来的几个集团军残部重新整补起来，做准备随时反攻武汉的部署。战略计划大致为：

以桐柏山和大洪山为前线基地，做固守准备，与平汉线东大别山区的廖磊第二十一集团军互相呼应，与毗邻的第一战区密切联系；不时采用运动战和游击战，进攻、袭扰武汉外围敌据点，培养自己有生力量，准备配合全国抗战形势，对武汉大举反攻。

日军为了确保武汉与平汉线南段外围据点，就必须把我桐柏山、大洪山两个前线基地加以摧毁，不断集结兵力，找寻第五战区主力，进行扫荡。其最高目的和要求是进占襄（阳）樊（城）、沙市、荆门、老河口、南阳（豫西）等重镇，压迫我军进入贫瘠的鄂西山区。

1939 年 5 月的随枣会战，就是敌人执行上述战略计划的初步尝试。这一战役，敌人的计划没有得逞，反而遭到我军的有力反击，敌人不得不退守原来阵地，只占领了一个随县县城。后来，第五战区司令长官部对这一战役的总结认为：如果汤恩伯兵团能执行战区作战计划，从桐柏山南插入随县地区，合击进至唐县镇、枣阳地区之敌，就会出现台儿庄那样的胜利。但当时汤恩伯拒不执行这一作战计划，李宗仁亦无可奈何。

日军第一次扫荡未能达到其预期目的，并不甘休，为了确保其占领武汉及平汉线南段的安全，于是再次对我第五战区来了个希特勒式的“闪电扫荡战”。日军于 1940 年 4 月间，调集了五个师团兵力（包括随枣会战的第三师团），加骑兵部队，仍以随枣地区为扫荡重点，分三路进犯：一路从信阳西进，牵制桐柏山北面我军；一路从正面沿襄（阳）花（园）公路推进；一路沿京（山）钟（祥）公路疾进。其意图是采取迂回包围战术，围歼随枣地区我第十一集团军的主力第八十四军和三十九军之后，继续向西纵横扫荡，压迫我们进入鄂西贫瘠山区，占领北自南阳经老河口、襄樊至荆门、沙市之线。

前次随枣会战后，五战区司令长官部对武汉和平汉线南段之敌的作战计划作了如下部署：一、仍以黄琪翔第十一集团军的第八十四军（三个师）守备襄花线上的随枣地区，刘和鼎的第三十九军摆在第八十四军的后右侧，作为集团军的预备部队；二、王缵绪的第二十九集团军摆在第十一集团军的右翼，以大洪山为基地，守备汉水以东、钟祥以北地区；三、孙连仲的第二集团军守备桐柏山北线地区；四、张自忠的第三十三集团军守备汉水以西沙市、荆门一带地区；五、孙震的第二十二集团军作总预备队。

第八十四军按照战区司令长官部部署，以及第十一集团军总部的指示，作了如下具体布置：一、以第一七四、一八九两个师为第一线部队，面对随县、应山方面之敌进行防守；二、第一八九师部署高城左前缘大竹山至滚山一带，师司令部及直属部队位置于杜家湾；三、第一七四师摆在第一八九师右翼经滚山至两水沟之线，师部及直属部队位置于厉山镇附近；四、第一七三师为总预备队，摆在第二线，部署在净明铺前端公路两侧高地，师部及直属部队位置于净明铺附近的乔家水寨一带；五、军司令部及直属部队驻唐县镇附近的夏家湾。

会战开始后的战斗经过

在第八十四军正面，战斗于5月2日开始，敌军一个步兵师团配合骑兵部队，以坦克作掩护，从应山、随县城分向我第一八九师和一七四师阵地猛扑，敌机则对我地面阵地更番滥炸；同时敌军一部压迫我均川、安居地区友军后退。其左翼部队也配备了坦克群和数十架飞机加骑兵部队，从孝感、云梦、应城、安陆方面沿汉水东岸京（山）钟（祥）公路进犯我第二十九集团军。第二十九集团军装备较差，抵挡不住，遂向大洪山中心基地撤退。

我第八十四军的第一八九、一七四师，战斗一开始，在敌机械化部队不断冲击和敌机更番滥炸的恶战中，伤亡惨重，几次发生动摇。我严令全军，非有命令，即使到最后一人，也不能擅自撤离阵地，违者军法从事。他们坚持在阵地上与敌搏斗了两昼夜，曾一度击溃敌人的进攻，有的士兵见到敌军坦克横冲直撞，如入无人之境，气愤不过，便跳出战壕，爬上敌坦克，往车里扔手榴弹。敌步兵在坦克掩护下，冲到我战壕边，我们无法用火力制止，或因弹药用尽，便在阵地上同敌人进行白刃战。虽伤亡很大，仍不退后一步。战斗进行到第三天（5月4日），敌人由于经过两天猛烈攻击，未能突破我阵地，便改变攻击路线与攻击目标，专从山地向我大竹山、滚山两重要据点进行地空联合更番猛袭，战壕全被夷平，防守大竹山的一个营伤亡过半；守滚山的一个营伤亡殆尽，终以劣势装备无法阻挡，被迫于当晚撤入第二线阵地应战（净明铺至厉山一带）。为了执行上级指示，正面要坚持七天的战斗任务，我命令第一七四、一八九师立即组织突击队进行夜袭，企图收复大竹山、滚山等重要据点未果。翌晨（5月5日），敌联合兵种继续向我第二线阵地进攻，此时又发现敌骑兵已由我第一八九师左翼向高城地区疾进，企图截击第一八九师后路；该师被迫放弃第二线阵地，向军部所在地夏家湾附近撤退。第一七三、一七四师主力亦同时被迫后撤至唐县镇之线。与此同时，据悉我左翼桐柏北友军阵地已被突破，敌骑向西疾进。我们判断，这显然是企图与正面进攻随枣地区之敌相呼应，围歼我军于枣阳地区。我军为了迅速摆脱敌包围圈，决定以第一七三师为后卫，掩护军主力先向枣阳集中，再作下一步行动计划。随县地区我军防守线，至此结束，进入枣阳地区的战斗阶段。

军部及第一八九师之一部，沿桐柏山南侧经鹿头镇，于5月6日到达枣阳东地区附近集结；第一七四师及一八九师之一部沿襄花公路经唐县镇、随阳店向枣阳转进，同日到达枣阳附近。军部和第一七四、一八九师到达枣阳集结后，接战区司令长官部电令，着我军在枣阳城郊占领阵地，拒止当面西进之敌，确保襄樊。

5月6日，敌联合兵种在唐县镇一带向我军后卫部队第一七三师猛袭，虽经该师正面部队（凌云上之五一七团）坚持抵抗，屡挫敌锋，终因不能阻止敌优势装备的猛烈攻击，阵地被突破，该师被迫向北转移。敌机械化部队在敌机掩护下，继续沿襄（阳）花（园）公路向枣阳疾进。5月7日中午，枣阳城南公路上和城西北地区，均已发现有敌坦克数十辆和大批骑兵活动，并开始向枣阳城西郊我守军阵地攻击。但敌军对我城西阵地的攻击，只是牵制，其意图是集中优势兵力，摆在城北面，将我军围歼于枣阳附近地区。我军部对敌情作出了如上判断之后，当即命令守城部队迅速脱离火线，于当日下午全军主力（缺第一七三师，当时军部与该师已失却联系）经杨家垱、苍台（新野县属）地区向新野、邓县（均河南属）方向撤退。5月8日，枣阳沦于敌手。

我军主力从枣阳撤退，虽已基本脱离了敌包围圈，但担任后卫的第一七四师周敬初团（第五二二团）和第一八九师白勉初团（补充团），于撤退时被敌截击或冲散，未能随主力转移。还有第一七三师自唐县镇掩护军主力向枣阳撤退任务完成后，即被敌压迫向鹿头镇转移，同时与军部失去联络。后来才知道，该师自唐县镇脱离火线后，未见敌军尾追，料敌主力一定直指枣阳，并有抄袭我军可能，该师乃决定两路纵队由鹿头镇经清凉寺、小河街、太平镇等地区向吕堰驿以北附近集结待命。午后开始行动，不料该师钟毅师长直接指挥的左翼纵队（第五一八团、五一九团及师直属部队），行进至枣阳北太平镇与苍台之间地带时，便与敌遭遇被冲散，陷于各自为战状态，处境十分险恶；师长钟毅在距苍台五六里处河曲中与敌力战，壮烈殉国；所属随员及卫士数十人，绝大部分亦同时牺牲；该师第五一八团团长李俊雄率领该团一部，在太平镇唐河东岸被敌围攻，李团长亲自督率所部与敌搏斗，终以弹尽援绝，李俊雄团长以下官兵数十人被俘；该师伍文湘的第五一九团，在苍台北十余里唐河东岸被敌拦头迎击，经过激烈战斗，当晚主力向北突围。该师右翼纵队第五一七团以及左翼第五一八团主力（由副团长彭挺华率领），均因未能突出敌包围线，于次日午前退入祈义镇（河南属）以南山地休整待命。枣阳地区我军反包围战，至此告一段落。

军主力在枣阳西北地区敌后，当日深夜陆续到达河东岸杨家垱附近宿营，次日（8 日）拂晓越唐白河向邓县撤退，9 日、10 日先后到达光化（距老河口战区长官部六七里）附近集中，旋即投入反击战，卫护战区司令长官部的安全。

5 月 11 日（或 12 日），敌骑 2000 余越唐白河直扑老河口，企图冲击我战区司令长官部。由于长官部先已料到敌军这一行动，除派部队驰赴老河口东面四五十里处竹林桥一带布防阻击外，并着第八十四军即派有力部队（两个团）驰援，以便掩护战区司令长官部的安全，并做后撤的准备（其实，自第八十四军越唐白河后撤时，战区长官部除作战处外，大都已越襄河向石花街转移。光化、老河口两镇居民亦已进行了紧急疏散，社会秩序非常慌乱）。越唐白河之敌，经我阻击，其进犯老河口企图未能得逞，退回店白河东岸，旋集结其兵力转向双沟、张湾之间，强渡唐白河，进袭樊城。我军奉令派第一八九师驰援。

当时，第十一集团军总司令黄琪翔正在樊城直接指挥所属刘和鼎的第三十九军（两个师）与敌在唐白河隔岸对战中，由于敌联合兵种的猛烈攻势，我第三十九军阵地已动摇，第八十四军之第一八九师星夜赶到，加入战斗，我方阵地甫告稳定；不意第三十九军当发现小股敌人在其炮火掩护下，强渡唐白河西岸活动后，便乱了阵脚，既不坚持抵抗，又不事先通知第一八九师，便悄悄地陆续向樊城东郊撤退，使我第一八九师突陷于孤军作战的危险境地。在这紧急情势之下，黄琪翔总司令才命令第一八九师迅即转移樊城北面布防，负确保樊城及第十一集团军总部安全之责。

第一八九师开始向樊城北面阵地转移时，虽已接近傍晚，但敌仍衔尾追击，并对我樊城守军展开全面攻击。战斗很激烈，右翼之第三十九军节节后退。夜半，第十一集团军总部仓皇撤离樊城，向老河口方面去了。当第一八九师发现右翼第三十九军阵地战火沉寂，派员入城进行联系时，才知道樊城已是空城。而敌军则不明城内虚实，不敢入城，有由城北面空隙西窜模样；我第一八九师根据这一敌情，为了避免敌军对该师的抄袭和对老河口的威胁（此时该师与第十一集团军总部和第三十九军已失去联系），当即派部队抢先占据樊城西面竹条铺，以便掩护全部向太平镇撤退。当该师先头部队到达太平镇时，接战区司令长官部电示，着即掉转队头，向樊城疾进，于是我军主力第一七四师（缺第五二二团）、一七三师一部，随即向樊城推进。与此同时，在桐柏山北面的汤恩伯兵团（第一、五战区机动部队）一部向随枣之线推进；被敌截击留在敌后之我第一七三师第五一七团、五一八团主力，和第一七四师之五二二团，以及第一八九师的白勉初团一部，则奉令继续在敌后不断向随枣地区、襄花公路交通运输线进行袭击；其他方面友军兵团，亦同时奉命对敌进行反攻。这就是五战区司令长官部“部署对敌反攻”的开始，时间是5月14、15日。

当我军向樊城疾进时，犯樊城之敌正掉头转沿襄河左岸退去，在宜城附近强渡汉水，与钟祥西进之敌配合江南敌军，向宜昌进犯。这时，进据枣阳之敌因受我各路反攻部队压迫，于5月16日放弃枣阳，向随县匆忙退去。17日我军收复枣阳后，继续向前推进，基本恢复了原来阵线，枣宜会战遂告结束。①

① 1940年6月12日，日军攻陷宜昌，6月17日撤出。中国军队收复宜昌。后日军再次攻入宜昌，中国军队撤出，其后宜昌长期被日军占领。且5月17日枣宜会战尚未结束。

经验教训

枣宜战役结束后，凡是参战部队，包括师、军以至战区司令长官部都曾集会，讨论会战的得失和经验教训，概分为六个问题。其中，关于战争双方的得失，关于掌握敌情和通信联系，以至保存实力和战略部署与战术条件不协调的问题，议论很多，莫衷一是。现就回忆所及，谈谈自己亲身经历的当时军政关系和军民关系问题。

关于军政配合方面，在此次会战中，在第八十四军防区内，随县、枣阳两个县政府及其所辖的乡保基层组织，同前次会战那样，一般都能配合部队作战的需要，动员群众进行侦察敌情，担任各种军需品的运输，以及伤员的抢运等工作。特别是随县县政府，对我军留在敌后打游击受伤较重的人员80余人，都给以延医治疗和悉心照顾。虽然该县府此时已转驻桐柏山中，在恶劣环境条件下，使伤员能全部复原归队，体现了军政配合一致的精神。

可是军民关系方面，表现很差。就整个战区来说，军民关系搞得不好，确是普遍存在的现象，只是程度不同而已。据说在整个战区的几个集团军中，以汤恩伯第三十一集团军军纪最坏。就是我带领的第八十四军，军风纪的败坏程度，也非我到任前所料及的。我当初到第八十四军时，就察觉到这个军的军风纪已非抗战初期可比，欺压民众者有之，嫖赌之风尤盛。所以我到职后，对整饬军风纪相当注意，虽曾枪决了一个欺压老百姓的士兵，禁闭了几个聚赌的官兵；但积重难返，官兵嫖赌之风仍不能刹住，只是稍敛一时而已。平时同驻地居民，表面上还能相安无事；但一到战时，军民就分家了。尤其是当战争对我不利而撤退时，军风纪的败坏更显得突出，军民合作关系荡然无存，军队经过村庄，群众大都纷纷逃避，于是强拉民夫，掳掠人民财物等不法行为都发生了。所以在随枣会战过后，在桐柏、泌阳、唐河、新野一带，就流传有个民谣："发，扬，光，大，奸，掳，烧，杀。"（当时第八十四军军部和各师臂章代号，军部是"发"字，第一七三师是"扬"字，第一七四师是"光"字，第一八九师是"大"字。）据我所知，奸掳是有的，烧杀则未发现。在第八十四军，嫖赌，不但官兵搞，连政工人员也搞；第一七四师政治部，上自主任，下至秘书、科长、科员，除极少数能洁身自好外，大都在防地两水沟一带窝有姘妇，和半公开的聚赌（麻将、扑克）。军风纪的败坏程度，可想而知。

我所知道的钟毅师长殉国经过

莫树杰

1940年，日寇发动对鄂北进攻这个战役，敌军直接参战兵力五个师团。我军参战为六个集团军，20多万人。我任陆军第八十四军军长，辖三个师：一七三师，师长钟毅；一七四师，师长张光玮；一八九师，师长凌压西。编属第十一集团军。遵照战区长官司令部部署，及集团军总部指示，我军守备襄花线上的随县、枣阳地区，以一七四、一八九两个师，部署在第一线；一七三师为总预备队，作第二线。

1940年5月2日，战斗开始，揭开第二次随枣会战即鄂北会战的序幕。我将士用命，浴血奋战，坚决执行上级指示，在正面已完成坚持七天的战斗任务，按计划作战略转移后撤，诱敌进入我袋形阵地。不幸，汤恩伯的三十一集团军，不执行战区最高指挥官李宗仁的命令，由桐柏山北面进军封锁袋口，聚歼敌军的作战计划落空。5月5日，敌人以联合兵种的精锐部队向我第一线猛扑，企图截击、压迫一八九师向夏家湾军部撤退，战斗非常激烈。嗣因左翼友军阵地被突破，为了迅速摆脱敌人包围，我命令一七三师为后卫，掩护主力撤至唐县镇一线，向枣阳集中待命。

钟毅师长坚定执行任务，与敌周旋，抄袭敌军交通，艰苦战斗，5月6日，敌军联合兵种在唐县镇一线向一七三师猛袭，钟师长率师抵抗，屡挫敌锋。一七三师完成掩护任务后转移，发现敌人并不尾追，遂向北撤，到鹿头镇时，由于汤恩伯按兵不动，敌军乃无顾忌，横冲直撞，我军阵容即被敌冲乱，军部与长官部无线电呼叫不出，联络不上，军师之间也失却联络。当此危急之际，钟师长判断敌主力必是直袭枣阳，乃分兵两路纵队，向吕堰驿以北集结待命，钟师长亲率左翼纵队五一八、五一九团及师直属部队进到枣阳北的太平镇与苍台之间，与强敌遭遇，旋突出敌人包围，且战且走。5月8日晨到达河南省边境之苍台附近，又遇敌骑围攻，激战中，队伍被敌骑冲散，钟师长身边，只一排手枪卫士，犹奋勇与敌反复厮杀两个多小时，弹尽援绝，全排官兵，伤亡殆尽，钟师长右胸中弹，负重伤，血染襟寒，生命垂危，命令余生战士迅速撤退，钟师长仍顽强支持，把日记本、作战资料、私章等物埋于芦苇根下，仰天长啸，不辱国命，从容举起左轮手枪，自指伤躯，昂首浮云，饮下最后一颗子弹，尽忠殉国，成仁取义！

凌压西

倭奴以中国为睡狮可欺，岂知狮已醒，一吼而倭氛散，一搏而倭奴灭，倭奴倭奴，死无噍类矣。

● 1891年生，原名凌琼德，字剑南，广西容县人。

● 1937年，全面抗战爆发后，任第四十八军一七六师少将副师长兼五二六旅旅长，率部参加淞沪会战。

● 1938年5月，由安徽前线调回广西，任第一八九师少将师长。7月，第一八九师开赴武昌，在武汉会战中执行巩固外围任务。

● 1939—1940年，率部参加随枣会战和枣宜会战，在石板镇一带歼灭日本骑兵1000多人，升任八十四军中将副军长兼一八九师师长，驻军鄂北随县。

● 1941年以副军长调兼广西邕龙师管区司令。

● 1945年1月，调任第五战区兵站总监部中将副监，4月调任陕西省安康警备司令部中将司令。

● 1969年12月9日，逝世于广西南宁。

天目山告岭之战

凌压西

战前态势

1937年11月，我军四十八军第一七六师自上海随军退集浙江孝丰，原定稍加休整，再开往浙西集中。第一七六师（师长区寿年，副师长凌压西），辖第五二六、第五二七、第五二八团。第五二六团团长陆代隆，第五二七团团长马伟新，第五二八团团长覃振元。

孝丰位于天目山北麓，城市虽不很大，唯物产丰富，给养便利，而且东南两面又有天目山屏蔽，敌机很少到这里侵扰，很适于部队战后休整。但正当第四十八军军部和第一七三、第一七四师向于潜移动时，由长兴窜犯泗安、广德的日军约一个旅团，即向孝丰进犯。大约在12月中旬，敌已接近孝丰，与我前哨在西亩开始接触。当时我第一七六师负有掩护军主力转进的后卫任务，本无与敌激战的必要。但是，由孝丰往于潜，必须越过海拔1500米高的天目山，山路崎岖狭窄，军行甚慢，后卫要在掩护主力安全通过天目山后，自己才能开始转进。因此不得不把后卫战转为阵地战，就孝丰城东北郊山地塔山岭，且战且筑临时的野战工事。阵地被敌炮火轰毁后，继续利用城郊李家巷、北村等地民房，实行村落战，坚持步步为营、节节抵抗。激战了两日一夜，使敌不能危及我军主力，完成了后卫的任务。但当后卫在与敌胶着状态中撤退时，敌人竟尾随追击，迫使我军且战且退，绕过孝丰城，直趋登龙桥、老五坎等地，凭溪负险，阻击敌人前进。及退至天目山北麓谷口外之报福镇时，山谷内只有仅能容单人行进的小路可以越过天目山，其余都是悬崖峭壁。我军不能急速排成一列纵队前进，且值黑夜，几乎完全无法运动，大有后有追兵、前无去路之势，于是就来个回头强烈反击，迫使敌反追为退。12 月 21 日拂晓后，我军即能安然进入山谷越过天目山。

告岭为天目山一部分山峰的名称，是孝丰通于潜要道的必经之点。由报福镇上山，只有两条山路：里面一条叫深溪坞，山径较宽，由冰坑盘旋上岭；外面一条叫景溪坞，山径甚窄，由钱家庵迂回上岭。两路南北相距不过四五华里，中隔山岭，平时除打柴者往来外，行人很少经过，但两路都会合于告岭的顶界线，本地人叫羊角岭。至岭的南面下坡时，即合而为一，中途还有百丈坑、一线天等险峻地段。告岭的地形相当复杂，虽然南北纵深不到 400 米，东西也不开阔，但顶界线前后，还有好几个峻峭的小山峰参差屹立，使阵地前缘很难成一线，视域更不开阔。在这样的特殊地形部署作战，左右既不能展开，前后更无纵深配备的余地，不仅不能容纳大兵团作战，即使一个步兵师也挤不下去。加之时值隆冬，气温特低，山下虽不降雪，岭上却冰凌遍地，劲草都变银丝，树枝状如玻管，山沟流水俱已冻结，口渴只有嚼冰，既无房屋可供宿营，草木均难遮蔽风雪，寒气刺骨，手脚冻僵。尤其是我军只有一套棉夹衣服的广西草鞋兵，更难忍受。但是地点又属非常重要，如果告岭不守，敌人即可越过天目山，直下于潜、分水、桐庐。这样不仅能截断我杭州地区友军的后路，即浙江东南地区也会很快沦于敌手，告岭之得失，对整个战局的影响也很重大，故第一七六师布置一个团兵力于告岭地区。

战斗经过

我第一七六师以此处山高路险，半山上冰凌封冻，自我军转入山谷后，沿途并未发现敌人追击，认为日军不敢向我进犯，因此负责守备该地的第五二七团，只就顶界线放出哨兵警戒，没有实施战斗部署和构筑工事。12 月 20 日晚 8 时左右，我警戒景溪坞路口石门洞之排哨，发现阵地前面有敌人，不久枪声突响，敌我即开始接触。起初枪声稀疏，后来敌人用迫击炮和机枪向我前哨猛烈轰击，战斗相当激烈。我警戒景溪坞路口的排哨长阵亡，士兵死伤 10 余名。我即令第五二七团赶速增强兵力，一面战斗，一面构筑工事，顽强抵抗，无论多大牺牲，决不能放弃阵地后退。师部同时饬令其他两个团协同作战，务必将来犯之敌击退，确保告岭。我军士气旺盛，勇敢善战，与敌一接触就进行激烈搏斗。敌人猛烈轰击，我伤亡惨重，但我阵地却无丝毫动摇。到晚 11 时，我增援部队第五二六团从于潜一都、东关到达，轮班调换作战，战况更形稳定。但是敌人装备较优，火力始终炽盛。

12 月 20 日深夜 12 时，浙江省主席黄绍竑来电话向我询问战况，他说：“此役确属重要，告岭的得失，关系到杭州、富阳地区我军的后路和浙江东南的安全问题。我们广西人怕水不怕山，山高有利于固守，必须坚强抗拒敌人，不使告岭失陷。”黄绍竑是浙省主席，不是我们军队的指挥官，却以指挥官的辞令，责成我们完成这一战斗任务，这是因为我们广西部队自总司令至军长以下的军官，大多数是他的旧部下，所以他直接打电话给我，而不找师长。我在电话中向他说：“我们有决心和信心，一定要把敌人击退，请放心。”这天晚上，敌人向我阵地右翼（即景溪坞路口）进行四次强烈的袭击，企图一鼓作气夺取告岭，因我阵地建筑在顶界线上，占有居高临下的优势，守兵用手榴弹轰击和轻重机枪扫射，每次都将敌击退，使敌伤亡很大。12 月 21 日拂晓，阵地前沿发现很多敌尸未及拖走，雪地上血迹斑斑。我军四次予敌重创后，敌仍不甘心失败，再复增兵，把重机枪安置在山峰上，向我阵地瞰射，我死伤 20 余人。

21 日晚上，敌人在上半夜枪声仍甚稠密，六〇炮亦不时乱轰，下半夜枪声逐渐稀疏，及至拂晓，敌阵地竟寂无声息，我第一线守兵以步机枪搜索探射，亦不见还击，原来敌人在拂晓前已全部撤退。我第一七六师官兵不怕牺牲，确保阵地，完成了固守告岭要隘的任务，于 12 月 23 日奉令开赴于潜集中，准备调往安徽，归第五战区司令长官李宗仁指挥。告岭之战，至此即告结束。

告岭战斗虽然不大，敌我兵力不多，但一昼两夜的战斗，我军阵亡排长两人，特务长一人，战死和冻死的士兵 50 余人，战伤和冻伤的官兵 80 余人。敌人的伤亡在我一倍以上。天目山的群众爱护抗战部队，我官兵有的冻死，有的奄奄一息，他们立即召集 20 余人，把冻死的士兵就地掩埋，把冻伤的士兵抬到家里，盖上棉被，增加体温，喂以稀饭。经过群众细心护理后，使他们得救，送到于潜第一七六师师部，全体官兵都万分感激当地群众对我军的热情爱护。抗战胜利后，浙西各界人民群众在天目山建造了浙西抗战阵亡将士公墓和纪念堂，纪念抗日阵亡将士。

黄广会战概况

凌压西

黄（梅）广（济）会战，是抗战初期第五战区较大的一次战役。第五战区司令长官部（白崇禧代李宗仁指挥作战）设在宋埠，前敌指挥部（李品仙以第十一集团军总司令兼前敌指挥官）设在浠水，战场第一线包括黄梅、广济大部和宿松的一部分地区。

1938年7月下旬，日军由南浔铁路窜至九江[①]，我军开始调动部队，至会战结束，前后达一个多月。参战部队计有广西的第七军（军长张淦）的第一七一、第一七二两个师；第三十一军（军长韦云淞）的第一三五、第一三一、第一三八师三个师；第四十八军（军长由廖磊暂兼）的第一七三、第一七四、第一七六师三个师和第八十四军的第一八八、第一八九两个师；另外还有四川的杨森部队和守备田家镇的山东李延年部队。日军第六师团步、骑、炮、工、辎和飞机、坦克、兵舰等各兵种齐全，装备精良。笔者当时任第八十四军第一八九师师长，在这一次会战中，只负一部分指挥责任，对其他参战部队，尤其是四川、山东友军的番号兵力和全盘的战斗情况，不完全了解。黄广会战是第八十四军成

① 据查，日军是沿长江西进，经马当、湖口，强渡鄱阳湖后向九江发起进攻的。

立后第一次参加的战役，因此我从该军的组成和参战前的活动、会战的概况和第八十四军作战经过，凭回忆叙述如下：

第八十四军的组成

第八十四军是抗日战争爆发后新组成的部队。1938 年春夏间，原驻广西南宁、永淳（现属横县峦城区）、横县、贵县等地区的几个独立团（原属各团管区的民团部队改编）先后并编为第一八八、第一八九两个师。初未设旅，每师只辖三个团。除两个师部系新成立外，各团营只加上一个新的番号，官兵均未变动。第一八八师师部的主要军官整个由中央陆军军官学校第六分校的教职员调充，师长刘任原任第六分校的步兵科长兼战术教官，副师长刘建常原任第六分校的战术教官。该师所辖第一一〇一团，团长杨露，第一一〇二团，团长黄敬修，第一一〇三团，团长梁津。第一八九师师部的主要军官是由前线和后方凑集起来的，师长凌压西，原是第一七六师副师长，由安徽前线调回升充的。副师长黄琪、参谋长江光勋，由后方民团指挥部调来。该师所辖第一一〇五团，团长谢振东，第一一〇六团，团长黄伯铭，第一一〇七团，团长白勉初。

会战前的动态

第一八八、一八九两个师组成后，军部尚未设立，暂归第十六集团军总司令夏威直接指挥，协助钦廉防线的守备任务。第一八九师于 1938 年 7 月初首先奉命由横县驻地取道粤汉铁路开武昌转大冶，防堵由浙赣路北犯之敌，巩固武汉外围。黄广会战前夕，始由黄石港渡江经武穴登岸集结于广济县城附近，听候战斗部署。第一八八师亦由广西经武汉直达广济。两师集中后，第八十四军军部始正式宣布成立，同时发表覃连芳为军长，徐文明为副军长，钟纪为参谋长。

军部成立时，白崇禧以军事委员会副参谋总长代五战区长官由宋埠赶来，集合军部和各师的主要军官训话，大意是说第八十四军是新成立的部队，初次参加抗战，要军长、副军长、参谋长和师长等，多对官兵讲话，阐述抗日战争的重要意义，鼓励士气。训话后，要正副军长（覃连芳军长未到）和师长到他的临时办公室谈话，他对第一八八师的人事调配恰当，大加赞赏；对第一八九师的人事调配表示很不满意，并批评夏威（两个师部都是夏威在后方主持组成的），在人事安排上，缺乏精细考虑。他说："黄琪副师长只能在后方训练民团，江光勋参谋长只适合于坐办公室，都不能在战场上作战。"当即由他直接命令，把黄琪、江光勋仍调回后方另行安置，并以他的随从人员李宝琏（日本步兵学校出身）接替第一八九师参谋长，副师长则暂缺。直至黄广会战结束转进到随县，第一八九师扩编为两旅四团制时，才以李宝琏升充副师长兼旅长。

战斗部署和占领阵地

7月下旬，据报进犯之日军，已有一部在九江开始渡江侵入小池口。第八十四军即奉令与参战各友军进行战斗部署。第一八九师开赴黄梅，以县城为据点，堵击由小池口来犯之敌。第一八八师除留一团为军的总预备队外，其余两团协同友军固守广济县城（今梅川）。军部位于广济北面一个村庄里。嗣后军部感到黄梅县城四面开阔平坦，并无依托，而且城墙又不甚坚固，易为敌人包围冲破，遂令第一八九师转到大洋庙山口（黄梅城北边约五华里）一带，以黄梅城沿黄广公路各要点为前进阵地。第一八八师亦转移到大河铺附近，左与第一八九师左翼衔接，沿黄广公路左侧高地占领阵地。其余各军部队由梅川至武穴为第一线，由梅川至田家镇为第二线，四川部队则自大洋庙山口第一八九师左翼起至宿松一带占领阵地。布置确定后，各师即开始进入阵地。第一八八师除仍照前令留一团为军的总预备队外，其余两团均作一线展开，并无纵深配备。第一八九师因地属要冲，正面过大，三个团均使用于前进阵地和主阵地上。各部队一到指定阵地即迅速构筑工事。按战争性质，这一次的会战我们是内线作战（即巩固武汉外围的守备战），本来阵地工事愈强固愈好，但因无工兵配属，步兵随带的作业工具又缺少而细小，工作进度非常缓慢，所以正在初步完成未及加强的时候，日军即已接近。

会战开始和战斗经过

7月底的一天早上，由小池口来犯之日军已窜至黄梅附近，当即与我第一八九师前进阵地的守兵发生战斗，揭开了黄广会战的序幕。因我前进阵地四面平坦，全无依托，随处都有被敌突破的可能，故我军经过一昼夜激战后，于8月2日拂晓前由右翼撤回主阵地。当前进阵地的部队撤回，日军进占黄梅城后，战斗情况稍微和缓。我军既未出击，日军亦不进攻。每天只有一些敌骑和敌机在我阵地前面搜索和侦察。对敌骑和敌机，我军轻重机枪和迫击炮不时发射。晚上我军抓紧时间修整工事，并派出战斗侦探，向黄梅城郊日军阵地及其后方搜索。

这种状态延续了四五天之后，敌人步、骑、炮兵在飞机掩护下，集中全力向第八十四军第一八九师守备之大洋庙山口阵地大举进攻，先以炮兵和飞机向我阵地前后方猛烈轰击，继以骑兵领先冲锋，战况十分剧烈。幸我阵地已修筑相当坚固，火网组织极为稠密，虽无空军和炮兵（开战三四天后始由后方调来七五山炮三门）协助，但阵地前地势开阔平坦，迫击炮和重机枪都能发挥很大效力，士兵的战斗意志相当旺盛，所以日军在开始总攻的第一天，就有许多被我步兵机枪交叉火网射杀于阵前堑壕附近。我阵地内的官兵，被敌飞机和大炮轰击，伤亡亦达40余人，阵地却丝毫没有动摇。

敌人为避免我阵地稠密火网的损害，即利用黑夜向我阵地左翼，据点前线的小高地袭击，来势极为凶猛，激战终夜，枪声、手榴弹声和敌我肉搏的叫喊声（因黑夜混战，不分敌我，短兵相接时必须大声喊“杀”，喊“冲”，来识别敌我，以免杀着自己的战友），不绝于耳。在这一夜的争夺战中，小高地虽曾两失两得，官兵伤亡也相当大，但拂晓前仍将敌击退。这一据点是我阵地关键部分，它的得失与整个战线的胜败有绝大的关系，成为敌我必争的要点。在地形上，它是纵贯我阵地前后方较高山脉的前缘，如果它一失陷，日军就可以沿着山脊直趋我后方，左可席卷我川军大部分阵线，右可瞰射我大洋庙山口地里的全部战壕，使我守军无法立足。可见日军在总攻前已从地空侦察清楚，认定它是攻击重点。幸我军在占领阵地时，亦已看到它的重要性，特别是由这个小高地的山麓至据点的顶界线，多筑了几道战壕，准备节节抗拒，确保这一据点。我守备部队的主力亦多控置于这一方面，一遇战况紧张，各级指挥人员都经常到这一地区督战。所以在开战后，一连四个昼夜，日军集中全力，使尽各个兵种，企图夺取这一据点，都未得逞。甚至在开战后的第五个晚上，守备在大洋庙山口田地里的第一八九师第一一〇六团团长黄伯铭，由于几天来被日军飞机大炮的轰炸吓破了胆，连夜将全团部队撤离战线，躲到山沟里，自晚上12时至次日拂晓，该团守备的战壕里空无一人，而日军仍不敢突进，他们害怕突进后，会被我据点上的火力封锁，受到退不出去的危险。这说明了该据点对整个战线的重要性。

但是，敌人仍不死心，他们利用飞机和远射程大炮的优越火力，连续向这一据点轰击，至第六日竟将我据点前缘和山腹两道战壕炸为平地，我军伤亡很大，不得已转守据点上顶界线的最后一道战壕。山脚和山腹两线的地区，还是处在我顶界线上的火力瞰射下，敌仍不敢冒险上冲。于是，他们利用烟幕掩护，企图以骑兵快速冲入我阵地。我守兵即以轻重机枪对准烟幕，并准备好大量手榴弹，在日军未露出烟幕前绝不射击，待其一出烟幕，即以密集火力猛烈轰击，把敌人打得人仰马翻，终于使他们不敢再向这一地区进攻。此后，第一八九师整个守备地区的战况趋于平静，阵地保持到会战结束，守兵才奉令撤离。

开战几天后，敌人感到大洋庙阵地不易攻破，遂将主力转移到大河铺方面，向第八十四军右守备区第一八八师阵地发动攻击。同时，敌由长江下游乘舰而来，先后在武穴和田家镇登岸，与我友军激战，因而大洋庙正面的战斗渐趋和缓。我第一八八师经过两昼夜的战斗后，坚持不住，被敌中间突破，我军总预备队赶去增援，亦不能阻止敌人的突进，守备部队被截为两段。刘任师长来不及报告军部，即仓皇率右翼之一部向后方撤退，该师的散兵涌进军部附近时，覃连芳军长始发觉第一八八师已全线溃退，而且刘师长已撤至军部后面。覃连芳气得暴跳如雷，大声喊杀，旋即打电话命令第一八九师撤离阵地，转进到浠水集中，并令凌压西师长把扣留在师部的逃避战斗、率队擅离战线的第一一〇六团团长黄伯铭，就地执行枪决，不必再解军部。覃连芳当时还说黄伯铭固应处死，刘任亦应严办。但是，黄伯铭的处死是执行了，而刘任的严办却不是覃连芳的权限。

事后，白崇禧将第一八八师的残余士兵调拨充实第一八九师，军官遣回广西重新组训部队，刘任师长和刘建常副师长调军训部另有任用。这就算是对未经奉令即擅自脱离战线的师长的处分，这不能不说是白崇禧的偏袒，所以当时全军上下，多啧有烦言。

黄广会战，自第八十四军第一八九师在黄梅前线与敌接触时起，至田家镇失陷和镇北六二五高地得而复失，全线溃退时止，前后约半个多月的时间。战况最惨烈的要算大王庙、田家镇和六二五高地的争夺战。

大洋庙战线自敌军开始总攻后，即连续进行了六昼夜的激战，除激战外，每天还有间歇性的攻守战，敌我兵力和弹药的损耗都很大。因阵地形势有利于守备方面，所以敌人的损耗比我更大。

田家镇陷落

田家镇的战况，据回忆，日军的兵舰开抵田家镇下游江面时（此时武穴已失陷），即以舰上的火炮掩护其攻击部队登陆，会同武穴窜来之敌，向田家镇街市攻击。激战经旬，日军侵入镇内，与我守备该镇的李延年部进行巷战，终因敌人武器优越，攻势凶猛，我军被迫退至该镇北之六二五高地布阵抵抗。继而高地失陷，我第四十八军一度克复，又经苦战后，终于在 9 月 29 日落入敌手。至于第八十四军左翼的川军方面，敌人曾采取佯攻牵制，全战役中并未发生激烈战斗。

概括说来，黄广会战不仅是黄梅、广济地区的战役，也是保卫武汉的第一线决战。这一战役的胜败，对保卫大武汉有直接的重大影响。会战酝酿了一个多月，调动了川、鲁、桂三省五六个军的部队。因战线过长，随处都感到兵力单薄，加之指挥不统一（因番号与组织系统不同），不能互相支援，敌人打到哪里，就由哪里的守备部队抵抗，战斗力强的支撑得久一些，战斗力薄弱的就很容易被敌打垮。所以，该地守军多被日军各个击破，结果全线崩溃，参战各军分向鄂北、豫南、安徽、大别山等方面转进。

随枣第一次会战

凌压西

会战前敌我态势和战斗概况

1938年10月间，第五战区长官部及其所指挥的桂系部队（第三十一军和第八十四军），自黄广（黄梅、广济）会战失利后，分别由浠水及京汉路鸡公山各地，先后向鄂北转进。及第八十四军退抵随县附近时，旋接长官部命令："不许再向后方退却，就随县前方构筑阵地，拒止敌人，固守随县，确保襄、樊。"第八十四军奉令后，即一面选定阵地，先将所部第一八九师展开于随县县城前方蒋家河右岸万家店、七里岗及襄花公路两侧之线向敌警戒；一面将原建制的第一八八师缩编（该师在黄、广会战时，因师长刘任指挥失当，损失甚大，残破不堪，故缩编），除将军官调回广西另组部队外，士兵全部调拨充实第一八九师。另由长官部拨第三十一军统属的第一七三师和第一七四师归入本军建制，并将每师三团制改为两旅四团制，每团的兵员，亦由一千五六百人增至二千人。在我军整编工作刚告完竣时，日军藤田第三师团七八千人，即分由襄花及应山通随县之公路进犯，其主力窜至马坪港后，先头部队则推进至浙河，并即展开于蒋家河左岸浙河、塔儿湾（不占塔儿湾）和高城右前方之线，向我阵地窥伺，我军旋即重新部署第一线阵地及作纵深配备，计第一线分为两个守备地区，以第一七四师为左地区守备队，占领左起蒋家河右岸之河滨（小地名已记不起）经竹林铺混山之线；第一八九师为右地区守备队，占领右翼与左地区第一七四师衔接，经万家店、七里岗跨过襄花公路和涓水，至随县右前方高地之线；以第一七三师为总预备队，控置于襄花公路（厉山后）之唐县镇整训，军部及直属部队则驻于厉山及其附近地区。

当我军阵地部署尚未完成，敌即向我袭击，一开始就以很凶狠的态势，对我右地区第一八九师阵地之七里岗（距随县城约七华里故称七里岗）及襄花公路两侧猛扑，并以飞机及十五生的口径榴弹炮向我阵地及后方轰击，企图一鼓作气把我军击溃，进占襄樊，没料到我军已整编充实，士气旺盛，故能击退其连续数昼夜的凶狠进攻，打破其企图进占襄樊的迷梦，迫使其不得不采取与我对峙状态。嗣后我军阵地工事日渐完成和巩固，不但能拒止敌军的进攻，而且屡以游击方式，编组轻快部队，夜袭敌据点。更因得到战地群众的协助，故每次袭击都有虏获，使敌人颇感头痛。因此奠定了我军固守随县六个月（1938 年 11 月至 1939 年 4 月）的基础。

会战的起因及爆发时间

日军自 1938 年 11 月在随县前线与我军接触时起，至 1939 年 4 月终，在六个月的时间里，经常向我阵地之一点或一个地区进犯，都被我军击退。敌怕久攻不下，师老无功、士气衰落，招致崩溃。据当时我军便探报告，日本士兵中常用拆字来判定战争的胜败，如说：“昭和这个年号的昭字，分开来看，就是以刀来杀日本的人口，不是杀中国人，战争恐怕无胜利的希望。”这些说明日军当时的士气，确有逐渐低落的趋势，加之我左地区守备队第一七四师，于4月间又攻占了敌关帝庙的重要据点。因此，敌酋认为长此下去，就会陷入被动甚或招致崩溃的危险，遂于4月下旬，调兵遣将，由襄花和应山通马坪港两公路，秘密用大卡车运输人、械。对此，我军早已侦知，并已做了应敌的准备。敌增援部队到达后，遂于1939年5月上旬向我左地区第一七四师阵地进攻，随枣第一次会战自此爆发。

我军参加会战的部队番号及团长以上军官姓名

第八十四军：军　长　覃连芳

副军长　徐文明（会战时在后方）

参谋长　钟　纪

第一七三师：师　长　钟　毅

副师长　粟廷勋

第五一七旅旅长　粟廷勋（兼）

第一〇三三团团长　凌云上

第一〇三四团团长　郑一匡

第五一九旅旅长　梁　津

第一〇三七团团长　李剑光

第一〇三八团团长　刘栋平

第一七四师：师　长　张光玮

副师长　覃　兴

第五二〇旅旅长　覃　兴（兼）

第一〇三九团团长　张文鸿

第一〇四〇团团长　周敬初

第五二二旅旅长　牛秉鑫

第一〇四三团团长　陆　龙

第一〇四四团团长　肖洁宇（该团驻光化县右花街未参加会战）

第一八九师：师　长　凌压西

副师长　李宝琏

第五六六旅旅长　李宝琏（兼）

第一一〇五团团长　谢振东

第一一〇六团团长　周天柱

第五六七旅旅长　朱乃瑞

第一一〇七团团长　王作民（原名王佐民）

第一一〇八团团长　白勉初

军辖三师，师辖两旅，旅辖两团，每团三营，每营四连，每连官兵120余人至130人不等，平均每团连直属队共约2000人，全军参战兵员共约三万人。

敌我兵力比较

敌军三师团在会战前，其地面的第一线及马坪港后方部队，一共约8000人，会战前夕，连同增援部队，亦不超过两万人，在数量上，与我三万人之军相比，自然居于劣势。但在质量上，则比我军优越得多。且敌有空军助战，有系留气球观测，有骑兵，有坦克车，有十五生的榴弹炮，有十生的加农炮，并有火焰喷射器、烟幕弹和毒气弹等特种部队的优良装备配属。我军只有步枪、机枪、手榴弹和迫击炮等武器，就是临时配属的炮兵，亦只有几门七生五山炮。因日间被敌人的系留气球所监视，无法射击，只有夜里始能发炮，收效甚微。因此在会战开始后，敌人多是利用白天攻击，我炮兵则未能发挥作用。所赖士气尚相当旺盛，加之广西部队素有勇敢善战的传统习性，才能固守随县六个月。

凌压西

战斗经过及结果

会战序幕揭开后，敌人对我军阵地并不进行全面总攻，只选择我阵线薄弱环节的第一七四师右翼之竹林店、混山一段，集中全力实行锥形突进的攻击，所有空中的飞机，地面的坦克和远、近射程的大炮，都一齐出动，战况十分剧烈。但右地区第一八九师方面敌人只增加一些兵力，作佯攻的牵制。第一七四师对优势之敌，能作顽强的抵抗，每一个据点，都鏖战至阵地被敌机及炮火轰炸糜烂，无法立足时，始转移第二线阵地续行抗拒。计敌人攻击点的纵深，只约一公里，就作了四线对敌决斗，竟坚持了两星期，战况之烈，牺牲之大，为该师参加抗战以来所罕见。在剧战中，军部虽调第一八九师的一个团及军总预备队第一七三师两个团增援，但敌之攻击点地段狭窄，我军人多无法展开，加之第一七三师的增援部队，自守备随县以来，都在后方整训，从未到过第一线，在战况最剧烈死伤迭出的惨状下，始仓皇加入战斗，因而作战情绪不高，无必胜信念，以致与敌接触不到四天，就先溃下来，结果影响了整个战局。

失败原因与退却路线

此次会战失败的原因，就我的看法，有下列几个因素：

（1）第一七三师最后参战最先溃退，不但起不到总预备队的作用，而且影响友军的战斗情绪，这是会战失败的第一个原因。

（2）负责会战直接指挥的军司令部，军长和参谋长的意见不合，不能统一指挥作战。参谋长钟纪自私心太重，为了保存第一七三师的实力和其胞兄钟毅师长的安全，不愿在战况剧烈的时机适时使用总预备队，支援前线。因此，在作战指挥上，就常和军长覃连芳的意见相左，使军长不能集中统一指挥，这是失败的第二个主要因素。

（3）敌人的火力猛，摧毁与破坏力甚强，使第一七四师牺牲重大，不得不向后转移，此亦失败原因之一。

（4）右地区守备队的第一八九师，虽然知其正面之敌属佯攻牵制态势，但除奉调一个团（第一一〇八团）增援第一七四师外，未出击牵制敌人，支援邻区作战，形成坐观成败的态度，这也是致败原因。

参战部队除第一八九师是奉令有计划的自动撤退之外，第一七三师的两个团和第一七四师三个团，都是由战场溃败下来的，情形相当狼狈。全军三个师，行动不统一，三个师就分三路转进，各师的团、营以下亦有因中途被敌击散而分数路退却的，只有第一七三师撤退较早，沿途未与敌接触，安然退走。

第一七四师原定由公路直向樊城转进，但当退至唐县镇时，被来追之敌的坦克袭击，遂被迫折向吴山店、三合店、唐河县、南阳，然后折回老河口到达樊城。当该师通过三合店时，敌已先期到达，遂发生遭遇战，敌我突然接近，战况颇为剧烈，战斗时间虽很短，但仍有相当损失，师部副官处处长何伟豪被俘。

第一八九师是奉令撤退的，且又得到由黄学会改编的随县人民抗战游击国术队临时接防阵地，正面之敌并未来追，本可安然转进，但在接受撤退命令时和转进途中，却发生两件不幸事故：

一是在撤退前一天的下午，军部参谋长钟纪打来电话要我亲接，钟纪告诉我说："现在左翼战况不甚好，有撤退的可能，第一八九师正面情况无变化，必须接到军部命令才能撤退。"我当即表示："没有军部命令，就是与阵地共存亡也不能擅自退走。"他听后说："对啰。"就放下了听筒。约20分钟后，军长覃连芳又亲自与我通话。他问我："刚才你接到参谋长的电话吗？钟参谋长刚才给你的电话，原是我告诉他打给你的，要你即率第一八九师全部脱离阵地，经环潭、唐县镇，沿襄花公路向襄樊转进。但他竟因私人关系，更改了我的口授命令，要你再接到命令才撤退，那就糟了，现在情况危急，你们又是扇形的转进，路线相当远，如果在明日下午以前，不能到达唐县镇，就有被敌包围截断退路的危险。”我问为什么这样搞？他说：“不用多问了，以后再面谈，我现在是避开军部到另一个地方给你打电话，你要依照我的命令立即撤退，必须在明日下午以前到达唐县镇，沿襄花公路向樊城转进，迟误了你要负责。”我当时想，一个作战军的军参谋长竟因什么私人关系，擅改军长的命令，这确属少见的特殊现象。6月间，军部转进到樊城召开战后检讨会议时，覃连芳军长对我说：“前次钟纪要第一八九师再听命令迟一些撤退，是企图利用第一八九师掩护第一七三师退却，保障钟毅师长的安全。”此后，钟纪与覃连芳的矛盾不断加深，后来覃连芳被调充军委会参军闲职，内中虽尚有其他原因，但钟纪在第五战区长官部积极攻击覃，李宗仁又听信钟纪的谗言，是起了重要作用的。

二是第一八九师转进途中，副师长兼第五六六旅旅长李宝琏投敌的不幸事件。李是东北人，日本步兵学校出身，第一八九师在随县整编时，由第五战区长官部派充副师长兼旅长。这次突然投敌，是否事前与日军有联系，师部无从了解。他所率的第五六六旅的全部官兵，都是硬骨头有血气的广西子弟，他们见李宝琏与汉奸接触，并制降旗时，非常激愤，及时将李宝琏扣留，因看管不严，使其乘夜逃脱，只身投敌。

团长谢振东、周天柱率全部官兵绕道至樊城归队，而第一八九师师部和第五六七旅的退却，虽然到达襄花公路时，与由厉山来追之敌遭遇，迫使不能依照军部指定路线转进，遂转向桐柏山出平化、唐河、赊旗镇、方城，再转博望、南阳、邓县、老河口回樊城集中，除在襄花公路与敌相遇作数小时的局部战斗外，沿途都很安全，无甚损失。

此次会战，第八十四军竟因随县一败，即不能集结队伍，作有计划有指挥的一面抵抗，一面收容部队的转进，使全军毫无秩序零乱奔逃。而且一泻几百里，停脚点竟超过战区指挥部后方很远，此诚笑话。其中原因，固由于各级指挥人员无指挥和掌握较大兵团与外敌作战的经验和能力所致，但与广西军队的作战习性亦不无关系。过去有人说，广西军队只能打胜仗，不能打败仗，胜则如出山虎勇不可当，败则似惊弓鸟远走高飞。此种评说，虽不完全中肯，但就抗战以来各次会战的实例看，就不能不算是一种经验之谈了。敌人的追击部队，亦只到达枣阳和七房岗（枣阳西面30余华里之公路上），并未远追，即进抵枣阳的敌军，亦因感受我桐柏、大洪两山区守军左右夹击的威胁，不久即自动退回随县，更使我们远走南阳、方城的部队感到惭愧。

上面撰写随枣第一次会战的经过，只叙述了日军第三师团和我军第八十四军的作战情况，其他部队多未涉及。实际上，随枣第一次会战，亦只是敌军的第三师团和我第八十四军的决战。

随枣第二次会战

凌压西

战场的纵横形势

1940年5月，随枣第二次会战与1939年5月随枣第一次会战，虽时隔一个年头，而战场形势并无多大变动。第一次会战时仅随县城陷敌手，左翼仍由桐柏山东麓之小林店起，经天河口、高城、厉山跨越襄花公路（襄樊至花园）经安居、均川，沿大洪山东南前缘之柳林店、三阳店，右翼与襄河区第三十三集团军张自忠守备钟祥部队连接，全长约120公里。所有桐柏、大洪两山脉，既可作我左右翼的靠背，又是我阵线上最坚固的两大据点，左右并列于襄花公路随枣段两侧，并向西北绵延至枣阳东南，纵深均为40公里，形成左右护卫。而且我第一线又占领在这两大山脉的东南边缘，阵地前面地形均较平坦，射界宽广，虽间有一些小山，亦不过是标高不大的丘陵地带，火力都易于控制。在地形上论，第一线除襄花公路正面较为薄弱外都属有利于我而不利于敌的。实际上我们已占进可攻、退可守的优势地位，但是为什么随枣第一、二次会战，都被日军击败狼狈后退呢？这就不能不关系到战区和集团军高级指挥官的思想和机智问题，其中原因容后叙述。

会战前我敌动态

1939年5月间的随枣第一次会战，日军采用中间突破战术，集中主力向襄花路正面第八十四军阵地猛烈攻击，所有左翼第三十一集团军汤恩伯部和右翼第二十二集团军孙震部的守备地区，均属佯攻牵制，并无激烈战斗。因此，在会战中，他们的阵地既无多大变动，人员亦少损伤，直至第二次会战时，仍是各守原阵地。只有第八十四军单独与敌激战10余日，溃败向后撤退，途中又被敌骑和坦克袭击，迫使各师分途转进，至5月底始集中休整。第一八九师之第五六六旅第一一〇五团、第一一〇六团，因副师长兼旅长李宝琏投敌，被包围于大洪山，到6月中旬才由谢、周两团长率领归队。

全军集中樊城休整约两个月，第一八九师调枣阳归第二十二集团军指挥，担任襄花正面的警戒和轮流整训。军部和第一七四师驻樊城附近，第一七三师仍驻双沟、张家湾补充训练。

1940年3月间（日期已忘），全军集中枣阳，进出随县北面高城、厉山之线，接替第三十一集团军汤恩伯部的守备任务（第三十一集团军北移缩短守备地区）。

日本华中派遣军藤田第三师团约两万人，自1939年5月第一次会战，集中主力击溃第八十四军，追击至枣阳后，因感并列在襄花公路两侧之桐柏、大洪两大山脉仍为我第三十一和第二十二集团军占领，恐有被我军左右夹击截断其后路的危险，只盘踞10余天，即自动退回随县。其主力仍分驻马坪港、应山和安陆一带休整，并委新投降之李宝琏为司令（番号不明），收编沦陷区汉奸、土匪数百人，协助防守随县城。直至1940年，第二次会战前，始将这些伪军调往平汉路花园以东地区驻扎。

当这些汉奸部队尚驻随县时，我曾利用黄学会会员引导我军便探入城与李宝琏联系，得到一些敌方情报，李还对我便探说，他是身投敌心不投敌，必定将我（李自称）知道的情况，忠实告诉你们。不过日军对李宝琏并不是十分相信，所以他的活动范围，也只限于随县附近，有关敌方的重要情况，仍无法得到。而且日军在准备第二次会战时，就先将他调走，怕他泄露机密。在李宝琏调到新地区后，我以为他深居敌后，知道的情况会更多，仍继续派遣便探向他收集情报，结果大失所望，据说李宝琏自调到新地区后，已不负任何作战和警戒任务。日军要他专门从事训练，活动范围，比在随县时更为狭窄，连日军的官兵都很少见面，敌情就更不清楚了。由此可见，日军对伪军是防而不信的，以上是随枣第一次会战以来我、敌的动态。

会战时敌我的军事部署

（一）敌情：这次会战是日军发动的，敌调动了华中派遣军[①]的大部兵力，企图歼灭我第五战区主力，侵占襄、樊，消除武汉威胁。自1940年4月间，就发觉第一次会战时退回休整的藤田第三师团陆续向马坪港和随县城郊增加兵力，并由武汉增调来了两个师团（番号不明），及至5月中旬会战爆发时，所有从信阳地区经岩子河、平靖关、应山、马坪港、安陆、京山和襄河区的钟祥前面等各要点，兵力共6万多人，有步、骑、炮、工、辎和坦克等兵种，还有空军和系留气球等助战部队，其主力则集结于应山、马坪港、安陆等地区。

（二）我军：我军的作战部署，与第一次会战无甚差异，第三十一集团军汤恩伯部第十、第十三两个军和骑兵、炮兵各一部，占领桐柏山

① 此时日本华中派遣军建制已撤销，作战行动统由第十一集团军组织指挥。

东麓之小林店、祝林铺、天河口间之线。

第十一集团军黄琪翔部的第八十四军，占领高城、厉山之线。

第二十二集团军孙震部的第四十一、第四十五两个军和炮兵一营，占领随县西北之安居、均川，沿大洪山东南麓柳林店、三阳店，右翼与襄河区第三十三集团军张自忠部连接。

所有集团军以下各部队的守备地区和兵力配备，除第三十一和二十二两个集团军不清楚外，我当时充任第十一集团军第八十四军副军长兼第一八九师师长，只能对八十四军守备地区的兵力部署加以叙述。实际上这一次会战，也只有第八十四军与日军华中派遣军决战，其余第三十一和第二十二两集团军的正面，敌人不过是佯攻牵制，并无什么激烈的战斗，阵地也无多大变动。

第八十四军（军长莫树杰）于3月间在枣阳集中后，即向随县北面推进，在接替第三十一集团军高城、厉山之线的防务时，即作以下战斗部署：

1. 以第一七四、第一八九两师为第一线部队，第一七三师为第二线部队。

第一八九师师长凌压西率该师第五六五团（团长谢振东）、第五六六团（团长王作民）、第五六七团（团长周天柱）和补充团（团长白勉初），占领高城左前方约三里之村庄（地名已忘）前沿向右经大竹山至滚山之线为左地区守备队，师部及直属队位置于杜家湾附近。

第一七四师师长张光玮，率领该师第五二一团（团长苏武扬）第五二二团（团长周敬初）、第五二〇团（团长陆龙）和补充团（团长秦汉），占领左接第一八九师右翼经滚山至凉水沟之线为右地区守备队，师部及直属队位置于厉山附近。

第一七三师师长钟毅率领该师第五一七团（团长凌云上）、第五一八团（团长李俊雄）、第五一九团（团长伍文湘）为第二线部队，占领净明铺前端公路两侧高地，师部及直属队位置于净明铺附近（该师缺补充团）。

2. 各师进入阵地后，即从速构筑野战工事并逐步加固，同时架设前后方的通信网。

3. 军部位置于夏家湾，各师须派出联络人员与军部联系并认识军部与师部间的交通路线。

第八十四军的任务，是接替第三十一集团军这一段防务，但在我军到达阵地前两日，第三十一集团军的部队已向天河口撤走了，未按两相交接的规定执行，真属儿戏之极。如果敌人乘机入侵，对整个战区的影响，那是不堪设想了。根据当地居民反映，汤恩伯的部队，纪律非常坏，所到之处十室九空，奸、淫、掳、掠，无所不为，所以人民逃避汤恩伯部队，比逃避日军还紧要。这样的军队怎能抗敌？抗战以来，未闻汤恩伯集团打过一次好仗。

随北第一线战斗

第八十四军自 1940 年 3 月间接防后，至 5 月上旬的两个月中，前线并未与敌接触，日军虽在 4 月下旬就陆续由其后方增兵，但均未迫近我阵地，每日只有一些飞机和高悬空中的系留气球向我阵地前后方侦察和监视。我们虽根据探报知道敌人最近要发动大战了，但除了督促前线部队加强工事提高警惕、日夜严密监视外，便没有什么可以准备的，后方也没有部队和装备调拨补充，只凭原有的人员装备和全体官兵坚强的战斗意志去迎击即将向我进攻的敌人。

5 月中旬（具体日期已忘记）一天的拂晓，会战的序幕终于揭开了，天一放亮，敌人的炮兵先以试射继以密集炮火向我阵地前后轰击，与此同时，敌骑兵和坦克掩护其步兵纷纷向我全线阵地进攻，一时枪炮声震耳欲聋，很快就进入剧战阶段。天大亮后敌机分批轮番在我前后方侦察和轰炸，系留气球也特别接近我战线前方上空监视，战况颇为紧张，但我前线官兵在旬日以来已预知敌人要发动这次大战，精神上早有准备，故在战况转入剧烈的情形下尚能沉着应战，虽伤亡迭出，全线仍毫不动摇。根据当前战况判断，敌人同第一次会战一样，又采取了中间突破的打法。因为第八十四军这一段阵地，不独在地形上是一个薄弱环节，就兵种兵力配备上，也是一个薄弱部分。不但敌人认为是直接夺取襄、樊的捷径，就是我方也早已料到了。敌人不攻则已，攻则必踏着他去年的旧脚印而来。加之在开战后得悉左右翼友军的第三十一和第二十二两集团军的正面，敌人还是采取虚张声势、佯攻牵制的打法，这就更证实了我们的预料判断是正确的。但是，战区和集团军的指挥者，竟毫不在意，因而在第八十四军接防后，请求调派工兵部队、拨发工事材料、构筑半永久性的防御工事，以补救地形的缺点，并加配炮兵部队等，均未得到批准，在开战后，他们只知一再以严厉的命令，责成第一线的官兵要与阵地共存亡。第八十四军的唯一薄弱点，既无险要可凭借，又无强固工事可利用。只靠单纯的步兵火器去抵抗敌人的步、骑兵、坦克和飞机大炮的联合攻击。因此，在开战的第一日下午，第一八九师守备地区，通过田基之一段阵地，就被敌人的炮火轰击和坦克、骑兵冲破了两个缺口，幸赖我侧防火力交界扫射，敌才不敢深入，夜里遂自行退出，我始得乘夜修复已破之缺口。

第一七四师阵地，自拂晓至下午，也同第一八九师正面一样，退到敌人各兵种的联合攻击，战况非常激烈，但伤亡不大，阵地也尚安全。本日敌人的攻击重点，是左守备地区的第一八九师方面，所以第一八九师的伤亡比第一七四师大。

开战的第二日，敌人改变了攻击路线，专由山地窜进，袭击我重要据点。如右守备地区第一七四师之滚山，第一八九师之大竹山，均为敌的攻击重点。战况比昨日更加惨烈，敌专以大炮为其主要攻击武器，炮声竟如机枪声一样稠密，加之敌机又轮番轰炸，敌炮确是我们的致命打击。因为其系留气球是炮兵最优越的观测所，我全线掩体内的重机枪，只要一射击，就会被敌炮击中。阵地后的迫击炮（第八十四军未配属有炮兵）亦被敌人系留气球发现而受到敌炮火的损害。因此，在敌炮轰击、敌人尚未接近我前沿时，我阵地上步枪、机枪、迫击炮全部停止射击，待敌炮火延伸射程时，则出敌不意迅猛射击。果然使敌人仰马翻，死伤惨重，敌坦克虽仍继续前进，但在攀登我阵地前人工削成之陡坡时，即被我手榴弹所阻击，并以急转弯向后逃走。这一仗敌人以步、骑、炮、空、坦克联合攻击，企图一鼓作气夺取我阵地之主要据点（大竹山），结果被我击退了。但是，日军是不甘心失败的，大约在当日下午 2 时左右，当我守兵正在修复被毁阵地时，敌炮兵又复炮击，炮弹竟如雨点般落在我阵地上，未及两小时，我大部分战壕被填平或被炸成漏斗状，阵前人工切削的陡坡亦被炸平，我守兵的伤亡亦惨重，因而不能阻止敌人的突袭，遂撤回第二线阵地。幸时已入夜，敌占我据点后，未向我追击，我残存的守兵得以安全进入第二线阵地。

第一七四师守备地区由滚山至凉水沟之线，拂晓后亦同样遭受日军的步、骑、炮、空和坦克的联合攻击，损失惨重，当第一八九师转入第二线阵地时，该师亦先后转移到厉山前面之第二线阵地。

第一八九师转入第二线阵地后，认为日军不善夜战，即由预备队选派战斗意志旺盛和勇敢的官兵，组成夜袭队，向敌夜袭，企图收复已失之大竹山重要据点。日军虽不善夜间攻击，但是依靠其优越的装备，夜间防御仍相当坚强。且在占领我阵地后，很快将我阵地改造而为他所利用，当我夜袭队接近据点时，日军的火力十分稠密，加之其有探照灯和照明弹，使我军无法突进，乃乘夜退回。

战斗的第三天天亮后，敌人仍如昨天一样，向我第二线进攻，然我军的战斗力则与昨日大不相同了，因第二线阵地，只有一些散兵坑，既无战壕供掩蔽，更无交通沟可资运动。官兵看到敌阵内的气球升起，就好似敌人已站在头顶上一样，加之单靠步兵火器，抵抗各兵种俱全和装备优越的敌人，苦战了两昼夜，左右集团的友军不支援，后方又无部队增援，官兵则产生了畏敌心理，战斗意志也随之低落了。所以本日前线无激战，敌人节节进迫，我军步步后退，至中午时，两师第一线的部队都退到各师师部附近，第一八九师师部所在地的杜家湾，已受敌炮轰击，不久，敌人的机枪亦向师部扫射了。与此同时，还发现敌骑已由我左翼向高城前进，几将第一八九师的后路截断。当此紧急情况下，我即以电话向军长请示转进路线和尔后集合地点，电话尚未接通，前线部队已纷纷退过师部两侧，我即令第五六五团为后卫，向军部所在地之夏家湾撤退。此后，随军部沿桐柏山南侧经刘家河、吴山店鹿头镇、太平镇向枣阳转进，第五六六、第五六七和补充团则与第一七四师沿襄花公路经净明铺、唐县镇、唐王店、随阳店至枣阳集中。

第一七三师原为第二线部队，在净明铺附近已构筑有野战工事，负有在第一线阵地失守时即展开战斗阻击敌人的任务。但由于师长钟毅思想麻痹警惕性不高，只派一些哨兵在工事地区警戒，当第一线部队退到净明铺时，敌人的坦克和骑兵又衔尾追至，该师的部队竟不能展开进入阵地，即随第一线退下的部队撤回唐县镇，改为掩护队，掩护军主力转进，与来追之敌激战甚烈。虽能达成任务掩护军部安全撤退，但在脱敌转进时，秩序混乱，队伍掌握不住，师部和各团分为四路转进，致被敌人包围各个击破，钟毅师长阵亡，第五一八团团长李俊雄被俘，损失很大。

第八十四军由随北战线退下的部队，除第一七三师外，军部及第一七四师、第一八九师，在脱离战场后的第二日都先后到达枣阳集中。

凌压西

枣阳阻击战

1940年大约是5月二十一二日，第八十四军（缺第一七三师）集结枣阳时，即接到第五战区长官李宗仁的命令，着即就枣阳城郊占领阵地，拒止西进之敌，确保襄、樊之安全。军奉命后即召集到达枣阳部队营长以上的军官会议，传达命令和分担任务。因敌情紧急和时间短促，来不及构筑工事，只利用城墙和东、西郊的自然物为掩体进行阻击，在军部到达枣阳的第三日中午，枣阳城南门外和公路上，已发现敌人的坦克和骑兵，但只往来侦察，并未向我攻击，我城上的守兵向敌射击，亦未还击。入夜后有一些间歇性的步、机枪声，这是由于我守兵在新败后惧敌心理的影响，风吹草动，即疑是敌人来袭，便以枪声壮胆。翌日（即到达枣阳的第四日）拂晓，敌人才以坦克、步、骑、炮联合向我阵地攻击，战斗开始后，敌对枣阳城只以飞机轰炸和炮火轰击，主力则集中攻西郊我山坡上的阵地，企图绕过城北截断我城内守兵退路，包围歼灭，我初在山坡下与敌激战，因地势缓斜，致被敌骑兵和坦克很快冲进阵地，迫使我节节后退。幸半山以上，山势转陡，敌人的快速部队因受地形限制无法攀登，我军才站住了脚，并且占了顶界线，居高临下发挥了机枪和手榴弹的威力，把敌压制于半山下，成对峙状态。下午1时左右，发现敌骑兵六七千人，坦克三四十辆，由枣阳东北之吉家河向我左后方急进，其先头已接近军部附近，几将我军包围于枣阳地区。为此，不得不急令守城和城外部队迅速撤退，当前线部队尚未完全退出阵地时，第一八九师师部已被敌骑兵袭击，秩序混乱，于是军部和第一七四师第一八九师遂沿唐河左岸迅速后退，直至杨家垱附近渡过唐河后，始跳出了敌人的包围圈，当晚即在离唐河西约四公里之村落宿营。第一七三师自唐县镇掩护军转进后，即与军部失却联系，情况不明。第一七四师之周敬初团和第一八九师白勉初团和门国安营均于枣阳撤退时被敌冲散未随主力转进。这些部队沿途都与军、师部联系不上，直至我们转进到老河口时，始知第一七三师自唐县镇脱敌后，分两纵队向唐河西岸吕堰驿撤退，在枣阳东北与敌遭遇被击散。团长李俊雄退至唐河东岸无法渡河被敌俘去，钟毅师长只率护卫兵20余人逃至苍台镇被敌围击阵亡，第五一七团和第五一八团残部转入祁仪山，周敬初团和白勉初团之一营亦在该山内与第一七三师之两团会合，后与长官部电台取得了联系。旋由长官部直接指挥，在敌后进行游击战，收到了一定的效果。只有第五一九团在唐县镇先行撤退，未被包围截击，但队伍仍极散乱，分批退回光化。

军主力在唐河西岸宿营一夜后，次日拂晓即决定向邓县转进，在邓县收容集结队伍，再开回老河口。不料在下午6时左右，大部分队伍已进入邓县城，正在分配宿营地的时候，忽闻城外枪声四起，当时刚进城的部队，即迅速登上城楼还击。城内部队均以为是敌人追到，不及抵抗，即纷纷向西退走。人多街窄，秩序十分混乱，所有驮载之步兵炮、重机枪和扛抬的辎重，多数被遗弃街道上。队伍退出县城后，已是晚上八九时，天黑加下小雨，实际情况一时无从探悉。由西门出城的部队取道林扒、孟家楼回老河口，从北门出城的部队则绕道张村回老河口，在离邓县的第二日下午和第三日中午先后到达光化城附近集中。

在离邓县城之翌晨，始接到我后卫被袭击部队的报告，才知道昨日下午突然向我袭击的不是日军，而是河南内乡地方主义别廷芳的民团。部队集中后，各官兵对此非常愤恨，主张立刻派队围剿，以靖后方。后来由长官部向邓县县长交涉交还被收缴的武器和辎重了事。

凌压西

樊城近郊激战

第八十四军在枣阳阻击战失利退却时，尾追的敌人，既不入侵新野，也不向邓县追击，只以大队骑兵（据说2000多人）由排子河附近渡河，竟向老河口东面40余华里地区突进，企图“将”李宗仁长官一军，幸长官部预先看到了敌人这一步棋，派出警卫团先到该处（地点记不起）阻击，及第一八九师到达老河口时又急派我率两团驰往增援，及我率队赶到时，敌骑已被击退，并打死敌战马10余匹。日军见这一军“将”不倒后，仍退回唐白河东岸，增加兵力再由双沟、张家湾之间强渡唐白河，袭击樊城。长官部复令第一八九师驰援，由第十一集团军总司令黄琪翔直接指挥作战，及第一八九师星夜开到樊城时，天已大亮，黄琪翔即令直开唐白河前线协助友军拒止敌人渡唐白河，巩固襄樊。当我继续率队到达战地时，已闻炮声隆隆，敌人与我友军正在隔河对战中，战况已相当激烈。友军第三十九军指挥官对我们很客气地说：“你们远道乘夜开来，官兵已相当辛苦了，请在阵线后方暂为休息，必要时再请加入作战。”约在当日下午2时左右，接到友军通知，敌人已强渡唐白河，在河岸下占领阵地，借其东岸炮兵掩护，猛向我军突击，要我师加入战线中部战斗，以便友军左右移动，增强两翼兵力。当我师部队加入战斗时，敌因受我新增火力的猛烈射击，均隐伏在河岸下一时不敢前进。但友军自我师加入火线后，不是向左右移动增厚两翼兵力，而是陆续向两翼撤退，陷我师于孤军作战，使敌人乘机向我左右翼突进，形成对我师的包围态势。我虽以预备队增加两翼，但在敌众我寡的情况下，仅支持了两小时，约在下午4时即随友军之后，向樊城近郊撤退。队伍到达樊城附近时，已近黄昏，旋有第十一集团军派来传达命令的参谋，传黄琪翔总司令的命令，着第一八九师即在樊城北面四五公里之森林边缘占领阵地，迅速构筑工事，坚决抵抗敌人，保卫樊城。衔接第一八九师右翼跨过公路至襄河边一线为友军第三十九军防守。第一八九师刚开进入阵地，即发现来追之敌出没于我前方，敌骑左右驰骋往来侦察，正当日暮时，敌人即以小迫击炮向我阵地轰击，步、机枪亦同时发射，我方即予以还击，一时枪炮声甚密，战况似属顿趋激烈。时东门外（友军阵地离东门仍有五公里多）枪声更加稠密，而且越响越近，约夜里10点钟左右我派人向友军联络，得悉，友军方面被敌人夜袭，战况十分激烈，已向东门后退，距离城门尚有七八华里，当夜约11时许，总司令部参谋长打电话给第一八九师师长，传达总司令黄琪翔的口授命令说："第一八九师的任务是确保樊城拱卫总司令部，无论如何都不能撤退，总司令坐镇樊城，情况紧张时，还要亲到你们阵地去巡视。"我即对师部参谋长和各处长说："总司令很镇定，坚决要固守樊城，情况这样紧张，敌人离我近，总部不但不转移，总司令还说要到我们阵地来巡视，我们必须迅速将此情况转告前线官兵，要坚决固守阵地，保卫樊城，才能对得起总司令。"但我心内考虑，樊城城内战斗部队只有总部一个特务营，又未构筑有城防工事，右翼友军的战斗力，比在随枣两次战败的部队还弱，在这种条件下，樊城能够固守吗？约深夜1时，忽据与右翼友军联系之副官报告，东门外情况十分紧张，友军不能阻止敌人进攻，现已退到东门附近，东门城楼，原是总部特务营防守，现城楼上已空无一人。我即将情况转报总司令，但电话不通，以为线路发生故障，即派通信兵沿线路检查。不久，查线兵来电话说："线路并不坏，但总部总机已拆除，总司令部不知迁移到什么地方去了。"当时我甚感奇怪，总部是直接指挥我们的机构，转移为什么不通知我们，战况又如此紧张，今后如何联系？当时一面以无线电向总部联系，一面复派参谋一人率武装士兵一班，迅速入城了解总部去向，约个半小时，侦察人员回报，证实总部已转移，据附近居民说："约夜12

时，总部就全部出城，沿公路向老河口方向去了。”到了次晨3时左右，据联络员报告，友军已由樊城南门外渡襄河退到襄阳去了，但敌人既不追击，也不进城，现正由城外向西门方面前进。我据当前情况判断，敌企图将我师包围歼灭。如果敌先占公路（樊城通老河口）直向太平店窜进，不独第一八九师无退路，即长官部也要受到直接的威胁。当即派出师总预备队的一个营，迅速占领竹条铺公路附近阻击敌向我军侧后窜进。在危急中，总司令部的无线电又联络不上，即决定先向太平店转移。当我先头部队将到太平店时，即遇长官部派人来通知：第一八九师不能再向老河口撤退，在太平店集结队伍后，仍向樊城前进，坚决阻击来追的日军，长官部已决定派部队增援。于是，第一八九师即复向樊城前进，当晚在竹条铺附近宿营，次日继续向樊城探索前进，始悉敌人已于昨日下午由襄河左岸向钟祥方面退走，长官部派来所谓增援部队，即第八十四军军部及第一七四师与第一七三师之一部，也先后开到樊城，因敌已远退，不加追击，即分驻樊城附近，从事休整，随枣第二次会战遂告结束。

我军失败原因

会战失败的原因，虽然不止一端，但战区和集团军的高级指挥官，思想麻痹、缺乏机智、指挥失当、坐观成败和对抗日救国责任感不高，实为主要因素。现列举事实如下：

（一）李宗仁虽然是以勇敢善战起家，在战场上直接指挥小部队枪对枪、刀对刀与敌人搏斗，他是有办法的，但在大兵团的作战指挥上，他就显得不够机智了，而且思想固执，不易接受幕僚人员的意见。远者不提，就以这一次会战来说，整个战线形势，前面已经介绍过，稍具军事常识和了解地理情况的人，都会认识到襄花路正面是一个薄弱部分，应该构筑强固工事并配备足够的兵力，作多线的纵深配备，才能固守。

但自随枣第一次会战以来，李宗仁对这一薄弱环节，竟然熟视无睹，漠不关心。在汤恩伯集团军防守的长达 10 个月的时间中，应该拨发材料，派员监督饬令构筑强固工事，以补救地形之缺点。但到第八十四军接防时，第一线连一条散兵壕都找不到，曾请调派工兵部队和请拨筑城材料以便构筑工事，并要求增加兵力，作二、三线的纵深配备，均未批准，仍然以单一兵种之第八十四军防守，只饬令加紧构筑工事，但既无工兵（第八十四军虽有工兵营，但工具残缺），又无材料，只靠步兵随带的轻工具又如何能筑成强固工事。所以在会战爆发后，只靠单纯的步兵武器和官兵的肉体，抵抗日军的步、骑、炮、空和坦克的联合进攻，支持不到三天就失败了。

（二）第十一集团军总司令黄琪翔，讲究个人享受，在艰苦的抗战中，他饮食仍十分丰厚，在这次会战爆发前夕，他还在樊城总司令部大做其生日，接受部下献送礼品。

（三）黄琪翔指挥作战，非常混乱，不按实际情况，乱发命令，玩弄手段，欺骗前线部队，战况不利时，则暗中溜走。如此次会战第一七三师在唐县镇掩护第一线部队转进，任务完成时该师第五一七团被敌紧追，一时不能脱离阵地随同师主力转进，直至当日黄昏后才将敌击退，但正在脱离战场集结部队准备依照师的指示路线转进时，黄琪翔却直接命令第五一七团在原地与敌抵抗，支持 10 日。试想，以一个不满 2000 人的单纯步兵团，与约两万各兵种完备之敌对抗，既无援兵，又无补给，孤军作战，怎能支持 10 日呢？

又如樊城近郊激战时，黄琪翔欺骗前线部队，几陷第一八九师于被敌包围歼灭的危险境地。仅举两端，已可看到黄琪翔的指挥混乱，以命令作儿戏，这是造成会战失败的主要因素。

（四）指挥不统一，各自为战。会战开始时，日军对我随北第一线采取两翼佯攻中间突破的战法。当敌集中主力猛攻襄花路正面第八十四军阵地，战况十分激烈时（开战后的第二日），左、右翼的第三十一集团军和第二十二集团军的部队，竟以无长官部命令为由，袖手旁观，坐看第八十四军战败，不主动支援，这也是会战失败的原因。

冯　璜

不管白天黑夜行军所到的地方，老乡们听到叫门的是第一七五师，没有不开门迎接的。

● 1900 年生，原名否璜，字璧如，广西容县人。

● 1937 年全面抗战爆发后，任第三十一军一三一师三九一旅副旅长。

● 1939 年 3 月，任广西民团干部学校教育长，4 月任第四十六军少将参谋长，旋任第三十一军一三一师师长，未就任。

● 1940 年 2 月，任第四十六军一七五师师长，率部参加桂南会战。

● 1941 年，兼任廉康沿海守备区指挥官。

● 1942 年 12 月，升任第三十一军中将副军长。

● 1994 年 1 月 19 日，病逝于广西南宁。

第一七五师战斗在桂南

冯　璜

1937年，抗日战争开始后，李宗仁、白崇禧先后飞赴南京，广西陆军、空军相继离桂参加抗战。原有第七军、第十五军（后改番号为第四十八军）北上后，在广西继续成立第三十一军、第四十六军，前者北上开往津浦路，后者留在广西，辖第一七〇、第一七五师及新编第十九师。第一七〇师师长黎行恕。第一七五师师长莫树杰、副师长黄固，该师原辖两个旅（旅长为黄骥和、刘建常），计有第一〇四三团（团长黄廷材）、第一〇四五团（团长巢威）、第一〇四九团（团长黄炳钿）、第一〇五〇团（团长姚槐）。师部直属有迫击炮营、工兵营、特务连、搜索连、卫生队、野战医院。师部有参谋处、副官处、经理处、军医处、军法处等，师政治部直属第五路军总司令部总政训处。不久第五战区司令长官部在徐州成立，第五路军总部撤销，改设为广西绥靖公署，李宗仁、白崇禧兼任正、副主任。在南宁新组织第八军团，夏威任军团长，下辖第四十六军及由前方调回一些干部组织之第三十一军。两军军长分别为何宣和韦云淞。第一七五师组成后调驻灵山、合浦。1938年裁旅，扩编增加新编第十九师，师长黄固，副师长秦镇，辖刘自强、黄廷材、姚槐的三个团及一个补充团。第一七五师辖第五二三团，团长黄法睿，第五二四团团长巢威，第五二五团团长黄炳钿，补充团团长谢庆南，参谋长刘维楷，师长莫树杰兼任合浦守备司令。积极训练部队，组训民众，筹办村仓，于沿海构筑工事，宣传抗日，警惕敌人登陆。师部驻防武利，各团分驻多蕉、旧州、合浦及北海。新编第十九师师部驻钦县小董、防城、钦县、大垌各驻一个团。两师作战地域为合浦西场以北到凤凰亘陆屋之线。后第八军团改为第十六集团军，总部驻在贵县。第四十六军第一七〇师驻在南宁。

1939 年 6 月莫树杰升任第八十四军军长，前往安徽前线就职。白崇禧拍电报到贵州遵义陆军大学，给正在学习中的原第三十一军第一三一师副师长冯璜调充第一七五师师长，冯以求学机会难得，复电请白收回成命另外派员接充。白电复冯璜准以第一七五师师长名义继续求学，调新编第十九师副师长秦镇暂代第一七五师师长。

1938 年 10 月广州、武汉先后沦陷，1939 年 1 月 8 日，日机从广州湾海面航空母舰起飞轰炸南宁，我空军起飞应战，以寡敌众，飞行员蒋盛祜阵亡，敌机被我击落一架于永淳，机毁人逃。这年夏天，日军海军陆战队占据我涠洲岛（距北海 10 余里），驱逐岛上渔民，开辟飞机场。从此，日机经常飞袭北海、合浦、钦州及广西内地，有时还远及昆明、贵阳及零陵。日机轰炸扫射，我军民死伤人数甚多，房屋物资损失极大。

1939 年 11 月 15 日，日本侵略军派出以第五师团（师团长今村均）为主力，还有台湾旅团（旅团长樱田武）、炮兵工兵各一部，海军第五舰队主力及第四舰队之一部、舰艇数十艘及航空队飞机 100 余架，登陆于钦县龙门港、防城间。右路乘海潮上涨用舢板从钦江上溯登陆于钦县县城；中路从金鸡塘登陆，左路从企沙登陆，由黄屋屯经大寺直趋邕宁县属大塘向南宁进攻。新编第十九师疏于戒备，没好好地利用既设阵地顽强抵抗。令人不能容忍的是，敌人占领企沙之后，我防守部队的电话还被敌人利用，欺骗团长黄廷材，说是前线平安，日军没有登陆。新编第十九师被敌人打得溃不成军。日军长驱北上于 1939 年 11 月 24 日占领了南宁。

第一七五师于敌军登陆占领钦防之时，火速抽调去侧击敌人，第五二五团在钦江（即醴江）东岸之中岗、平吉间和敌人发生战斗，初战小胜，击毙敌人小队长，缴获人枪10余支。

日军登陆钦防后，第十六集团军总部和第四十六军之间、第四十六军和第一七〇师及第一七五师之间，为了推卸责任以及兵力的调动使用等问题上，发生很大分歧，互相埋怨，都打电报向在迁江的桂林行营主任白崇禧告状。第一七五师代理师长秦镇对各团长的指挥极不得当。例如规定各团指挥所不得离开邕钦公路若干里，违则杀头。我当时在贵州遵义陆军大学学习，11月18日接到夏威电报说，敌人登陆钦防，火速到桂南指挥作战。我于20日雇专车从遵义回柳州，22日夜至迁江晤白崇禧，请示作战方略。白告诉我："前方情况你见夏总司令就可明了，现在大敌当前，第十六集团军各部队长官间还闹意见，你见他们时，传达我的意思，请他们好好的以大局为重，放弃成见，共同抗日。"我离迁江已到了下半夜，赶到宾阳附近的黑石岩第十六集团军指挥所见夏威，从那里可以听到昆仑关方面传来的枪炮声。夏威把敌我情况概略说明并指示我军任务后说："抗战是相当长期的，不可把'本钱'一下赌光。"我把白崇禧的话转述给他听，他说："秦镇性情急躁，不能使上下协作，你到差后，秦镇调回新编十九师，问题就不存在了。"我离开宾阳前往贵县，一路皓月当空，天亮雇船上驶，至横县南乡镇登陆，经沙坪、那隆到达陆屋附近的丛林间，师指挥所设在松树林内。我接替秦镇交来指挥全师作战的任务，时为11月25日。我接见师部各级幕僚，并通过电话和各团团长讲了话，了解前线情况。我以沉重的心情，听取幕僚们报告敌人动态和我师士气情况，审慎地对照地图，研究行动计划。从火线上的枪炮声判断战线距离指挥部很近，同时还可以看见敌人炮弹炸开的火花，敌人飞机又不断掠过指挥所松林的上空。

当天战斗，是敌军为扫荡我师侧击，由小董及公路上出动，向陆屋附近我第五二四、第五二三两团猛烈攻击，到达青坪附近，第五二三团是敌人主攻方向。团长黄法睿电话告急，我以第五二四团在左翼作战情况亦甚紧张不能抽调，第五二五团另有任务，预备队的特务连要对右翼警戒，没有兵力增援，吩咐该团无论如何要坚持下去，万勿在白天背进，免受重大损失。到下午5时左右，右前方的敌人已有小部队渗透到距指挥所约百米的松树林间，我急派特务连一个排将其驱逐。战斗一直持续到黄昏，各团才能脱离火线。敌人不敢追击，撤回公路线上。师指挥所转到那隆，各团集结那隆西端村落露营，对敌人严密警戒。这次战斗，第五二三团牺牲较大，敌机一架在那隆街上空被我师击落，人机俱毁。

日军登陆钦防后，邕钦公路变成敌人交通运输的动脉，一面把被我破坏之桥梁公路加以修复，并在要点和桥梁附近构筑工事派兵守护；一面不时出击扫荡我军。我师当前主要任务是，袭击敌人，破坏桥梁公路，阻碍日军运输，所以不断地向邕钦公路大塘、那晓、岽崖、那扁、新成、小董、大垌、板城等处要点及圩市敌人进行攻击。敌人感到切肤之痛，不时派部队出击或大举扫荡，企图将我军包围而歼灭之，但不能得逞。由于敌我装备训练及素质上的悬殊，我们不能不以多数兵力对付少数的敌人兵力，也就必然以较多的牺牲来取得战果，积小胜为大胜。我师第五二三团袭击那晓、大塘、岽崖等处，第五二五团袭击小董、大垌、那扁等处，均有不少的斩获。

第五二四团在泗合坳战役最为出色，因为该团在板城（属钦县），被约相当一个加强营的日军扫荡，该团支撑不住，且战且退，退入袋形阵地中。最后，该团坚守泗合坳（在钦县灵山间）拒敌，不惜巨大牺牲，和敌人争夺坳旁要点，三得三失，死伤连长以下官兵百数十人，卒能拒止敌人，争得时间，俟友军增援到，把敌人四面包围。从早晨战斗到黄昏，敌人伤亡惨重，乃全力向我火力薄弱部分突围，逃回公路方面上去。第五二五团加入追击，颇有斩获。是役敌人死伤200余人，是我师桂南作战开始以来最大的一个胜仗。

第一七五师泗合坳之战，乃至在整个桂南抗战中，都得到地方机关和民众的支援：民众主动担任向导，侦察敌情，抬担架，运输物资，送茶水。不少地方团体，甚至连广州湾的民众团体也到前线那觅（属钦县）师指挥所慰劳将士，赠送锦旗。这种热情给我师官兵以极大的鼓舞。我师官兵英勇杀敌，遵守纪律，可以说真正做到了军民打成一片。不管白天黑夜行军所到的地方，老乡们听到叫门的说是第一七五师，没有不开门迎接的。昆仑关战役后，军事委员会通报国军中以第五军及第一七五师纪律最好，获得民众欢迎，传令嘉奖。

我们为纪念抗日牺牲的英雄们，在泗合坳、小董及那扁三处为第五二四、第五二三、第五二五团死难烈士们建立纪念碑墓，作为永久纪念。

军事最高当局为收复昆仑关和南宁，派桂林行营主任白崇禧指挥约 9 个军 27 个师共 30 万人的兵力（军的番号有第三十一军、第五军、第六十四军、第四十六军等，集团军有第十六集团军、第三十七集团军、第三十五集团军、第二十六集团军等），向昆仑关敌人攻击。敌人是以中村旅团为主力，配属特种兵若干，构筑有坚固工事。我军攻击坚强，先夺下昆仑关各据点，并把敌旅团长中村正雄少将击毙。于 1939 年 12 月 31 日把昆仑关攻下。南宁敌人于得到援兵后大举反攻，由亭子圩过河的一个旅团，再经良庆、永淳县过河，沿甘棠、露圩、古辣、武陵而趋宾旧，企图截断我军后路。白崇禧抽调在南面担任侧击邕钦路敌人的第十六集团军的第四十六军之第一七五师连夜兼程北上，尾追迂回永淳之敌。由于敌人行动迅速，我第一七五师追到古辣时，仅见被日军强奸致死的妇女，弃尸路旁，阴户插有木棍，割去两乳，惨不忍睹。

由于敌人前后夹击，进行宾阳战役，昆仑关得而复失。我军由于宾阳第三十八集团军指挥所被炸，指挥中断，部队各自为战，乱作一团，在北面的部队，溃退到了清水河占领阵地，东面退到王灵、黎塘间，西北面退到上林县城附近，造成很大损失。第一七五师则通过镇龙大山进出宾贵公路之黄练，占领阵地拒止日军。

昆仑关和宾阳战役结束后，1940 年 2 月 21 日，蒋介石来到柳州，住在羊角山（汉奸活动厉害已极，蒋到柳次日，敌机数架即向羊角山轰炸），召集各师长以上将领开柳州军事会议，检讨作战得失，我曾参加。蒋介石将白崇禧以督率部队不力、陈诚以指导无方予以降级。另外处分及奖励一批高级将领。第四十六军和第一七五师纪律严明，得到军事委员会传令嘉奖，会议结束后，第一七五师从邕宾路之黄练开往武鸣，不久又开往左江左岸之左县、扶南等线警戒，主要任务是防敌渡江窜扰左岸地区和相机出击邕龙公路敌人运输及破坏公路桥梁。我师虽不断派兵执行任务，但没有收到很大的战果。

1940 年 9 月下旬，按照日本强迫法国接受的谈判协议，日军进驻法属印度支那北部，已用不着利用邕龙公路作为跳板，即自动放弃桂南，退走出海。第四十六军从邕钦路上尾追敌人，第一七五师奉令从养利[①]、左县[②]一线越左江向思乐、大寺、黄屋屯、金鸡塘敌人追击。日军退却有周密的布置、迅速的行动和海军空军的支持，我们追击的路上，天天有大批的敌机在头上盘旋，发现我军则大肆轰炸和扫射，以迟滞我军行动。追到黄屋屯时和敌掩护收容部队发生接触，等到金鸡塘，敌已登舰出海而去，仅遗弃一些笨重物资而已。

日军走后，第一七五师奉第四战区司令长官张发奎命令担任钦州、防城、灵山、合浦四县警戒，继续修筑沿海工事，以防敌人再次登陆。长官部派冯璜兼廉钦守备指挥官，苏廷有（邓本殷旧部旅长）为副指挥官，派兵清乡，办了几个匪首（刘金名，诨名“三四五”）及海盗（郭德威），地方治安日趋好转。我师边警戒边整训，颇有改进。

---

① 1952 年养利、雷平、万承三县合并为大新县。

② 1952 年左县与崇善县合并为崇左县。

我所耳闻目击的桂林防守战

冯　璜

1944 年 6 月，日本侵略军进攻衡阳，新桂系第十六集团军的三十一军（军部和一三一师驻南宁，一八八师驻龙州整训。后调师一三五师在玉林征集新兵）奉第四战区司令长官张发奎命，开赴桂林（一三五师仍驻玉林，后来参加桂平、平南间的战斗）协同第四十六军构筑城防工事，抗击日军保卫桂林。8 月中旬，第三十一、四十六两军（该军后调师一七〇师尚未开来）先后到达桂林，第十六集团军副总司令韦云淞奉命兼任桂林防守司令。守城部队除上述外，还配属有 10 厘米加农炮，15 厘米榴弹炮各一连，通信兵一连及野战第三医院。另有三民主义青年军桂林挺进队（归广西三青团领导，男女青年队员三四十人），由队长叶为任率领和第三十一军政工队队员一起参加抗敌宣传、协助守军作战。不久，第四十六军调了出去，一八八师亦抽了出来，改派一七〇师瓜代，到了敌人突破大溶江第九十三军阵地后，权由第四十六军的一七五师及一八八师各调一个营入城防守。

第三十一、四十六两个军，原来是旧式装备，这次因为防守桂林，才获得美国的“恩赐”给以美械装备。这对重嫡系轻杂牌军的蒋介石来说，虽然不高兴把新桂系“美化”起来，但此时也无可奈何了。第四十六、三十一两军邀天之幸得到美械，但两军的中、下级军官则伤透了脑筋，因为铁的比重增加了，运输力不相适应，搬不动；其次是临渴掘井，士兵变成了新枪新手，武器威力发挥不出来，这些美械除一三一师的在桂林城弃守时和人一齐丧失外，其他各师的也在湘桂及黔桂线上丢得差不多了。

蒋介石和新桂系的矛盾十分尖锐，虽因抗战而稍见缓和，但蒋介石时刻都在提防着李、白实力的涨大，李、白也时刻提防蒋介石的暗算。军事委员会决定防守桂林后，即命令第十六集团军担任守城，并派白崇禧到广西协助张发奎策划战守大计。白崇禧明知这是蒋介石想借日军来消灭新桂系实力。但他也有自己的打算：一方面是想借这个机会扩大实力（如把几个独立团编成两个纵队）；另一方面是设法保存实力。回忆1939年冬，日军在广东钦县、防城登陆时[①]，我正在贵州遵义陆军大学肄业，奉令驰返桂南指挥一七五师抗战，途经迁江、宾阳，先后谒见白崇禧和夏威请示作战方略。夏对我说：抗日战争是长期的，我们仅有这些部队，你们不可一下子就把“本钱”拼光。夏威这个指示实际是代表白崇禧发言的，要我保存实力。桂南对日作战，我就本着这种思想指导我的行动。白崇禧、夏威先把四十六军调出桂林，接着又把一八八师拉出来，无非是保存实力及照顾姻亲（一七五师长甘成城，一八八师长海竞强，和夏、白两人是亲戚）的结果。

白崇禧为了掩饰他的私心，强调说：桂林城池坚固，不要用多兵，如果没有强有力的野战军配合战斗，用来减轻敌人给予守城部队的压力，无异束手被打，决难久守，衡阳守城部队虽有四五个师，因为缺少野战军配合作战，牵制打击敌人卒至失败，我们不能再蹈这个覆辙。白崇禧对守城官兵打气说：国军在上海打仗没有制空权，官兵们怕敌人飞机大

① 现钦县、防城县属广西管辖，钦县已改为钦州市。

炮之外，还怕坦克车，现在我盟军（指美国）有优势的空军，机场近在广西各处，可以随时出动打击敌人；桂林石山多，地形险要，阵地坚固，敌人的坦克车失去活动余地，敌人炮火威力受到限制；我们储足了半年的粮食和弹药，只要你们坚守三四个月，盟军就可在中国沿海登陆打击敌人，最后胜利是我们的。不久，美国副总统华莱士在杜鲁门总统特使魏德迈陪同下来到桂林视察，白崇禧亦拍着胸膛对他们许下了坚守桂林三个月的诺言。尽管白崇禧一再为官兵们打气，但却很难打消其部下的疑虑，也鼓不起大家的信心。韦云淞曾皱着眉头对夏威说：第四十六军调出去了，一八八师又调出去了，只剩下一三一师和一七〇师两个师，一个军的兵力都不够，我看，防守司令的职务由贺军长担任就够了，不必要我来负责吧！这句话里面，牢骚不满和怕死的成分都有。贺维珍深恐夏威批准韦的请求，急忙抢着说：防守司令还是由副总司令担任为宜，因三十一军只有一个师，一七〇师是第四十六军的，其他部队是中央配属的，只有副总司令才好指挥。夏威听了他们互相推卸责任的话后，则说："上级已经指定世栋（韦云淞字）担任司令，不好变更，希望宣廷（贺维珍字）好好辅助，共同担任这个重担，完成任务，才不辜负德（指李宗仁）、健（指白崇禧）两公的委托和期望。"韦、贺才缄口不言。韦、贺两人临阵而惧，十分明显。

日军占领衡阳后，不久，即向广西进犯，蒋介石嫡系九十三军军长陈牧农为了保存实力，和敌一接触，即轻易放弃全州，把许多军用物资焚毁，张发奎乃报请蒋介石批准将陈枪毙，另派甘丽初为军长，第九十三军在大溶江附近，利用良好地形，构筑阵地，和日军打了 10 多天的仗，打得差强人意。第十六集团军参谋长韩练成亲往前线协助甘丽初指挥作战，有时跑到炮兵阵地上以电报电话两用机和空军飞行员直接通话，指示轰炸、射击目标，这样不仅使得飞机轰射命中目标，亦使炮兵射击命中率提高了，给日军以严重杀伤（毙大队长一员），发挥了步、炮、飞机协同的积极作用。大溶江地形不适大兵团作战，敌乃向我军侧翼包围，第九十三军久战疲劳，伤亡重大，又没友军支援，加以连日大雨影响盟机出动，结果被逼放弃大溶江，战火就接近了桂林。

桂林城防工事的构筑和兵力配备的情形大概如次

新桂系于1930年为了倒蒋，倾巢入湘败退回广西后，李、白为防范红军，主要还是对付蒋军，从1933年起至1935年间，经过白崇禧率同高级将领的反复侦察，决定在南宁、柳州、桂林、梧州四个城市近郊，把从广西人民掠夺得的金钱，拿来建筑了大批的永久性工事。抗日战争爆发后，国民党军事委员会在桂南海岸地区，择要兴筑了一些工事，但没注意及于城市。当衡阳战争开始，蒋介石决定防守桂林时，才责成防守部队构筑工事，但由于守城兵力一减再减，计划一再修改，特别是守城部队的调出，对工事的构筑进展影响甚大，最关键的问题是蒋介石、张发奎等没有真正抗日决心，没有筹拨充足的材料器械和调配工兵部队给防守司令部使用，新筑工事多系临时的野战筑城或半永久阵地，不少掩体利用附近石头作为现成材料，城防工事分为南北地区及江东地区，南北地区多沿用城墙及石山筑设阵地，射界过短的，把阵地前房屋拆去或焚毁（中正桥头至伏波山和北门外以及丽泽门经南门至文昌门间城外一些房屋均有被拆除被烧情事，江东街则全部焚毁），江东地区是完全独立性的大据点，以七星岩为中心，在猫儿山、笔架山、甲山、星子岩、月牙山、屏风山及穿山等处，构筑以排或连为单位的小据点，江东地区的存亡，影响桂林城的存亡，因为守城兵力单薄，只能派出一个团担任守备。我们认为江东地区如果陷落，判断敌人攻击重点将选定于伏波山以下至中正桥头一带加以突破，理由是：（1）这一薄弱环节，没有永久性工事；（2）北面的伏波山和南面的象鼻山两个坚强据点，距离这一带阵地较远，得不到有效的火力支援；（3）漓江水浅，部分可以徒涉，水涨又易漕渡接近阵地前；（4）这一带阵地如被突破，就把桂林城分解为南北两段，向北攻击容易接近核心阵地。我们补救的办法是：（1）派出比较精锐的部队，担任守备江东地区和伏波山至中正桥头一带阵地，极力设法多给予火力支援；（2）在西部中正桥头及附近多构筑几个坚固的机枪巢及小炮掩体，使能互相侧防，打击敌人渡河；（3）在这一段漓江中构筑障碍物。因为缺少器材和人力的不足，没有达到完满的要求，种下了桂林防守战失败因素之一。我们选定预备阵地（北地区队），利用皇城南面城墙东西延线（两端连接桂林城墙）以北一带街道和石山作阵地，预定万一敌人攻破第一线阵地后借以顽强抵抗。核心阵地选择法政路东西延线衔接城墙一带以北街道，死守风洞山、老人峰、铁佛寺、孔明台和独秀峰等最后据点。以上阵地工事当敌攻城时尚未构筑完成。

北地区阵地带是从中正桥头、伏波山、虞山、观音岩向西经北门、老人峰沿城墙到丽泽门止，由一三一师（缺三九一团）担任。由丽泽门、西门、南门、文昌门经象鼻山到中正桥头（桥头属一三一师）止，由一七〇师担任。于老君岩、将军桥、雉山岩等处构筑独立据点工事，由各该地区守备队派兵占领，不让过早落于敌手。江东地区由三九一团担任，特须注意敌人毒气的攻击预作防备，重炮兵阵地选定于体育场及皇城内某些地点，限于地形射向不广缺少预备阵地，弹药也不很充足，特别是 10 厘米加农炮更不易发挥其性能。阵地前沿和敌人所必经之路，我军敷设了很多地雷。

甘丽初原任中央陆军军官学校第六分校（原驻桂林李家村，疏散后撤退到宜山怀远）主任，该校前身是南宁军校，是新桂系 1926 年创立的，新桂系的军官绝大部分出身于这个熔炉，抗战爆发后交蒋介石派员接办（如俞星槎、黄维、黄杰而到甘丽初）。甘丽初之调第十六集团军副总司令兼九十三军军长是白崇禧利用甘是容县人，和夏威是同乡关系，企图拉拢甘来充实第十六集团军的力量。白还想把第六分校抓回手里，报请蒋介石调三十一军副军长冯璜接充第六分校主任。正在大溶江战事紧张阶段，有一天晚上，我接白崇禧从重庆打来的长途电话说："我保荐你充第六分校主任，委员长（即蒋介石）已经批准，但是中间经过不少曲折，我的签呈到了侍从室后，林次长（林蔚，兼侍从室主任）对我说六分校主任的人选，委座（指蒋介石）一贯是派由黄埔军校或保定军校、陆军大学正班期毕业的学生选充，冯璜的资格不相符合，未知能否批准。经我解释才得批准，这个岗位得来不易，你马上到怀远接事，好好干啊！"我就是这样调出桂林，离开九天，桂林城的攻防战就展开了。蒋介石暂时放松了第六分校，到了1945年六七月间，陈诚就把第六分校裁撤了。

桂林攻防战及陷落一些情况。我虽没有参加战斗，后在百色晤及韦云淞、贺维珍、戈鸣（防守司令部参谋处处长）和一三一师一些突围出来的干部，谈及种种情形，现在回忆叙述如下：1944年10月29日，敌人开始攻城，一路由灵川公路前进，一路由高上田、海洋坪、灵田圩、大圩等处分进合击，最初接触是北门，接着就是江东地区、南地区，很快地就成了合围态势。敌人把掳来的耕牛及妇女，用作前驱，触发地雷，同时利用伪军为向导，手段至为恶毒。敌战车向北门进攻，被我军的战车防御炮击毁不少，阵地仍屹然无恙。江东地区战斗一直是激烈异常，最后阵地被敌攻破，全团官兵绝大部分与阵地共存亡，壮烈牺牲。但敌人也付出比我较大的伤亡。30日猫儿山守军与敌接触，穿山次日陷落，由于排长杨建临阵退缩，被阵前枪决示众。11月4日，申山、星子岩先后失守，接着屏风山、月牙山相继被敌攻陷，战线延及七星岩前，三九一团指挥所由前岩往里面的大岩移动，由于敌人施放毒气，9日夜，该团岩内官兵死亡枕藉，丧失战斗能力，团长覃泽文率残余少数官兵，乘黑夜从后岩洞口逃出。当时七星岩内有该团团部、第一营部、第一连、三〇三轻机连、山炮排、防毒排、特务排、输送连、野战第三医院一部等八九个单位的战斗和非战斗员及伤病官兵共约800人，均中毒亡故。

江东地区失守后，日军果然以中正桥头到伏波山一带阵地为重点攻击方面，由于连日天雨，方便了日军漕渡，以猛烈枪、炮火力压制了我军轻、重武器火力后，即乘机强行登陆。虽经守城部队派预备队逆袭成功，夺回失去之阵地，但终因敌众我寡，在三得三失之后，部队伤亡惨重，阵地最后又被突破了，于是退守预备阵地，当天晚间阚维雍师长前往防守司令部向韦云淞汇报一三一师战况（一说是韦云淞召集紧急会议），散会后，阚维雍和韦云淞、贺维珍、戈鸣等分手时低声说了“来生再见”一句话。当时情况紧急，大家也不大留心阚的话，以为他在开玩笑。其实，据我所知，我们和阚等奉命守城以后，不少人就抱着和桂林城共存亡的决心。例如防守司令部中将参谋长陈济桓就和群众说过：我当了一辈子的军人，仗打了不少，打来打去都是中国人打中国人，觉得没有什么意义，现在抗战关系到国家民族的生死存亡的关头，匹夫有责，上级派我协助守城，是个光荣任务，我是个跛脚佬，不能逃跑，胜利则生，失败则死，愿将我几十斤“水”（即肉体）和鬼子拼，衰仔[①]才做方先觉第二。入桂林不久，我和阚维雍侦察地形，经过某街棺材店前，阚手指里面的棺材开玩笑地问我：“副军长，你准备要哪一个？我这次守城准备牺牲性命和日军拼，已把遗嘱写好寄回家里去了，我死得早的话，你就把那一个棺材给我殓埋，假如你先我死，我就选最好的那副棺材给你。”我说：“我的遗嘱也已寄回家去了，我们就这样干吧！”

阚维雍由防守司令部返回到东镇路师指挥所，只向副师长郭少文、参谋长郭炳祺说：我们要与桂林共存亡，并安排了部队作战指挥等后事后，径拔随身携带的三号左轮手枪，对准自己太阳穴放了一枪即倒地而死。韦云淞得悉阚自杀后，惊慌失措，即带领陈济桓、戈鸣和警卫士兵

① 粤语，指不争气的人。

数名，秘密走出司令部，扒开城墙，往丽君路相思江方面逃跑，其他官兵也尾随而来，敌则从四面八方向他们射击。大家为了逃命，都争先恐后往外跑，秩序混乱达到了极点。陈济桓走到猴山坳附近，因负伤不能行走了，且不久天就亮了，他怕被俘受辱，乃拔枪自杀。韦云淞出走后，贺维珍和军部参谋长（少将级）吕旃蒙及部分官兵和政工队员，越城突围。当贺等到相思江边时，临时桥已被前头的官兵踩断了，大家便游水过去，有的游到河中被水冲走，相思江两岸的人，互相挤拥，体力弱的挤倒地上活活被踩死。由于混乱，拥挤，一个钟头走不了几里路，将近天亮才走到秧塘飞机场附近，敌人的轻、重机枪子弹四处横飞，吕旃蒙中弹倒地，贺维珍和部分官兵跑得快一点才脱离了虎口，落后的人被敌兵追上，不遭枪杀便被俘虏。敌兵押着他们挑东西回城，途中有的乘着敌兵监视不严而溜走了。有政工队员某被捉了又逃，这里逃，那里捉，三捉三逃卒免于难。

韦云淞见陈济桓自戕后，料难突出重围，在心慌意乱中，忽生一计，带着戈鸣和几名随从，秘密爬上一个石山上去，隐身草丛、岩石中，屏声息气，不敢伸头往外窥视，只闻山下附近人声嘈杂了半天才沉寂下来，料想日军已经回城，但仍不放心，一直等到第二天的黎明，观察确无日军后才下山往西逃走，经过百寿、罗城辗转到百色。贺维珍比韦先到几天。

桂林防守战从10月29日开始11月11日弃守，前后仅14天，陷落的迅速，出乎很多人意料之外，白崇禧在重庆非常尴尬，备受各方面的攻击，特别是受到陈诚的揶揄后，称病休养了一个时期。这一仗，守军牺牲固大，敌人的死伤亦不少，如果以整个第十六集团军来担任防守，不但陷落不致如此之快，而且很可能把敌人拖住在这地区逐渐消耗它的有生力量以扭转战局，国家的损失亦不致这样巨大。

夏威率其余各师在黄冕附近被敌人追击，十分狼狈。部队溃退到柳城、三岔、石别、金城江等处，遭受敌军尾追猛打，望风而逃。夏威由东瓜（金城江北）到河池这一段路恐被敌军追击火力伤害，即搭乘战车逃命，以保安全。一七五师团长罗培不听指挥，自由行动及警戒疏忽，在河池县五圩，被敌人袭击，致使集团军副总司令周祖晃被敌射伤手臂几被俘虏。该集团军退往东兰、万岗方面，因日军沿黔桂线北追，否则损失还要更大。我率第六分校某晚宿营万岗，周祖晃来到，经医疗才减少一些痛苦，回到百色，因缺少医疗和营养费用，还要部属和旧朋友支援。第十六集团军平日搞集体吃空名，存有不少的钱（从没清算公布过，究有多少，恐怕只有夏威个人知道），说是做公积金办官佐眷属工读学校，但对作战和因伤病死亡的中级以上干部，从没得过抚恤接济（下级干部及士兵更不必说），周祖晃对此非常不满。我把第六分校员生带到百色，由于一时领不到经费，眼见就有在陈之忧，想和夏威借些款作伙食开支，结果分文不给，转向张发奎借贷，张叫我请酒酬劳长官部将官人员才获批准。结果借得银毫 200 元，开支了 50 元酒席费，尚余 150 元，这太不成话了。

百色当时是广西临时省府机关的所在地。除杨森集团沿黔桂线退入贵州外，罗奇军一个师及甘丽初九十三军和第十六集团军残部，都在河田路上向河池方面警戒或袭击敌人，但仅应付而已。张发奎为了检讨桂林、柳州、桂平方面作战的得失经验，召集师长（独立团长）以上及幕僚长和地方行政有关干部（包括广西省府各厅长、各区行政督察专员）在百色开了 10 多天的会，我亦被邀参加。在会议上，贺维珍的战斗报告对夏威、韦云淞有所不利，夏、韦极表不满。我在夏的住所闻夏对韦说："丢那妈！我们团体栽培了贺维珍，今天反挨贺维珍踢了一脚，真唔抵（不值得）咯！"

张发奎在会上，批评第十六集团军体无完肤，除把在桂平附近作战不力之一三五师师长颜僧武、独立旅旅长唐纪扣押送重庆讯办外，还把团长曹震枪毙了，韦云淞被撤职，第十六集团军及三十一军的番号被撤销，该军剩余士兵拨给第四十六军，保留一三一师番号，改属第三十五集团军，不要新桂系的干部，这样蒋介石借日本人力量消灭新桂系实力的目的总算是达到了一部分。张发奎和白崇禧的矛盾也是十分尖锐的，桂南会战失利后，白崇禧和陈诚被处分，由一级上将降为二级上将，桂林行营也撤销了，在广西成立第四战区，委张发奎为司令长官，张就以冷嘲热讽的口吻对人说："我以为小诸葛（指白崇禧）真了不起，今日也要老张来收拾残局了。"在百色，张又对人说："白崇禧夸大口说：可以守桂林三个月，孰知不够半个月就放弃了，我看你有什么面子见人？"话里充分流露对白崇禧插手指挥桂林作战的不满，总而言之，这次作战，上自蒋介石，下至各将领，都是互相倾轧排挤，争权夺利，所谓"精诚团结"，共赴国难，不过是空话骗人而已。

杨赞模

根据当时敌我情况，我决定采用游击运动战术对付当面之敌，并以夜间破坏日军交通通信为主。

● 1903 年生，原名杨赞谟，别号佐禹，广西百色人。

● 1937 年全面抗日战争爆发后，任第四十八军参谋长，参加淞沪会战。后率第四十八军第一三五师、一七六师开赴安徽，驻防潜山县、立煌（今金寨县）、大别山区一带，数年间抗击日军侵略，屡有战功。

● 1938 年，任第七军少将参谋长，率部参加武汉会战。

● 1939 年，任第四十六军一七五师师长，未就任。

● 1940 年，任第四十八军参谋长。

● 1945 年，兼任第三十一军一三三师师长。

● 1990 年，逝世于广西南宁。

四顾坪山及双河口战斗

杨赞模

1938 年 9 月下旬，第七军正在商城整编，接第二十一集团军总司令命令：日军占我南京后，从长江南北两岸分兵向武汉进犯，第七军即开长江北岸，利用有利地形对进犯之敌予以阻击；长江北岸田家镇要塞，由第二军（军长李延年）防守，注意切取联络。第七军整编后，第一七〇师因奉命开广西重新编组，当时军部只辖第一七一、第一七二两个师，取消旅一级，设步兵指挥官，每师三个步兵团。奉命后，军长张淦、副军长王赞斌、副参谋长王卫苍和我到郝家坪设指挥所，第一七一师师长漆道澂、副师长曹茂琮、步兵指挥官丘清英、参谋长方钦，团长谭何易、吴绍礼、周文富；第一七二师师长程树芬、副师长朱乃瑞、步兵指挥官颜僧武、参谋长刘文潮，团长陈树森、廖瀚国、李瑞全，率部从商城开赴长江北岸。军部召集师长、副师长、步兵指挥官、团长开会，实地侦察地形，得知日军荻洲师团已从安庆西进。友军情况是：第二十六军第四十一师丁治磐所部在潜山附近，第三十一军韦云淞所部在太湖附近，第四十八军军长张义纯所部在浠水附近，第二军李延年部守备田家镇要塞。

第七军当时的部署是：第一七一师在黄梅附近，第一七二师在广济附近，以陈树森团守备四顾坪山这一要点，以李瑞金团为军预备队，两师务须协力阻击敌军，确保四顾坪山。军部指定专（电）台与李延年军取得联络，两方规定每天上午4时、晚8时相互呼应，情况紧急时，随呼随答，互通敌情。9月下旬末，敌荻洲师团进抵四顾坪山之东，与我守备部队接触。由于四顾坪山是公路上要地，第七军部队到达时间匆促，只能以步兵身上背的小圆锹和十字镐构筑一些野战工事。白天敌机投弹，低空扫射。只能利用黑夜加以修补。约三天时间，陈树森团损伤甚多。某夜，以李瑞金团去接防，由于伤亡过多，运送伤员力量不足，幸得地方群众大力支援，将负伤兵员全部后运。程树芬师长亲临前线督战，漆道徽师长协助侧击敌人，四顾坪山得以固守一周左右。有一天晚8时，军电台发出呼号，未见田家镇友军呼应。第二日黎明，长江南岸重炮爆炸声、敌机投弹声，隔江可闻，长江北岸战斗反而沉寂，四顾坪山也未见敌机飞来。第七军将情况上报集团军总部，请指示行动。得到的指示是："敌占田家镇要塞，李延年友军向南、向西转进，正阻敌向武汉前进，第七军应向麻城双河口转移集结待命。"

1938年10月上旬，第七军在四顾坪山的阻击战结束后，接着遵照第二十一集团军总部命令，开赴麻城双河口集结待命。由于徐州撤退后，未经过大休息，小休息也不多，致使部队非常疲劳。这时，总部又来命令："日军有从北向南直扑武汉企图。第七军守备双河口，阻滞敌人前进，并与左翼第三十九军刘和鼎部切取联络，第七军部到双河口之南约十里的小村设指挥所。"当时敌南下的情况未明，友军刘和鼎部队在哪里也不知道。双河口是大路上的一个小镇，一营兵力守备已足够，多了反而暴露目标，易遭敌机轰炸，因而在双河口附近山地有一团兵力已足够。第七军决定以第一七一师副师长曹茂琮率一个团（团长周文富）守备。第一七一师师长漆道徽注意机动指挥作战，负完全责任，军指挥所及第一七二师部队置于双河口南端，策应作战。

当时，军长张淦对漆道澂师长说："我们的本钱就是两个师了，四顾坪山作战，已经使用了第一七二师，现在只能使用第一七一师了。上次徐州会战，宿县的失守，杨俊昌师长受到处分。现在第一七一师责任落到你身上，上面既然要'固守'，虽仅一个小镇，当然不是上次一个宿县大城可比，我们也一定要守得住。"军部还决定派参谋处处长潘觉民带轻无线电机到北翼友军刘和鼎部联络。时隔三天左右，敌陆军以空军助战，猛攻双河口北端高地，激战时两师各团都从外围分途协力。敌番号还查不出，兵力约一个师团之众。左翼友军方面，炮声逐渐增多。一天正午，潘觉民来电报："友军转移，敌人突进，向南直下，希注意侧背安全。"潘觉民经林店找一农民带路回到双河口南端的军指挥所。据面报，敌攻友军正面，激战约三小时之久，中央被突破，友军向西转移，敌人以少数部队尾追，以骑兵为主，但追得不猛。向南的敌军是主力。军部将此情况上报集团军总部，总部指令，第七军移驻罗田滕家堡待命。

抗战期间我在鄂东的一段经历

杨赞模

国民党第七军经过多次战斗后，于1938年冬末在商城整编，编成两个师四个团，张淦任军长，王赞斌任副军长兼参谋长。整编之后奉命在湖北鄂东地区继续战斗。当时的兵力部署是：军部驻滕家堡，所辖第一七一师（师长漆道徵）驻木子店，第一七二师（师长程树芬）驻罗田县北端山地村庄。当时兵员损伤还未补充，人地生疏，应该怎样办？想到中国共产党洞察民族沦亡的危险，高举抗日民族统一战线的旗帜，我们应该团结民众，共同抗日。我将此建议经军长张淦转报第二十一集团军总司令廖磊，他表示同意。当时，我们已知道鄂东有中国共产党领导的游击第五大队，遂派军部参谋处第二处长黄增焯进行查访，喜得滕家堡农民程某的大力协助，自愿亲自向导，同到各地寻访，费时约一个星期。经多番周折，结果黄增焯在阎家河附近见到了游击第五大队长张体学。我军表示团结抗日的诚意，得到游击第五大队的协助，在阎家河附近设一个联络总站，以黄增焯负责联络工作。1939年春季三个月时间，部队得到休整。第七军一七一师与游击第五大队的配合战斗，很能密切行动。游击第五大队组成的情报网早有基础，提供的许多情报，对完成任务很有帮助，有一次还俘虏了日本陆军大尉植田进及两个士兵，在那时还是不容易的。

1939 年 3 月，第二十一集团军奉命留在大别山，为了补给急需到重庆设立第二十一集团军办事处，笔者奉命调充办事处长。离大别山前，总司令廖磊当面指示："要押送日本俘虏 20 名到第五战区司令长官部，千万不能缺少一人。"笔者亲自召见了日俘大尉植田进，询以被俘后的感想如何。植田进说："我结婚后才三个月，就随荻洲师团到中国来，从杭州湾登陆，打了一年多的仗，执行了日本的'三光'政策，是对中国人民的残忍罪行。这次在武汉外围被中国人民俘虏，是罪有应得的。一想到自己的妻子，现在怎样呢？我能不能再和她聚会呢？有机会我可以在中国人民面前哭诉日本军国主义的罪恶。"1939 年 3 月底，我率办事处人员（主要是总部经理处会计课课长郑泽、副官高克明）离开总部，启程前往重庆。第一大站是汝南县，我征得汝南县县长的同意，召开了一个"日本俘虏陆军大尉植田进哭诉日军罪行"的群众大会。日俘 20 人全部到会，笔者和汝南县县长也都到场，植田进用日语口述，翻译再用汉语向群众播送，收效很不错。到了泌阳、南阳，又召开了两次群众大会，尤其是在南阳县西郊那一次，是在下午 5 时召开的，参加的群众非常踊跃。到了老河口，我将日俘 20 人全部点交第五战区司令长官部，然后乘车到宜昌找兵站分监林绍裘转乘轮船到重庆，是时是 1939 年 5 月 10 日（5 月 9 日，日本飞机对重庆大轰炸，所以记得很清楚）。我到重庆上清寺见了第五战区司令长官部办事处处长阚宗骄，请他设法代找办事处的处址。他说："你来得真不凑巧，昨天日机大轰炸，现在焰火还未灭，去哪里找啊！"我通过私人关系，由陆大同学吴树汉介绍找到复旦大学的吴校长（广东人），他说："复旦大学已迁到沙坪坝，原校址在两路口下面菜园坝22号，教室宿舍很多，是否合你用，你亲自去看吧。"我说："每月房租多少呀？"他说："那问题不大，只要合你用。"我当时就决定设在那里，每月送 300 元。我住不完，将一半转给第二集团军办事处张处长，因为当时第二集团军与本军同在一个战区。大约10天，良友画报社派人到办事处采访情况。我将大别山的情况作了详细介绍，主要告诉他们，大别山地区很宽，军队不多，只要军民团结，对敌作战是可以逐步扩大的。目前，最重要的问题是军费，当地无法筹措，先解决这个问题，再求其他军品补充。办事处是首创，人员不能太多，廖总司令要我来负责，利用我陆军大学同学的私人关系，便于进行工作，我只能以“军人以服从为天职”努力去完成这一工作。同时，还介绍了我押送日本俘虏到长官部的沿途情况。1939年7月，良友画报社送来当月刚出版的画报2册，刊登了日本陆军大尉植田进的半身照片一张，并作了被俘情况介绍。我当即将画报寄往立煌第二十一集团军总司令廖磊收阅。1940年2月，办事处人员由总部会计课课长郑泽率领到第五战区司令长官部报到，笔者又调回安徽大别山的国民党第四十八军充参谋长。

黔桂线上的游击阻击战

杨赞模

1944 年 11 月中旬，日军攻略桂林、柳州之后，扬言向黔境独山推进。在这样的局势下，第四战区司令长官张发奎，已转移到百色，设司令长官战斗指挥部于百色中学。桂系第十六集团军总司令夏威，参加指挥桂柳会战后，转移到东兰设指挥所。部队在桂柳会战中被打垮了两个师（第一三一师和第一七〇师），到达东兰的仅有残缺的第一七五师、第一八八师、第一三五师等。

当时，军委会令第四战区司令长官部在黔桂线上阻击日军西进。桂系第四十六军军长黎行恕负责这一作战任务。该军受领任务后，到东兰县磐石岭南麓一小村庄设指挥所，将所属第一三五师（师长杨赞模）、第一七五师（师长甘成城）、第一八八师（师长海竞强）并列前线。[①] 笔者当时刚从安徽回来担任第一三五师师长，全师部队摆在军的右翼。我在师的右翼石岭上设师指挥所后，即到前线视察，确定各团防守位置：第四〇五团置于左地区，团长陈元瑞；第四〇四团摆在中央地区，团长潘安澜；第四〇三团位于右地区，团长刘定寰。再右就属于第一七五师

① 据刘国铭主编《中华民国国民政府军政职官人物志》和陈正《桂林守备战与光复战纪实》，第一三五师、第一八八师此时属第三十一军所辖（军长贺维珍）。

防地了。军部指示：大山塘方面属汤恩伯集团负责，已知汤恩伯到达黔境独山，前线是什么部队，让我师与他们联络。我接令后，当即派师参谋长谢守恭和团长陈元瑞亲赴大山塘找汤恩伯的部队，同时派当地籍的连长到河池侦察敌情。谢守恭在大山塘方面与汤恩伯集团的第一六九师（师长曹玉珩）取得联系后回到军部；至于敌情，已侦知宜山方面有日军的一个师团，金城江方面有一个旅团，河池县有一个联队，河池到大山塘段，日军常用装甲车载步兵进行侦察、巡逻。

根据当时敌我情况，我决定采用游击运动战术对付当面之敌，并以夜间破坏日军交通通信为主。于是，我便一面选派一些本地籍的连长、排长，利用乡土感情，发动群众协助破坏敌交通；一面令部队化整为零，以排为战斗单位，利用夜暗偷袭敌据点，并要求在天亮前返回原防。经过约一个星期的游击活动，不仅使敌人摸不着我军虚实，捕捉不到我军主力进行决战，而且有效地牵制了敌人，使其向大山塘方面的活动日渐减少。随后，我建议军部让三个师同时开展游击活动，不断袭扰敌人。陈元瑞团长也将我师的活动方式通报了友邻曹玉珩师所部。

自 1944 年 12 月起到 1945 年 3 月止，各部队经过四个月的游击运动战，收到了显著效果，对粉碎日军想及早打到贵州独山去的企图起了一定的作用。1945 年 3 月底，日军先撤退到宜山，再撤退到柳州。4 月初，第四十六军军长黎行恕因为在 1944 年桂柳会战中的失职，受到撤职处分，由第十六集团军参谋长韩练成接替军长职务。所部则奉命开往宾阳，黔桂线上的游击阻击战遂告结束。

阚维雍

千万头颅共一心，
岂肯苟全惜此身。
人死留名豹留皮，
断头不做降将军。

● 1900年生，原名庆福，号伯涵，祖籍安徽合肥，生于广西柳州。

● 早年毕业于广西讲武堂，曾任李宗仁机要秘书。

● 1939年，被选调到国民党陆军大学将官班乙级第一期，旋任第十九师副师长，第三十一军少将参谋长。

● 1942年，任第一三一师少将师长。

● 1944年，率部参加豫湘桂战役，死守桂林，多次击退日军进攻。11月9日，桂林城破，自杀殉职。

● 1945年4月，被国民政府追赠中将军衔。

阚维雍师长遗书

阚维雍

一

咏裳贤妻收览：

在柳别后未通信，甚为挂念。我在桂一切情形，均详述于致均任兄函中，想已阅悉。此次保卫桂林，大会战不日即可开幕，此战关系重大，我得率师参加，正感幸运！不成功便成仁，总要与日寇大厮杀一场也。汝带一群儿女，避居融县，战端一开，通信已成问题，接济更不容易，已另函托均任兄就近关照。家无积余，用度极力节省，如何寒苦，亦当忍受，抗战胜利在望，生活总有办法解决也。大爷爷住运江，或已迁入木乐，嘱松儿写信到象县邮局查交胡仲目先生转或可收到。我在此生活如常，毋须远念。此后作战期间，如有可能，仍可照常通信，余不及，即问近好！

夫伯涵手启

十月四日晚于桂林

咏裳妻：

现由邮局寄回国币四万元，收到汇票时（汇票另外用一个信封寄去），即到融县邮局兑取可也。诸儿女流散到融县若无相当学校可进（处此乱世尽可暂时不进学校），嘱他们在家好好自修功课，切毋疏懒，至要至嘱。

伯涵又及

二

五叔[①]大人钧鉴：

九月十五日由邮递呈一禀，想已收到。日前严局长海峰兄来桂开会，带交手谕已奉悉。老马园公馆经派兵常川驻守，直至目前丝毫无损，不过附近一带房屋，均无部队驻扎（驻后已搬走），损失情形不堪闻问矣。主席与孙公馆均指定官兵驻守，亦无损失，李鹤公之公馆因妨碍炮兵射击，已爆炸无余矣。敌寇日益接近，湘桂正面已过兴安，东北方面，已过灌阳，东面到达龙虎关，桂东南方面已过容县、北流、岑溪，到平南丹竹，预计保卫桂林大会战，将在双十节前后可以揭开序幕。桂林天险，加以工事完成，真所谓金城汤池，不独不怕敌人来攻，正恐其不来攻，诚如本师某士兵对答夏总座之询问称："当然可以守三个月"，"若敌人不来，则费如许心机构筑这样强固工事，真系阴功了"。官兵战斗意志旺盛，此战确有把握，惟战争日久，兵员亟待补充，此点当局已有准备，其他不成多大问题也。侄在此生活如常，惟家中老小分散各地（培松等住融县拱城街四十六号），将来接济颇成问题耳。余续禀。敬叩

慈安！

侄维雍谨禀

十月四日晚

① 即阚宗骅。

三

均任吾兄[①]大鉴：

在桂一别，想已安抵融县矣。此间十四号强迫疏散完毕，城内已无居民。惟当晚尚有汉奸潜伏纵火，中南路及东洲沿河一带，数里片瓦无存。十五早，汉奸又在北门放火，将北极路驿前街烧光至东镇门口，当时火势太猛，火乘风势，由铁峰山越城墙烧入自来水厂，幸兵多将火扑灭，然由北门城口之一路火头，又烧入城内，将北门口两旁房屋一扫而光，西面一排房屋烧至广西银行宿舍止（即东镇路口）；东面一排房屋烧至黎太和王老板吕老板处为止。兄之住宅已成灰烬，仅存挑来舍下之行李一担而已，但事有凑巧，烧至黎太和王老板吕老板及蒙家时（即舍下背后之屋），三面大火包围，火势之猛，数十步外不能近，弟在华中铁工厂内，正待亲眼看烧自己房屋时，谁知风头忽转（原吹西北风忽转东南风），火苗反吹往蒙家及王老板家，俟烧光火息，而一场火灾千余家，只舍下一家屹然幸存，丝毫无损，看火者莫不惊叹奇怪。当日拿获纵火汉奸数名，均直认不讳，已当场枪决。近二三天连日均有大火，终日不绝，桂林经此次浩劫，非十年不能恢复旧观也。前方情况日益迫近，惟我严阵以待，不数日将有一场恶战。此次会战，我已有充分把握，定可以演出一出压台好戏也。请转告舍下无念。匆匆草此，望常来信。即候

旅安

弟伯涵手上

九月十八晚

① 即谭权，阚维雍的亲戚，在一三一师任副官。

阚维雍

四

均任吾兄大鉴：

九月中寄上一函，久未见复，不知已收到否？念念！桂林自九月十三、十四两日强迫疏散后，城内及附廓，已成军人世界，百姓绝迹，如此彻底疏散后，敌人之便衣队及敌谍汉奸，已无法接近及藏匿矣。市内外之工事全部完成，加以地势天险，已成金城汤池，不独不怕敌人来攻，简直怕敌人不来攻也。各处新旧建筑，除被汉奸放火焚烧外，其有妨碍军事行动者，概行拆毁，为着军事第一，此种损失，当不顾及也。弟在此一切生活仍可照常，并不感觉缺乏，所虑者，家小迁到融县，费用浩繁，以后接济困难，后方行李船现时尚搁浅在鸡辣，以后能否开到融县，尚成问题，如因水浅及时局关系，致留守处不能在融开设，则今后家小接济便成大问题，惟有盼望吾兄就近关切照顾而已。敌人日益逼近（湘桂正面已过兴安将到大溶江，东北已过灌阳，东南已到龙虎关，梧州方面已过陆川、北流、容县、岑溪而到平南丹竹），大约双十节前后桂林保卫战当可开演矣（此系预计，当然不能一定，敌因审慎或候各路合围，则时日或稍延缓，总之，此场战幕，迟早终须揭开也）。此间白日从无警报，因盟机白日经过桂市上空，多次前往敌方轰炸，只夜间常发警报，但市空亦从无敌机踪迹，闻柳州被敌机炸数次，河南损失不小云。余后谈。

即候

俪安。亟盼赐复，并叩

岳父母大人慈安

弟伯涵手上

十月四日

阚维雍与桂林防守战

冯　璜

阚维雍号伯涵（原名庆福，在讲武堂改名维雍），柳州人，出生于清光绪二十六年（1900年）。维雍年弱冠毕业中学，赴广州考上医科学校，旋奉父命辍学回柳。1919年考进陆荣廷创办的广西陆军讲武堂学工兵科，毕业后，一直在桂系军队中服务。1944年桂林防守战时，是三十一军一三一师师长。

1944年8月8日，日军攻占衡阳，广西为之震动。蒋介石要十六集团军防守桂林，派副总参谋长白崇禧来广西指导会战。当时防守黄沙河、全州的是蒋介石嫡系九十三军，军长陈牧农蔑视第四战区命令9月10日以前不得令敌超过全州之规定，日军9月初刚抵全州附近，仓皇失措撤退部队，并焚毁了很多武器弹药，战区司令长官张发奎报准蒋介石将陈逮捕押解桂林枪决。蒋调中央陆军军官学校第六分校主任甘丽初为十六集团军副总司令兼九十三军军长，在桂林北方约90里之大溶江构筑阵地抗拒敌人。十六集团军中将参谋长韩练成亲赴前线，协助甘丽初指挥作战，利用无线电话和盟军飞机联系，指示炮兵射击目标，命中精确，发挥了步炮飞机协同战斗之良好战果。击毙日军大队长一人，士兵死伤不少。九十三军寡不敌众，支撑数天，退到桂林外围继续战斗。

蒋介石派十六集团军防守桂林有两种企图：一、估计山城险要，易守难攻，有取得胜利的希望；二、蒋桂矛盾由来已深，拟趁这个机会削弱桂系实力，指定要三十一军、四十六军守城。蒋对杂牌军一贯采取老兵老枪之坏主意，不肯以美械装备桂军，据说经过美军顾问团的提议，两军才得到新装备。

衡阳失守后，原来担任桂西南防务之三十一军（军长贺维珍，副军长冯璜）奉调桂林，一三一师（师长阚维雍）、一八八师（师长海竞强，白的外甥）分别由南宁、龙州北开，9 月中旬到达。后调一三五师（师长颜僧武在玉林）。以后在桂平、平南间加入战斗。白崇禧向蒋建议派一个军守城，初派四十六军，后又改派三十一军而把一八八师抽出换以四十六军一七〇师（师长许高阳），第一七〇师是后调师、新兵师，训练未久没有作战经验之部队。

白崇禧曾召集守城部队校级以上军官训话："衡阳防守战，大本营兵力部署错误，没有力打外围战之部队，死守孤城挨打，这次防守桂林，不能再蹈衡阳的过失，应该依城而战采取攻势防御。桂林三面环山，东面是河，构筑有永久性设堡阵地，附近岩洞很多，敌人优势是飞机大炮坦克，在桂林不能大量发挥；我们有盟军飞机（机场在柳州）支援，制空权是我们的，后勤部储备有足够半年用的粮食弹药和药品；最重要的是我们有几个军在外围打击敌人，胜利将属我们。你们要鼓舞士气，不怕牺牲，打一个漂亮的仗，为国争光。"

白崇禧认为十六集团军副总司令韦云淞在 1930 年第二次滇桂战争时有坚守南宁城的经验，派为桂林防守司令，以跛脚的中将参军陈济桓为参谋长。韦知今昔情况不同，内外战争有别，特别是桂林守城部队过少，不愿担任防守司令，他对夏威说："桂林城广（包括江东地区）兵单，派三十一军贺军长做防守司令就够了。"贺维珍忙解释说："守城部队主力虽是三十一军，但一八八师已抽出去，一七〇师属四十六军，此外还有中央直属之重炮兵营、工兵营、通信兵营、野战医院等等，防守司令还是由副总司令兼任为宜。”夏威看见两人彼此推辞不休，乃作肯定的答复说：“城防司令责任重大，是副总长决定要世栋（指韦云淞）担任的，希望勉为其难，不必推辞。”韦乃无语。10月13日白崇禧在桂林榕湖路官邸约见夏威、韦云淞，白问韦曰：“照你来看，桂林城能守几个月？”韦云淞答：“副总长如给我五万兵，也只能守一个月。照1905年日俄战争作例子，日军每百人每天要死伤三个，我守桂林30天，要死伤45000人，尚余5000人作为突围之用。若以第一或第二次世界大战作比例，每百人每日人的死伤，当远不止这个数字。我们守城战到十分危急确实无法支持下去时，请副总长准我们突围出去。”白崇禧答应照办，并问从何处突围？韦答……夏威插话说：到那时候，我准备派一师人到大圩接应。”这就是白、夏、韦三人对桂林防守的秘密谈话。对于桂林防守战经过已有很多篇资料报道，现在简单描述于下。

1944年10月30日敌人从湘桂路正面向守军外围部队进攻，11月1日开始攻击桂林北门和江东地区前沿阵地，10日桂林沦陷，战况非常激烈。据统计守城的战斗和非战斗员共约15000人，以劣势兵对优势敌人作战，死伤官兵约占三分之一，被俘三分之一，突围三分之一，军参谋长吕旃蒙、团长陈村阵亡，陈济桓中将、阚维雍少将饮弹自杀，这次战役是日寇侵略广西除昆仑关战役外最大的惨酷战斗。敌人死伤当然不少。

全国文史资料选辑第四十辑刊载巢威、黄梦年写《桂林焦土抗战亲历记》发表后，读者颇有意见。笔者是在日军攻城前一周调接陆军军官学校第六分校主任离开桂林的，对防守战整个情况虽不甚清楚，由于事后接触突围干部和列席了张发奎召开之桂柳会战检讨会，对战况略有所知，曾于1963年冬写了《我所耳闻目击的桂林防守战》寄给全国文史资料委员会作为补充订正。阚维雍胞叔阚宗骅（原广东省政府参事室参事，已病故）对巢威、黄梦年写《桂林焦土抗战亲历记》对一三一师、师长阚维雍之死的情节报道失实，非常愤慨，1964 年 4 月 15 日写信给笔者有如下的一段：

> 韦云淞一九四六年写《漓江烽火集》内说：十一月（指一九四四年）一至八日昼夜下雨，致使地雷失效，盟军飞机不能来；漓江河水陡涨五尺，沙洲固定铁丝网两重为水淹毁，故敌人强渡得以成功；敌机十余架（机场在零陵）每日来桂林轰炸扫射两三次。

这说明敌军优势得以发挥，用猛虎搏兔的力量进攻一三一师阵地受到挫折，江东岸阵地逐山攻略，不顾国际公法以窒息性毒气放射入七星岩，毒死该师三九三团官兵 800 余人。乘着优势兵力，有利天时，利用猛烈炮火掩护强渡漓江，突破该师三九一团（团长陈村）由中正桥（今解放桥）北至伏波山一段阵地而扩张战果，虽经守军一再反攻，仍被渗透入城。巢文说“一三一师战斗力量最差”，完全违背事实。铁的事实证明是敌众我寡，外围部队没有起到牵制打击攻城日军的作用，所以很快就失守，这是原因之一。郭少文是一三一师副师长，在《漓江烽火集》内写道：

> 十一月八日晚，敌炮用密集射击掩护渡河，突破我师阵地而入城，余奉令充扫荡队长与敌巷战，九日晚敌迫近师指挥所，阚师长知大势已去，即自杀殉国。部属念旧日恩情莫不下泪，余为草草收殓，即率特务连应战至最后一分钟。

1946 年 3 月 29 日阚宗骅写给笔者的信中说：

> 郭少文从桂林突围到百色，把伯涵（维雍）常用的猎枪

> 交给我（宗骅，当时任广西建设厅厅长）时讲过下面几句话：“十一月九日晚，韦云淞召集会议宣布突围，阚师长反对突围，表示坚决与桂林城共存亡的壮志，但不能改变韦的决定，他就实践不成功便成仁的决心。”从伯涵的遗书，可以知道他之为人如何，也可以推知桂林城防守战的真实情况……十分盼望你给伯涵弄清楚是非。

“文化大革命”期间，文史资料工作停顿，粉碎“四人帮”后，维雍子女写信和来南宁要求笔者帮助弄清是非，我义不容辞，为此执笔。笔者与维雍同学共事多年，深知他是一个铁血男儿，热爱祖国，极重民族气节，他奉命防守桂林，确抱着不成功便成仁的决心。回忆 1944 年 10 月某日，笔者和他视察城防工事经过某街，见棺材店里摆着不少棺材，他问：“副军长，你准备要哪一副？我们打内仗二十多年，没甚意义，今日抗战防守桂林，死也光荣，决不作方先觉第二，我如先死，你就把这副棺材埋葬我于山水甲天下之桂林城吧！”

阚维雍于部队开到桂林从事备战百忙中，10 月 4 日分别写信给妻子罗咏裳、叔父阚宗骅报告备战情况，表示城存与存城亡与亡的决心。人们或许会问：郭少文说阚维雍反对韦云淞突围的话，何以不见收入《漓江烽火集》呢？我说，1946 年韦云淞写《漓江烽火集》时，怎肯把自己的失误公之于众呢！

巢 威

该敌在陆屋遭我巢团堵击，伤亡惨重，敌酋渡边联队长，亦被我击毙。

- 1905 年生，广西桂林人。
- 1937 年，全面抗战爆发后任第四十六军一七五师一〇四五团团长。后改任五二四团团长。
- 1939 年，率部参加桂南会战，在与日军于邕钦公路沿线交战时击毙日军渡边大佐。
- 1940 年 1 月，率部参加昆仑关战役，坚守泗合坳（泗峡坳），阻击支援昆仑关作战之敌。
- 1944 年，任一七〇师少将副师长，参加桂林城防守战，战斗中重伤被俘，后逃脱。
- 1945 年 4 月，任新编第十九师副师长。8 月，随第四十六军进驻海南，兼任海口市警备司令部司令，筹办对日接收事宜。
- 1980 年，逝世于广西。

抗战在桂南

巢　威

守备区之成立及对敌作战之准备

守备区成立及兵力部署

钦廉守备区是 1937 年 11 月下旬成立的，守备部队是第一七五师，以师长莫树杰兼任司令，副师长黄固兼任副司令。第一七五师辖四个步兵团，团的番号是第一〇四三、一〇四五、一〇四九、一〇五〇团。该师是新成立之部队，完全未受过军事训练，开到钦廉后，一方面执行守备任务，另一方面积极实施训练。

第一七五师守备之范围，为合浦、灵山、钦县、防城四县。海岸线东起合浦闸利海湾，西至防城东兴镇，全长200余公里。守备兵力之部署：司令部设在廉州城内；第一〇四九团负责北海及沿海，守备闸利、南康、福城、北海、党屋、西场、乌家之线；第一〇四三团负责钦、防沿海，守备犀牛脚、犁头嘴、龙门、企沙、白龙尾、东兴之线；守备区主力部队，控制于武利、灵山附近。

守备区国防工事的计划及构筑

守备区作战防御计划，侧重在廉横公路（由北海经廉州至横县）和邕钦公路（由南宁至钦州）。这两条公路，都由海边直达广西境内，故守备区防御重点，侧重廉州、钦县。廉州方面防御工事计划：闸利、南康、福城、党屋、西场、乌家为警戒线，各构筑警戒阵地工事；以北海为抵抗线，构筑一个加强营的防御工事：以廉州为收容线，构筑一个团的防御工事；以灵山新圩、桥子窝、绿云山之线为主阵地，构筑一个师的纵深配备防御工事。钦防方面防御工事计划：以犀牛脚、犁头嘴、金鸡塘、龙门、企沙、白龙尾、东兴为警戒线，各构筑警戒阵地下事；以钦县、防城为抵抗线，各构筑一个团的防御工事；以小董附近之水溶塘为主阵地带，构筑一个师的纵深配备防御工事。为了策划守备区国防工事之设计建筑指导，成立了守备区国防工事委员会及小董分会，以莫树杰司令兼任守备区国防工事委员会主任委员，以巢威团长兼任小董分会主任委员，以所在地行政督察专员、县长及广西绥靖公署派来工兵专门人员等为委员。各线工事由守备部队配合地方团队和征调民工构筑之。各线都是构筑野战防御工事，主阵地带则配合25%钢筋混凝土作半永久工事（如轻重机枪掩体、观察所、掩蔽部等）；沿海警戒线上，设置伪装，人、马、车辆、高射炮、重炮等，以作疑兵之用。国防工事费，由广东七战区拨发国币25万元，各线工事于1937年12月下旬开始构筑，1938年7月逐步完成。

守备区地方抗战力量之形成

钦廉守备区各线，为了增强地方抗日之力量，成立抗日自卫团，以各乡镇青年壮丁编成。乡镇成立大队，街保成立中队，乡镇长兼任大队长，街保长兼任中队长。武器弹药由各乡镇自行筹划。每周施以军事训练16小时。其任务是协助守备队警戒海防线，并维护守备区通信交通网和地方治安。又为了唤起民众抗日之情绪，各县青年知识分子，纷纷起来组织抗日救亡团体，如宣传队、话剧队、救护队、慰问队等，分到各乡村做救亡工作。

守备区破路计划及实施

为了防止敌之机械化部队活动，对交通道路及桥梁实施破坏。守备区内凡接近海岸线 150 公里纵深以内，横直公路、大道和桥梁，全部实施破坏，以车、马不能行驶且修复困难为原则。该项破坏工作，由守备区司令拟定计划，交各县府实施，由守备区司令部和行政专员公署，共同派员督导和检查。破坏工程，由各县征调民工实施；重大之工程，由守备区工兵部队负责。全区破坏工程由 1939 年春季开始，征调了 18 万民工，经半年的时间，将守备区范围的公路、大道、桥梁全部破坏无遗，仅剩小道供人民交通之用。1939 年 1 月起，守备区汽车运输断绝，内运之物资，则由人力、畜力驮载，极感不便。

新编第十九师和第四十六军之成立及守备区重新划分

新编第十九师和第四十六军成立的经过

1938 年秋，新编第十九师在钦县成立，由第一七五师拨步兵两团为基干部队，另由广西团管区编成两个步兵团补足之。师辖三个步兵团和一个野补团，步兵团番号为第五十五、五十六、五十七团，师长则由第一七五师副师长黄固升任。第一七五师拨出两个步兵团给新编第十九师后，则由广西团管区编成一个步兵团、一个野战补充团补足之。同时，第一七五师团之番号也改为第五二三、五二四、五二五三个步兵团和一个野补团。

新编第十九师成立后，第四十六军相继在南宁成立。军辖三个师，即第一七〇师、第一七五师和新编第十九师。军长由广西绥靖公署参谋长夏威兼任，副军长何宣（后于 1939 年夏季，成立第十六集团军，夏威调任第十六集团军总司令，第四十六军军长职则由何宣升任）。

守备区重新区分后兵力部署

钦廉守备区划为“廉灵”“钦防”两个守备区，兵力部署如下：以第一七五师为廉灵守备队，守备区域为合浦、灵山两县；以新编第十九师为钦防守备队，守备区域为钦县、防城两县；以第一七〇师为机动部队，在横县附近整训；军司令部位置于南宁。各师奉到命令后，分别调整驻地，交接防务。第一七五师廉灵守备区之兵力部署，以第五二四团为廉灵守备区沿海守备队，负责闸利、南康、福成、北海、党屋、西场沿海之守备，以一营驻北海，以一营驻南康，团主力则驻合浦廉州城。第五二三团位于伯劳圩整训，第五二五团、野补团位于灵山武利附近整训，师部位于武利。新编第十九师钦防守备区之兵力部署：第五十五团置于钦县，以一部守备犀牛脚、犁头嘴、金鸡塘之海岸线；第五十六团置于防城，以一部守备龙门、企沙、白龙尾之海岸线；野补团置于那丽圩，以一部守备乌家海岸线；第五十七团在小董整训；师部位于小董。

各守备区作战计划

日军湘北会战、随枣会战，迭遭惨败后，为挽回颓势，有向我钦廉进犯之企图。我为迎击来犯之敌，守备部队之作战计划大致如下：一、假设敌由北海登陆，北海守备队应积极抵抗，拒止敌人登陆，掩护北海市各机关团体与市民之撤退，并实施对北海市之破坏；任务完成后，即向廉州转进。驻守廉州之第五二四团，当敌人在北海登陆进行战斗时，应迅即将南康、福成之守军撤回廉州，以团主力占领廉州第二线阵地，掩护廉州各机关、团体、人民之撤退，并收容沿海转进之部队，使师主力有充分准备作战之时间；任务达成后，由侧方撤退至主阵地后面，为师预备队。第一七五师主力，应在主阵地带作坚强之抵抗，候军预备队之到来，协同该师将来犯之敌，压迫于海滨而歼灭之。二、假设敌人从钦防沿海登陆时，各沿海守备队应极力抵抗，不得已时向后撤退，钦县、防城之团，应即占领阵地，掩护各机关、团体、人民之撤退，收容海岸守备队之撤退归来，并使师主力有充分作战准备之时间。达成任务后，防城之第五十六团撤至贵台附近，继续抵抗；钦县第五十五团应撤回小董为师预备队；新编第十九师主力，应在水溶塘主阵地作坚强之抵抗，候军预备队之到来，协同将敌压迫于海滨而歼灭之。

北海市焦土抗战计划

第四十六军遵照桂林行营之指示，下达必要时破坏北海市之命令。如破坏实施不彻底，以违抗命令论罪。巢团长奉命后，会同广东八区行政专员邓世增、合浦县长黄维玺，拟定北海市破坏计划：将北海市码头和坚固建筑物，派工兵部队先开好药室，将炸药分别装入室内，将汽油火油分别囤置市内各街道民房内，交由各街保长看管；实施破坏时，由北海市镇长黄之焐和工兵排长负责；监督实施破坏者，则由北海市第五区长刘瑞图和防军营长任之。破坏实施的时机听候团部命令。

北海保卫战

1939 年 11 月 14 日，我（笔者）陪同师部人员，点验我团驻北海之第二营的人员武器弹药。下午 2 时忽接到冠头岭监视哨的电话报告，于东方约万米之海外，发现敌舰一大群，40 余艘，正向北海前进中。我接获报告后，随即下令停止点验，饬各部队速回防区准备作战，并派人将北海当面之情况，通告沿海守军准备作战，及搜索各方面之情况报告。随后，我率李营长、王副营长等飞奔至冠头岭哨所视察，果见东方万米外海面有敌舰 40 余艘，分三线疏开向我推进。第一线敌舰 12 艘，以慢速航行，至距海岸约 8000 米，即停止前进。我当时判断，敌之企图必在北海登陆，其第一线舰队停止岸边 8000 米，正是登陆作战之部署，下午 5 时左右，很可能展开向我攻势。于是我立即回到营指挥所，作如下之处置：一、命令北海守备队、第二营及北海自卫大队，迅即进入现设之阵地，作拒止敌人登陆之准备。二、下达北海市紧急疏散命令，限三小时疏散完毕，由北海第五区公所负责督促。三、以电话将北海当时的敌情及自己的处置，告知廉州本部蔡副团长，迅速按照本团预定作战计划，在廉州第二线准备作战；并由他将上述情况处置报告师长，及通知钦县友军新编第十九师第五十五团。四、将北海情况及自己处置，以电话通知合浦第八区专员邓世增，请他迅即下达各城市及交通线上之紧急疏散命令，并请饬各乡自卫大队，实行放哨守卡，维护交通、通信网及保护人民疏散之安全。我将上述各项处置完毕后，召集各营长、北海区长、镇长指示作战注意之事项，北海刘区长、黄镇长提出北海市在什么时机实施破坏，我指示他们等候命令。

下午 4 时，敌第一线舰队续进至距海岸约 4000 米处停止，其后续舰仍停在原处不动。4 时 30 分，敌第一线舰队，放下汽艇 20 余只、橡皮艇四五十只满载敌兵，向我老虎头、南迈、冠头岭、地角、北海市海岸驶来。同时，由涠洲岛飞来敌机 12 架，协助敌海陆军作战。敌机向我沿海阵地，实行低飞扫射、投弹轰炸；敌第一线舰队，也开始向我沿海阵地炮击。激战约两小时，敌艇人员企图登陆，终不得逞。6 时 30 分有敌汽艇一只、橡皮艇二只，驶进我地角岸边。我地角炮台旧炮四门，同时射击，将敌橡皮艇二只击沉。敌汽艇被我击伤而逃。敌舰遂以排炮向我地角射击 200 余发。我地角炮台，全部被敌摧毁，炮手八名，全部壮烈牺牲。当敌炮分别向我冠头岭、老虎头阵地作打击性的射击时，敌艇纷纷驶近海岸作登陆之攻击。我守军抱着以身殉国之精神、与阵地共存亡之决心，奋勇阻击敌人，战斗异常激烈。我预备队均增加到第一线作战。在情况紧急之际，李营长、刘区长、黄镇长、工兵排长都认为时机紧迫，请求我下达破坏北海市的命令，希望从速达成任务后，好及早撤退。同时，武利秦副师长和合浦邓专员纷纷来电话询问战况，并指示不失时机实施北海之破坏。我当时认为，破坏容易建设难，北海市是经千百年用无数血汗建设起来的，如果经我手彻底破坏了，将来不知几多人失掉生活依靠，造成的困难是难以设想的，我的臭名也会千百年留在北海人民的心中。1938年长沙大火，枪毙了长沙警备司令，以平民愤。前车之鉴不得不引为警惕。我国四大城市先后沦陷，也未曾实施破坏，区区的北海市，虽敌占领，也起不了什么作用。经再三考虑，决定保留北海，不实施破坏。于是我将自己的意见告诉他们，刘区长等虽表示同意，又提出：违抗命令谁人负责？我答复他们："一切责任我承担，你们不要担心。"北海焦土抗战之计划，因此而放弃了。

敌我战至黄昏后，敌攻势顿减，成为对峙状态。敌艇在海面，来回游弋，不敢驶进我海岸边。9时后，敌舰也停止了炮击，敌艇越来越少。我综合当日敌攻击态势，敌舰数十艘，仅使用第一线12艘作攻击，其余按兵不动，不似真心登陆北海。倘若敌舰队全部向我炮击，莫说一个北海，三个北海也被摧毁无遗；假如敌放下数百只汽艇，我海防线又长，空隙很多，到处可以登陆，何必仅在狭小面积上作登陆之攻击？以此判断，敌今天的攻势，不是主攻，而是佯攻，敌登陆企图不在北海，而在钦防方面。于是，当即将自己的敌情判断电话报告武利师部，并通知钦县新编第十九师第五十五团黄团长，请其通知防城第五十六团刘团长，注意沿海情况，严加戒备。随后奉武利秦副师长电话谕，同意我的敌情判断，要我速回廉州，准备尔后之作战。10时，我将我的敌情判断，告知李营长、刘区长、黄大队长，指示今后守备作战事宜，并饬沿海各部在阵地彻夜严加戒备。11时，我离开北海回廉州团部。

11月15日上午3时，我回到廉州团部后，即接南宁何军长电话："奉桂林行营白主任电话谕，南京敌军广播称，日军已于11月14日下午在北海登陆成功，黄昏前已将北海完全占领，战事正向廉州推进中。究竟北海是否被敌占领，仰迅即查报。"何军长继问北海是否仍在我手中。我遂将昨天在北海指挥作战亲见的一切情况，再向他作一次详细的报告。

何军长遂指示："敌军广播，混淆视听，命你将北海作战情况，迅即由北海电台发出通电，并说明至发电时北海仍在我手中，以粉碎敌之造谣宣传。"我当即遵嘱发出了致全国的通电。

是日拂晓，我北海守军严阵以待，等候敌之攻击。拂晓后瞭望海面，敌舰队已无踪影，仅剩敌舰三艘，停泊于6000米外之海面，毫无动静。北海李营长将上项情况报告我。我指示说："今天当面之敌情，符合我昨天之判断，敌之企图必在钦防方面。我北海及沿海守备，仍需要严加戒备，不得疏忽，应速将被敌摧毁之工事，修补加强。受伤官兵速向后送，阵亡士兵妥为择地安葬。补充消耗弹药，准备而后机动。协同刘区长调查北海之损失，安慰附近居民；并代表守备区向北海自卫大队致协助作战之谢意及慰问。"布置完毕，遂将北海的敌情向武利师部报告，并通知钦县友军及合浦专员公署。这次北海保卫战，我守军官兵，抱着献身为国之决心，以同仇敌忾的精神，虽在敌舰极优势之炮火压力下，仍能沉着应战，将来犯之敌击退，阻止其登陆，保卫北海不受敌侵。如我当时不多加考虑，盲目执行破坏之命令，北海市今日已不堪设想矣。

日军钦、防登陆

日军以第五舰队主力和第四舰队之一部，协同第五师团之中村旅团和台湾军第五联队，并佐世保海军陆战队之一部，于11月14日在北海实行佯攻，在我北海守军坚强抵抗下，未达登陆骚扰之企图，当晚敌舰即窜到钦、防方面实行登陆。

防城方面

11月15日下午1时，敌舰20余艘，出现于防城、企沙海面，向我守军阵地施行炮击，同时放下敌艇百余只，满载敌兵，纷向我企沙海岸进行强迫登陆之攻击。我企沙守军新编第十九师第五十六团第一营，占领沿海既设阵地，作坚强之抵抗。敌艇在舰队炮火掩护下，驶进靠海岸约300米之海滩（沙洲水深约一米），敌兵即弃艇涉水向我海岸攻击前进。激战约两小时，我沿海阵地，大部被敌炮火摧毁，官兵伤亡颇重。海岸线长，守军薄弱，空隙太多。敌于空隙部位登陆成功，将我守军截为数段。我守军纵横均失了联络，各自为战。至下午5时，敌全线登陆成功，我军被迫分散向后撤退。企沙遂陷敌手。

是日下午4时，敌舰队一部驶进龙门港，以海陆协同向我龙门作登陆攻击。我龙门守军新编第十九师第五十六团第二营四连进行抵抗。展开激烈战斗约一小时后，敌军登陆成功，我守军被迫后退。龙门遂于5时40分沦陷。17日上午，在企沙登陆之敌，向我防城前进。我第五十六团主力，在防城占领阵地，拒止敌人。激战竟日，因敌我兵力悬殊，一部阵地已被敌突破。下午3时，敌另一部又由龙门方面窜来，对我防城守军取包围之态势。我第五十六团乃被迫于黄昏后放弃防城，向贵台方向撤退。防城遂于是日晚9时30分沦陷。

钦县方面

11月15日下午犁头嘴守军新编第十九师第五十五团第九连，闻得防城企沙方面有激战的炮声，该连长判断，敌人必在企沙登陆，即将情况用电话报告团部，请求增加部队前来守备。第五十五团黄团长竟答复说，这是敌对沿海进行骚扰，没有什么企图，饬该连注意防范而已。当时第五十五团在钦县，也不作作战之准备。下午4时，敌陆军在海军协助下，在犁头嘴、金鸡塘登陆；同时敌机不断地在空中协助作战，我犁头嘴守军，抵抗约一小时，不支，纷向钦县溃退。敌于5时20分占领犁头嘴，续向钦县前进。金鸡塘我无守军，敌登陆未遇抵抗，分两股向钦县及黄屋屯前进。第五十五团毫无准备，闻得犁头嘴有枪炮声时，打电话找第九连询问情况，电话线已被敌截断，无法联络，对犁头嘴情况不明。金鸡塘原无守军，敌人登陆团部还不知道，迨敌进至钦县附近时，第五十五团主力才仓皇失措地进入阵地。晚 8 时敌向我钦县阵地攻击。战斗约一小时，我阵地被敌突破一部，被迫退至街道进行巷战。当时第五十五团之情况，异常混乱，毫无作战纪律，打的自打，跑的自跑，各级之掌握与联系完全失掉。黄团长在这种情况下，逼得率领一小部人员向东北方撤退。钦县于当晚 11 时陷敌手。

敌先头部队占领钦县、黄屋屯、防城之线后，掩护其主力于 16 日由金鸡塘、企沙、龙门登陆。17 日，敌分四路北进：一路由钦县向平艮渡、牛岗、久隆、平吉、青塘窜扰，并在各点以兵驻守，掩护敌之翼侧，防备我合浦方面之侧击；一路由钦县、小董、长滩、南忠、长利北进；一路由黄屋屯经大寺、南晓、大塘、吴圩北进；一路由防城经贵台、苏圩北进，敌之前进总目标是指向南宁。

我新编第十九师师部，在小董接获敌人在企沙登陆、第五十六团转进、防城沦陷之报告后，第五十六团与师部之联络，即被敌截断。第五十六团被迫向上思方面转进。钦县之第五十五团在混乱状态下撤退，也不向师部报告，直向武鸣方向转进。因此新编第十九师师部对前方情况不甚明了。18 日，新编第十九师令第五十七团在小董附近占领阵地，作拒止敌人之准备。下午，正面钦县之敌尚未到来，而侧后方均发现敌人，向小董进行包围攻击。激战至黄昏后，第五十七团被迫放弃阵地，突围向东北转进。日军钦防登陆，我守备队作战至此告一段落。查此次钦防守备队，新编第十九师之对敌作战，损失颇大，师长黄固指挥无方被免职，第五十五团团长黄廷材作战不力，被撤职查办。

以上情况是我在第四十六军司令部，参加军法审讯第五十五团黄团长时，听取黄团长的口供。其中还有军部参谋处处长袁晋模对我所作的口述。

日军钦防登陆后，桂林行营对桂南作战之策划

日军11月15日在钦防登陆，分三路北进。当时驻在广西之部队，有第十六集团军，辖第三十一、四十六两个军，集团军总司令部驻贵县；第三十一军驻桂平、平南、藤县一带整补；第四十六军驻南宁，所属新编第十九师在钦防与敌作战；第一七五师在灵山、合浦任沿海守备；第一七〇师在贵县、武宣地区整训；龙州教导总队辖两个联队在龙州训练。

桂林行营接获日军钦防登陆之报告后，判断敌人必欲攻占南宁，进而侵扰柳州，威胁我西南大后方。行营为了保卫西南大后方，决心以广西现有之部队，阻止敌人北进，然后调集优势之兵力，进行反攻，将敌压迫于钦防海滨而歼灭之。行营当时之处置大要如下：一、令第三十一军（欠第一三五师）以急行军经玉林、兴业、城隍、寨圩、灵山前进，到达灵山后，协同第四十六军侧攻由邕钦路北进之敌；并令第三十一军部队扩大番号，团称为师，师称为军，虚张声势，以欺骗敌人。二、令第一三五师以汽车输送至南宁，负责南宁守备。三、令第一七〇师以急行军经贵县、横县、永淳、蒲庙向吴圩前进，并在吴圩占领阵地，阻止敌人北进。四、令第四十六军（欠第一七〇师）从速集结于那楼、旧州附近，协同第三十一军，侧攻由邕钦路北进之敌。五、令广西绥署之第一、三、四独立团合编为第二挺进纵队，速开至横县待命。六、令龙州教导总队和南宁区团队合编为第一挺进纵队，速开绥渌附近集结待命。各部队接到命令后，即刻开始行动。

行营除调遣广西境内所有部队，分头进行堵击侧击由邕钦路北进之敌外，并由各方面抽调六个军来桂进行反攻。所调集之后续部队集中情形如下：一、第五军奉命由湖南用火车输送至永福县，转向南宁集中待命，

限12月5日前集中完毕。该军第二〇〇师先以一团至桂林下火车，用汽车输送至南宁；荣誉第一师于22日开始由零陵输送；新编第二十二师21日先后由东安等处用火车输送；各师及军之补充团，于永福下车徒步前进外，其余均在桂林下车，徒步或用汽车输送前进。二、第三十六军奉命由鄂西开至宜山集中，其第五师由鄂西经常德、长沙，改乘火车到永福转宜山；第九十六师约于8日可到麻江附近，十四补训处先头于一日始由内江开拔，该部于12月15日可到达宜山集中。三、第九十九军所部第九十二师、第九十九师、第一一八师奉命于12月10日在柳州集中完毕。

第三十一军（欠第一三五师）奉到命令后，即由桂平、平南经玉林、兴业、寨圩，于11月25日到达灵山，旋奉行营白主任电谕，南宁已于24日失守，该军另有任务，着速经横县、宾阳、马头集结于武鸣待命。该军得令后，即转向武鸣方向前进。

第一三五师奉命以汽车输送至南宁，当时因为运输工具缺乏，只征集了汽车10余辆，师部决定以第四〇五团（团长伍宗骏）由汽车先输送至南宁，负责南宁之守备，掩护师主力及友军向南宁前进；师部及各团以急行军向南宁前进。第四〇五团于11月23日先后到达南宁。

第一七〇师奉命后以急行军于23日赶到蒲庙附近，其先头部队野补团到达良庆，即与敌遭遇，展开战斗。黄昏后，野补团奉命撤回蒲庙。24日敌进犯蒲庙，与我第一七〇师展开激烈之战斗。战至下午，双方均无进展，成为对峙状态。黄昏后，该师奉第十六集团军总司令部命令，着其迅即由伶俐渡河，转移至邕武路高峰隘，阻止敌人向武鸣窜扰。该师遂于黄昏后向高峰隘方面移动。

南宁沦陷后，第十六集团军总司令部奉行营命令转移到武鸣，负责该方面的指挥。

第五军奉令后，由桂林以第二〇〇师用汽车输送，因汽车不足，仅将第六〇〇团于24日下午运至邕宾路二塘。当晚南宁沦陷，25日晨，第六〇〇团在二塘附近与敌打接触仗，我团不支，即向丘塘转进。军主力于26日后陆续到达八塘圩附近，与敌展开战斗（即昆仑关战役）。

第四十六军奉命后，于22日由南宁出发，驰赴圩江南岸，协同第三十一军侧击由邕钦路北进之敌，24日到达南阳。25日正拟向那楼前进，忽奉行营白主任电谕，向东靠近第一七五师，以策安全。军遵令经平朗向新圩移动，28日到达新圩，旋奉行营电令：“南宁失守后情况突变，第三十一军已改变任务，转使用于武鸣方面。第一七〇师刻已到达邕武路，堵击敌人向武鸣窜扰。第十六集团军总司令部，已向武鸣移动，负责该方面之作战指挥。第四十六军（欠第一七〇师）应竭力向敌后方袭击扰乱，以破坏敌之交通为唯一任务。”军部奉命后即在邕钦路东侧，积极执行破路之任务。

南宁沦陷

南宁是广西旧省会，也是我国南部边隅重镇，人口八万余人，水陆交通便利，市面繁荣，是桂南军事必争之要地。日军钦防登陆，我守备队被击溃后，邕钦路上并无守军，敌人长驱北进，各路前进目标均指向南宁。敌机不断在南宁上空进行侦察和扫射轰炸。人民一日数惊，不堪其扰。政府虽未下达疏散命令，各机关和市民纷纷自动地将大部物资、重要公物、老弱妇孺向安全区疏散。11月22日敌先头部队，进至山圩、吴圩之线时，南宁呈紧急状态，各机关和市民仓皇地向右江方面疏散。23日，第一三五师第四〇五团乘汽车赶到南宁，该师主力徒步行军，尚在途中。第四〇五团到南宁后，以一营守备青山塔至津头村沿河之线，以一营守备由陈村亘西乡塘之线，另一营守备军医院亘洋关、尧头之河岸线，团指挥所及预备队在镇宁炮台附近。部署命令下达后，各营进入指定地点作阻止敌人渡河之作战准备。23日下午，敌一部窜至良庆，与我第一七〇师补充团进行遭遇战。黄昏，我补充团撤回蒲庙。24日上午，敌进扰蒲庙，与我第一七〇师主力发生激烈之战斗。下午3时，狮子口、沙井圩均发现敌人向我南宁前进，敌机又不断地在南宁上空骚扰，情况异常紧急。第四〇五团伍宗骏团长不知如何应付，向上级请示吗？与总部师部均联络不上。守吗？孤军一团兵力薄弱。在这种情况下，他奉命守备南宁之决心已动摇。下午6时，敌先头部队抵达亭子附近。该团长决心放弃南宁，向武鸣转进。部队正在集结时，忽然第二〇〇师第六〇〇团邵团长由二塘圩来电话，说他的先头部队已由汽车运抵二塘，团主力尚在运输中，询问南宁方面情况。伍团长遂将当面的敌情通知，并希望邵部速开进南宁，接替防务。邵团长说他的任务是在二塘附近掩护师主力之集结，并没有守备南宁之任务。伍、邵两团长在电话中，互相推脱责任，得不到解决，结果伍团长提出两团共同负责守备南宁，邵团长则以未奉上级之命而不肯答应。于是伍团长决心放弃南宁，在下午7时通知各机关后，即率部向四塘方面转进。第四〇五团撤走后，南宁市已无防守。晚8时，南宁民团指挥部、警察局、邕宁县府与市民纷纷经心圩、香炉岭向隆安方面撤退。敌人于9时由津头村渡江，未遇抵抗而占领南宁。敌一部窜至邕宾路之茅桥、二塘附近，与我第二〇〇师第六〇〇团发生小接触。第六〇〇团即向五塘方面撤退。南宁遂于24日晚，完全陷于敌手。首先进入南宁之敌，系三木、纳见等部约四个大队，3000余人。

第一三五师第四〇五团伍宗骏团长因违抗命令，擅自放弃南宁，被撤职查办，经桂林行营军法审讯，判处五年有期徒刑。南宁沦陷的经过，是伍宗骏刑满释放后，对我诉苦时之口述。

陆屋之战　击毙敌酋渡边大佐

我第一七五师第五二四团，自北海保卫战取得胜利后，奉上级指示，对沿海加紧戒备，并准备机动。敌在钦防登陆后，第一七五师奉命转移到邕钦路以东地区，执行袭击、破路之任务，第五二四团仍留在合浦、北海沿海一带，担任守备。我当时任第五二四团团长，12月9日，奉到军长何宣电令，将沿海防务交自卫大队接替，速转移到旧州方面，为军总预备队。我奉命后即与广东第八区行政专员兼保安司令邓世增协商，请他派自卫大队接替沿海防务。邓专员认为，沿海防务重要，自卫大队装备不良，未经训练，恐难胜任，如被敌察觉，再来侵扰，难以应付，他请求我团仍留守沿海，并打电报给桂林行营白主任请求免调。我当时对他说：敌主力已进至高峰隘、昆仑关与我友军作战，北海重要性已失掉价值，敌人再不会由海上来侵扰北海了。又建议说："如果自卫大队接替守备沿海，可仍使用我的番号。我送给自卫大队旧军服1000套，借给他们钢盔一部分、弹药一部分，以作充国军之用，保证敌人不敢再来进犯。"商妥后，于10日晚将北海、南康、福成、合浦各处防务，移交给自卫大队接替。11日，我率领本团以急行军经那河、那彭，于12日晚到达杨屋附近。13日上午7时，我率队到达陆屋附近，闻得陆屋西北面有激烈之枪炮声，判断这是我军与敌人作战，为了明了情况，即饬通信兵架设电话。当与狮子岭军部取得联络后，我将合浦、北海及沿海一带防务交给自卫大队接替之情况向军长报告，请示我团的行动和任务。何军长说："我新编第十九师刻在上井方面与敌交锋，第一七五师则在新坪、黄洞附近与敌激战，师部在耙齿村，第二挺进纵队尚未到来。目前情况紧急，军特务营、工兵营均使用出去，我手中已无预备队。你速派兵一营，以最快之速度，赶来军部作预备队。目前第一七五师情况较紧，你可归还建制，向师长请示任务。”我奉到军长指示后，即派第三营以强行军速度，限三小时内赶到狮子岭军部，过时即以违抗命令论处。（陆屋距狮子岭约66华里，该营以半跑步的速度，向狮子岭急进，按时到达，获军长的嘉奖）我随即以电话找耙齿村师长讲话，将沿海防务交替的情形及军长电示派第三营赴军部为预备队，我团归还建制等项报告，并询问情况，请示任务。师长遂详为指示如下：“小董之敌三千余人，分二股向我进犯，一股千余步炮兵，经青塘至黄洞，刻正与我第五二五团激战中；另一股约两千余步骑炮兵，由青塘至新坪，刻与第五二三团激战中；野补团执行破坏任务，尚未撤回。目下第五二三团方面情况较为紧急，其阵地一部为敌攻占。着你团迅即派兵一营，增援新坪，归第五二三团黄团长指挥，其余部队在陆屋附近休整待命，并迅即架设专线通讯。”我奉师长命令后，即饬第二营于上午8时出发，增援新坪第五二三团，其余部队则在陆屋西端，休整待命。

11时，又奉师长电话命令：“据报敌一部兵力不详，由平吉窜抵广平，有向大埠前进包围我新坪第五二三团侧翼之模样，着你团所部（欠两营）火速先敌而占领大埠圩，掩护师之左翼安全，协同第五二三团作战。”我奉命后即率队向大埠挺进，下午1时到达大埠圩，刚占领阵地完毕，大埠西南端高地，已发现敌人活动，我即严阵以待。敌于下午1时40分开始向我攻击，激战约两小时后，攻势渐缓。我当时观察敌攻击面狭小，且攻击力不强，又无炮兵协同作战，判断来攻之敌，兵力不大。为了迅速击溃当面之敌，以策应新坪第五二三团之作战，即派兵一连由左翼森林地带潜进，迂回敌侧后面夹击之。敌遭到不意之侧击后，惊慌失措，不抵抗而向西北溃退。当时我为慎重起见，不行追击，将包围部队撤回大埠圩。下午5时接新坪黄团长电话说：“贵团第二营增援到来后，即从事反攻，下午2时20分已将失去之阵地全部夺回，战局较为稳定。下午3时半，敌之增援部队到来，猛攻我左翼二一五高地，下午5时该高地被敌攻占，我第三营全部阵地受敌瞰制，以致我团作战困难，拟请你派兵一部由大埠向新坪东端二一五高地侧击，协助我团进行反攻。”我当即将大埠情况告诉他，并同意派部队侧击二一五高地，请他注意联络，并就近指挥。我答复黄团长后即派一加强连，向新坪行动。6时30分该连进至二一五高地东侧，当时第五二三团正在反攻二一五高地，我加强连出敌不意给予夹击。敌军不支，纷向西面溃下山去。二一五高地遂为我加强连占领。与黄团长取得联络时已是黄昏，敌也停止攻击。8时20分奉到师部电报命令如下：“一、敌情如你所知；二、军为避免过早与敌决战，使尔后作战容易计，决定与敌脱离，向后撤退；三、新编第十九师撤至旧州附近集结，以一部在黄屋附近向上井方面警戒；四、第一七五师主力撤至三隆附近集结，以有力之一部在陆屋、石孔角之线占领阵地，续行抵抗；五、各部于黄昏后开始行动，军部于黄昏后向龙山转进。”我师遵照军之命令即向三隆转进。第五二五团迅即脱离敌人，移至三隆以西地区集结。第五二三团转进至石孔角占领阵地，续行抵抗。配属第五二三团之第五二四团部队，速到陆屋归还建制。我第五二四团黄昏时候后撤至陆屋占领阵地，作续行抵抗之准备。第五二三团也到达耙齿村附近。并与我团在电话中取得联络。

14日上午4时，忽闻耙齿村附近有激烈之枪炮声，我当以电话询问第五二二团，黄团长说：“我部由新坪阵地撤退下来，在凌晨2时以后陆续到达耙齿村附近。因为天色黑暗，侦察地形不便，部队又因连日作战，疲劳过度，只对新坪方向警戒，而疏忽了黄洞方面。不意敌由黄洞方面窜来，突向我第一营袭击，占领了第一营露营地点，并续向团指挥所进攻。现我直属队正与敌激战中。目前我团情况紧急，已调第二营前来反攻。团指挥所在此，受敌威胁颇大，准备向东北方向移动。”电话至此而中断，耙齿村方面枪炮声更加剧烈。我认为电话中断，必是第五二三团指挥所转移位置，即派联络军官通知黄团长，希望他无论在什么情况下，极力坚持到拂晓，我将以全力支援。5 时 31 分，接到第五二三团罗副团长电话说：“我团遭敌不意之袭击，损失颇大。第一营部队，已向北溃散。调第二营进行反攻，黑夜行动很慢。在第二营未到来前，敌已迫近团指挥所。我被迫而向东北移动。敌步步进迫，各部队已呈混乱，难以继续抵抗。我团决心向三隆转进，特通告你团，仍希望你团同时转进。”我拟请黄团长说话。罗副团长说：“黄团长已率直属队向三隆去了。”一声再会，电话中止。

第五二三团因为疏忽，遭受敌之袭击，部队混乱而向三隆转进。我认为本团不能随他们行动。我决心要在陆屋与敌作一次殊死的战斗，显一显身手，当即变更部署，下达命令：以第一营（欠第三连）为右一线营，展开于陆屋西北端；以王副营长达汗率第三连、第五连、重机一排为左一线营，展开于陆屋西南端，候命向耙齿村攻击前进；以第二营（欠第五连）为预备队，着李营长率兵一连占领陆屋南端既设阵地，并向大埠、新坪方面警戒；以一连控制于陆屋西端（团指挥所在陆屋西端）以便衣队活动于陆屋通大埠、通新坪之大道上，搜索该方面敌情具报，并相机进出大埠、新坪搜索情报。命令下达后，各部队遵命展开于指定地点。拂晓，我发现敌在耙齿村及以北高地休息，即令第一线营向敌攻击前进。我官兵均以献身殉国之精神，灭此朝食之决心，奋勇直前，猛打猛冲。敌被我压迫，步步后退。我右一线营遂于上午 9 时，攻击耙齿村以北高地，并以炽盛之火力，支援左一线营。我左一线营攻击耙齿村，异常猛烈。9 时 40 分耙齿村之敌，施放毒瓦斯，企图阻止我前进。我官兵见敌施放毒气，各自戴上防毒面具，急步跃进，通过毒气地带，继续向敌进攻。毒气不能阻止我军前进，这是出敌意外的，敌被迫向耙齿村以西森林地带撤退。我于 10 时 30 分占领耙齿村后，即令第一线停止攻击，并在耙齿村及以北高地一带，构筑工事。准备尔后之作战，同时接到大埠、新坪我便衣队之电话报告："大埠附近无敌踪。据土民称，昨午被我击溃之敌，100余人，昨晚已向平吉牛岗回窜。新坪之敌，昨晚已向黄洞方面遁去，现新坪方而亦无敌踪。"我得报后，遂令便衣队在大埠、新坪一带活动，继续搜索平吉、牛岗、青塘、黄洞方面敌情。据此，我放下被敌包围之顾虑，认为当面之敌，仍在耙齿村以西森林地带徘徊，似有待援反攻之模样，决心乘敌援未到前，先解决当面之敌，并请求师长增援两营兵力，候敌主力到来决战。于是，派传骑军官，送报告至三隆师部（陆屋、三隆间无电话线）。报告内容："一、上午6时、8时、9时三次报告谅达；二、10时10分我已攻占耙齿村及以北高地，敌撤至耙齿村以西森林一带，与我对峙中，似有待援反攻之模样；三、九时我便衣队进出大埠、新坪，该方面均无敌踪。据土民称，大埠方面之敌，昨晚已向牛岗、平吉回窜，新坪之敌，昨晚已向黄洞方面遁去。判断新坪窜黄洞之敌，必增援石孔角方面，我决心在敌增援队未到来之前，先解决当面之敌，请即增援一二营兵力。如是，虽敌主力部队到来，不难击而破之。"报告去后，接到师部复令，其要旨如下："报告悉。第五二三团部队陆续到达三隆。你团向耙齿村攻击，似乎过早，尤须注意大埠、新坪之敌行动，以免陷于包围，慎之慎之。"11时50分，我令第一线营续向当面之敌攻击前进，团指挥所及预备队均推进耙齿村及以北高地。我第一线部队，进至森林附近与敌展开激烈之战斗，官兵攻击精神旺盛，奋勇冲杀。敌在村缘，顽强抵抗。激战至12时30分，我左一线营，已攻进林缘，在森林内与敌激战；我右一线营攻至林缘附近时，敌又施放毒气，我官兵沉着地戴上防毒面具，冲过毒气地带，继续攻击前进，在森林内与敌进行肉搏。敌势不支，纷纷向林外溃退。下午1时40分，我第一线部队，完全占领森林。敌被迫退至石孔角东端高地继续抵抗。我即饬第一线营停止攻击，就地休息，整理补充及用午膳，准备尔后之作战。当时我思想上认为，如果不是军部抽调我一营去做预备队，我有整三个营之兵力，当面之敌早为我解决，现我仅有两营兵力，使用相当困难，师部至今尚未派增援部队到来，颇感苦闷。下午2时半奉到师部命令：“三次报告均悉，你团现已攻占耙齿村及以北高地，应即停止攻击敌人。我军各部均于昨晚脱离敌人，向后撤退。你团突出作战，态势于我不利。着你团停止攻击，就地固守，无须增援。”对此命令，我认为错过大好时机，如增加兵力到来，当面之敌早解决矣，战机难逢，如不及时捕捉，积极行动，殊为可惜，便再次申述理由，请求增援，并希望在黄昏前赶来，以达歼敌之大功。报告限一小时到达，着传骑飞送。下午3时，敌向我森林阵地进行反攻，展开剧烈之战斗。我判断敌主力部队已到来，决战在即，即将指挥所及预备队推进至森林内，亲到第一线指挥作战。敌山炮八门，不断向我森林地带轰击；敌机六架，不断在空中扫射及轰炸；敌步兵在敌机和炮兵掩护下，向我阵地猛攻。我官兵战斗意志坚强，沉着应战，将进攻之敌，迭次击退。战至5时10分，敌攻势较戢。森林多处被敌机投掷燃烧弹，因而起火，为我预备队扑灭。我为击退当面之敌，进占森林以西高地，减少敌炮兵之威胁，并集中全团迫击炮，于森林之西北端向敌进行歼灭性之射击；同时令预备队李营长率兵二连，由右翼迂回侧攻敌之高地；更饬正面各营向敌反扑。经一小时多之剧烈反攻，我迂回攻击队已攻占敌之高地。我第一营营长熊仲武，身先士卒，率队冲锋，攻到无名林边，不幸中弹，为国牺牲。当面之敌，被我压迫纷向后撤。我于7时完全占领了森林西端高地及无名林。敌又由张屋岭向我无名林及高地之线反攻。我官兵继续反扑，将敌击退，遂成为对峙状态。我饬卫生队将受伤官兵后送，阵亡士兵暂时就地掩埋，饬输送连将弹药送第一线，并饬各官兵速补足弹药及用膳，准备继续战斗。9时，奉到师部加急命令：“师为避免过早与敌决战，着你团于黄昏后，脱离战场，迅即向石门转进，到达石门速占领阵地，续行抵抗，拒止敌人东进。”奉到这个命令，我认为良机一失再失，目前态势我尚处于主动，惜乎兵力不足，否则前途大有可为。无奈避免与敌过早决战，是军作战指导方针，服从命令是军人天职，遂令第二营李营长率兵二连占领耙齿村及以北高地，掩护团之撤退。该掩护队俟第一线部队完全撤退后，着向陆屋石门转进。令蔡副团长率直属队先行撤退并饬大埠、新坪我之便衣队，速撤回陆屋河东岸接受新任务。各部队遵命即刻行动。蔡副团长率领直属部队及各部小行李，先行撤退，至陆屋河东岸，占领阵地，收容后撤部队，并派兵在徒涉场引导撤退部队涉水过河。第一线营各以小部队在原阵地掩护，大部队于11时开始行动，撤至耙齿村即整理部队，再从陆屋向石门转进。便衣队在陆屋河东岸，监视石孔角敌人之行动。我部队撤退敌未发觉。第一线之掩护小部队及耙齿村之掩护部队，均安全撤过陆屋河，向石门转进。

15日上午3时，我团转进部队，先后到达石门。我即令第二营（欠第五连）在石门南端高地附近占领阵地，构筑工事以作拒止敌人之准备，其余各部就地露营休息，并将情况向师部报告。上午8时，便衣队由陆屋送来的报告称："上午3时石孔角方面，有稀疏的轻机枪声，又有火光多起，我进至耙齿村侦察，发现敌人似有退却之模样。我一部拟推进石孔角方面，进行活动"等语。我接报告后，判断敌人昨日与我作战，损失惨重，今日必回窜小董，如以部队向黄洞、青塘方面截击，必获全胜。于是，即将所得情况及建议速派队截击敌人，向师部报告。上午9时奉师部命令，着我团即开到吕家坪集结待命，并以一部向陆屋、石孔角方面警戒。我遵命向吕家坪移动，11时到达吕家坪，即派第二营向石孔角方向警戒，并令便衣向青塘、黄洞方面搜索敌情。下午5时便衣队报告：青塘、黄洞方面均无敌踪，据土民称，敌人今晨已向青塘、小董回窜，敌此次回窜狼狈不堪，以驮马载运死尸很多，伤兵人数更众等语。我当即将所得敌情报告师长。我团陆屋之战得到师长嘉奖。

17日奉到军部通报："此次由小董东犯之敌，系敌酋渡边联队，该敌在陆屋遭我巢团堵击，伤亡惨重。敌酉渡边联队长，亦被我击毙，正在小董开会追悼。”晚8时又奉军长何宣电话说：“你们在陆屋打得好，打得痛快，不但将敌击退，还把敌酉渡边联队长击毙了。刚才白主任打来电话说，昨晚敌南京电台广播称：日军在邕钦路以东地区进行扫荡，在陆屋遭遇劲敌，战斗力之坚韧、炮火之猛烈，为桂南作战以来之未所见等语。白主任勉励说，这是本军的光荣战绩，应该继续发扬之。这是贵团之光荣战绩，应转饬各官兵共勉之。”

高峰隘阻击战

南宁于1939年11月24日晚失守，日军第五师团第二十一联队和第四十二联队当晚占领南宁。我守备南宁之第一三五师伍宗骏团（第四〇五团）当晚撤至林圩附近，我第一三五师主力赶至邕宁路八塘附近时，南宁已经失守，该师奉第十六集团军总司令夏威命令，以一个团兵力在八塘附近占领阵地，阻止敌人掩护第五军部队之集结，师主力应在三塘以西地区，侧击敌人，并兼顾阻止敌向邕武路窜扰。该师奉命后即以第四〇三团（蒋雄团）在八塘山心、三山之线占领阵地，作阻止敌人北进作战之准备。以第四〇四团（马明团）之一营任四塘圩之守备，师主力推进至三塘以西地区作侧击敌人之准备。

11月25日敌第四十一联队及骑兵松本部队，由南宁向邕宾路进犯，与我守备四塘之部队，展开战斗，我军因众寡不敌，被敌冲散。黄昏时敌又进占五塘，当晚我第五军第二〇〇师主力到达八塘，第一三五师蒋雄团将防务交给第二〇〇师接替后，即归还建制。（以上材料是桂南作战后，第一三五师蒋团长对我说的。）

南宁沦陷前，第一七〇师原奉命赶至邕钦路吴圩附近，会同龙州教导总队，在该处附近阻止敌人，掩护我第一三五师及第五军在南宁集结。

该师先头部队伍廷钧补充团，于11月24日在良庆圩附近遭遇敌人（在邕江河南岸，距南宁约14公里），展开战斗，黄昏后伍廷钧团奉命撤回蒲庙，该师主力当晚赶至蒲庙。25日敌由良庆圩继续向蒲庙进犯，我第一七〇师迎击该敌，展开激烈之战斗。在战斗中该师黎行恕师长奉第十六集团军总司令夏威的电令，其要旨如下：南宁已于24日晚失守，该师迅即脱离当面之敌，转移到邕武路高峰隘，防止敌人窜扰武鸣。该师奉命后即饬后续部队第五〇八团（黄瑞能团）即向邕武路转移，并限明晨8时前至高峰隘占领阵地，该师主力亦于当晚脱离敌人向邕武路转移。该师黄瑞能团于26日晨先敌占领了高峰隘，构筑工事作阻击敌人之准备。敌第二十一联队在敌机四架协助下由南宁进犯高峰隘，于下午3时向我高峰隘阵地攻击，双方展开激烈之战斗。下午6时我阵地被敌机四架更番轰炸，摧毁过半，官兵伤亡亦重，该团被迫放弃高峰隘退守双桥，当晚第一七〇师主力来到。27日拂晓继续向高峰隘之敌攻击，毫无进展，下午第一三五师到来增援，两师并肩攻击高峰隘，下午占领大高峰后进展困难，敌我成为对峙状态。28日敌增援部队到来，续向我大高峰反攻，敌机不断地进行轰炸，炮兵猛烈地射击，我官兵伤亡严重。同时敌一部由香炉岭迂回包围我军右侧背，我军被迫放弃高峰隘向武鸣转进，我转进部队至武鸣以北地区占领阵地，阻止敌北进。30日敌一部窜扰武鸣，经我军之阻击及地方团队之袭击旋即退回高峰隘。我第一七〇师及邕武守备队（韦布部队）奉命推进至双桥附近与敌保持对峙状态。

泗合坳战役

泗合坳战役时，我任第一七五师第五二四团团长。我团奉命在泗合坳阻止敌人东进，与敌近卫师团樱田武旅团激战三昼夜，等待我军主力部队赶来，将敌包围于镇南。敌被我军包围后，不敢恋战，急于脱逃，乃利用敌机 24 架集中轰炸一点，开辟突围道路，敌遂狼狈突围向那香窜逃。

泗合坳属广东灵山县(今属广西),位于灵山县太平圩以南约五公里，钦县镇南圩以北二公里，在钦灵县分界线上，是钦县、小董经太平通灵山之要道。

由于我第四十六军自 1939 年 12 月下旬起，在邕钦路以东地区袭击破路,处处给敌人以重大打击,敌后交通联络几陷于绝境。敌为减除威胁，乃以优势兵力分路东犯，企图压迫我军远离邕钦公路线，因而发生了泗合坳战役。

敌我双方参加此战役之兵力番号是：敌人方面：近卫师团樱田武旅团第二联队及第一联队之一部，附炮兵大队；我军方面：第四十六军（军长何宣，参谋长张琛）、第一七五师（欠第五二四团附独立第三团，师长冯璜）、新编第十九师（欠第五十五、五十七两团，代师长秦镇），军预备队第五二四团及军直属部队。

1940 年 1 月 14 日，敌分两路东犯，一路 600 余人（附炮兵一部）由大塘向久平进犯，与我第一七五师第五二三团在久平花甲山一带高地展开激战；另一路步骑炮千余人，由小董往那兰向板城进犯，与我新编第十九师第五十六团警戒部队及屯茂自卫队在屯茂附近发生战斗。我警戒部队被敌压迫向后撤退，敌续前进在屯茂东北大石岭附近山地与我第五十六团主力发生战斗，黄昏时成对峙状态。

1 月 15 日拂晓，久平方面之敌在炮兵掩护下，继续向我花甲山第五二三团阵地攻击，我军沉着应战将敌击退。另一股 500 余由那晓窜抵南忠附近，南忠附近新塘有我第五二五团，敌我彼此监视。由小董、板城东犯之敌，是日上午继续向我大石岭第五十六团阵地攻击，敌我展开激烈战斗。上午 10 时后我在上井军预备队闻得板城大石岭方向有激战之炮声，当时判断是我第五十六团在大石岭附近与敌接触，嗣后炮声越响越近，我将上述情况以电话向军部张参谋长报告。12时后枪炮声愈响愈近，我当时认为第五十六团战况不利，如敌乘胜追击，三小时内可到泗合坳，泗合坳距大石约30里，该坳仅有我第三营在该处警戒，兵力薄弱，如敌来犯恐难支持；且上井距泗合坳约15华里，策应不易，我拟将团主力推进至泗合坳，预为部署以策安全。经多次请求，军长接我报告后惊异地说："为什么新编第十九师及第五十六团始终未有报告，弄到情况这样紧急。"除同意我的建议，叫我迅即移动，到达泗合坳后妥为部署外，并派员向第五十六团取得联络。我奉军长电话后，即率部队向泗合坳急进，下午6时到达泗合坳，即召集各部队长下达作战命令。命令下达后，各部队即分进至指定地点，占领阵地，构筑工事。黄昏时我在泗合坳口发现敌大部队由那河方向向我前进，进至距我泗合坳阵地前约三华里即在路旁停止休息。我当时以为是第五十六团部队撤退回来，但未见该团派员前来联络，我急于明了当前情况，即派员前往联络。我联络军官回报，在我阵地前停止部队不是我第五十六团，而是敌之先头部队。事后才知道第五十六团放弃那河岗，向后撤退，敌衔尾追击，进至泗合坳附近，时已黄昏，情况不明，而停止休息。我据报告即饬集中射击，敌受我奇袭，伤亡很大，狼狈地西窜至镇南圩。

1月16日拂晓，敌分三股，每股300余人在空炮协助下，分向我江塘岭、泗合坳、电蒲岭各阵地猛攻，我官兵均抱着献身殉国精神，以旺盛之士气，沉着应战，迭次挫折敌之攻势，将敌击退。中午12时发现由那河板城大路上，有敌之增援部队千余人，经我迫击炮集中射击，敌慌张向西窜入山林地区。下午3时敌又增加部队分向我各阵地猛扑，同时敌机12架在我江塘岭、泗合坳、电蒲岭、和尚岭投下大量燃烧弹，我阵地的通信网被火烧折，火势猛烈。我守军除以一部隔绝火势，其余仍沉着应战。我通信部队官兵奋不顾身，一面开辟火路，一面抢修电线，继续通信。敌趁火势向我阵地猛攻，我官兵抱着与阵地共存亡之决心，奋勇抵抗。一、攻击泗合坳之敌一部冲上坳口，我第九连蒋连长率队越出战壕，向敌逆袭，展开白刃战。江塘岭、电蒲岭山麓各部也全线逆袭，将来攻之敌击退。我左翼逆袭获胜后，进攻我右翼阵地的敌人也纷纷溃退下山，时已黄昏，停止战斗。经向军部报告，军部决定拟调回第一七五师由那香、南忠方面自北向南，调回新编第十九师主力在白沙方面自南向北，包围镇南圩之敌而歼灭之。军长问我是否有把握守住泗合坳，等待两师主力到来包歼敌人。当时我毅然答复，保证守到两师到来，完成歼敌之计划；如不能达成任务，愿将我首级捧来军部。当晚军部下达作战命令指出：综合各方面情况判断，此次次小董东犯之敌，系最近由钦县金鸡塘上陆之敌近卫师团樱田武旅团，其目的是压迫我军远离邕钦线，以减少敌后方之威胁。军以太平圩形势险要，万一陷于敌手，构成据点，可东略陆屋，北取蒲庙，则今后我军作战困难，截击破路更难以实施。军决以主动之地位，调集优势兵力，包围东犯之敌而歼灭之。第五二四团应竭力防守泗合坳之线阵地，拒止敌人，非有命令不得撤退。第一七五师除留一团仍在蒲庙一带服行前任务外，另以一部留于久平、花甲山阵地，牵制敌人，主力即集结百济、那香间地区，即刻由北向南，猛力对镇南圩、南忠之敌侧背攻击，并以有力之一部星夜兼程至镇南圩地方，与我第五二四团及新编第十九师主力，包围镇南圩之敌而歼灭之。新编第十九师除以有力之一部，在邕钦路钦县、小董间积极截敌破路，并防钦县之敌东犯。该代师长即刻到上井指挥野补团第九十六团星夜对镇南圩之敌侧背猛攻。各部队拿到命令火速行动，务于明（17）日到达指定地点，向镇南圩之敌攻击，并以枪声最密集之处，为攻击目标，彼此联络，互相策应。

17 日拂晓，敌在优势炮兵掩护之下，分向江塘岭、泗合坳、电蒲岭之我阵地攻击，我官兵奋勇迎击，展开剧烈之恶战。同时，敌机 12 架不断地低空扫射及投掷燃烧弹和破坏杀伤弹，我阵地前后草木均被烧燃，幸我早已开辟阵地附近100米之火路，敌放火对我作战毫无影响，当时正刮着东北大风，相反的将火势吹向敌方，来攻之敌反被火势袭退。11时火势熄灭后敌又向我各阵地攻击，攻势异常猛烈，我官兵抱着与阵地共存亡的决心，顽强抵抗。战至下午1时，我泗合坳被敌空炮摧毁过半，守泗合坳阵地第九连蒋连长受重伤，三个排长均阵亡，士兵伤亡三分之二，泗合坳遂被敌人攻占。同时江塘岭、电蒲岭山麓当面之敌，均向我阵地猛扑，占领泗合坳之敌正向两翼扩张战果，当时我左翼营战局异常危急。我即饬预备队李营长率步兵二连、机关枪连（欠一排）攻泗合坳，并饬电蒲岭顶第一营以预备队从电蒲岭东端侧攻泗合坳之敌。部队奉令后奋不顾身，前仆后继，向泗合坳之敌猛烈反扑。激战至下午3时许，我反攻部队攻上泗合坳与敌开展肉搏，我电蒲岭侧攻部队，居高临下向侧面猛袭，敌不支溃退下坳，我第二营遂夺回泗合坳阵地，同时攻击江塘岭之敌亦被我击退，左翼阵地转危为安。我即令第二营（欠第四连）及机枪一排守备泗合坳之线，第九连撤至江塘岭整理，第一营侧攻之部队仍归还建制。下午5时敌步兵约千人，复向我江塘岭、泗合坳阵地攻击，敌空、炮兵向我各阵地猛烈轰炸炮击。我官兵虽然拼命抗拒，无奈阵地大部被敌空、炮摧毁，官兵伤亡奇重，战局又告濒危。江塘岭雷营长、泗合坳李营长纷纷电话报告危急请求增援。我看到敌攻势猛烈，如江塘岭、泗合坳被敌突破，全线动摇，影响整个战局，无法达到围歼敌人之任务。目前我友军尚未到来，我手中所控制的预备队，仅有步兵一连、机枪排及特务排、输送兵二排而已。为了稳定战局，我决心亲率所有预备各部增援江塘岭、泗合坳，与敌决殊死战，并饬电蒲岭第一营抽调兵力一部侧面袭击泗合坳之侧背。我决定后即电话通知江塘岭、泗合坳两营长死守，我即亲率部队前来增援，在我未到来以前谁放弃阵地予以军法从事，并将情况电话报告军长。军长指示饬军工兵营赶来归我指挥增援江塘岭、泗合坳，并叫我不要离开团指挥所到第一线去。我说当前左翼战局异常危急，再不能等待工兵营之到来，如我不亲到第一线去，恐江塘岭、泗合坳难以保守。如江塘岭、泗合坳失守，敌必直趋潭江，则我全线阵地动摇矣。军长见我决心不能阻止，嘱我慎重相机行事，并说已饬工兵营跑步前来，约 20 分钟可以到达。我同军长谈话后，即饬第一营抽调兵力侧击攻泗合坳之敌；并交代蔡副团长在团指挥所处理一切，如工兵营到来，以一连速向泗合坳前进，其余部队迅即占领第二线阵地。交代后即饬第四连增援江塘岭，我亲率特务排、输送连两排、机枪排、地方自卫队（40 余人）跑步前进增援泗合坳。我增援队到达江塘岭、泗合坳附近时，敌已攻至我阵地前约 20 米处，敌我互掷手榴弹，有的已进行短兵肉搏，我第一线官兵士气仍盛，毫无退缩。我睹此情况，即亲率增援部队以密集的队形向敌冲击。当时第一线官兵见我亲自率增援部队冲击，士气为之大振，喊杀之声惊天动地，一齐越出散兵壕，向敌冲杀。同时电蒲岭第一营之侧击部队，由高而下，猛烈地向敌侧面袭击，激战约 30 分钟，敌不支纷纷溃退下山。我即以炽盛之火力追击敌人，敌遗尸 28 具不能拖走，我俘获敌受重伤浅田大尉一人，夺获军刀五把、轻机枪一挺、三八式步枪 12 支、刺刀 22 把、战斗旗帜 12 面，其他战利品很多，黄昏后全线停止了战斗。我将第一线部署进行调整，以第三营守备江塘岭以东之线为团之左翼营；以第二营守备泗合坳、电蒲岭东端山麓之线，为团之中央营；以第一营守备电蒲岭、和尚岭之线，为团之右翼营；以军工兵营（欠一连）占领牯牛峰、那罗山为团之第二线；以工兵营一连控制在潭江附近为机动部队。调整命令下达后，饬各部队星夜修补加强工事，补充弹药，并饬第一线各营以小部队夜半不断佯袭敌人，扰敌不能睡眠，并可防止敌人向我夜袭。我在第一线处置后即回团指挥所，检查今天作战情况，伤亡官兵 260 余人，弹药消耗 80% 以上，手榴弹、迫击炮弹全部耗尽，饬输送部队向第一线补充弹药，卫生队配合民众前后运送受伤官兵，收集敌我阵亡官兵于一处，留待战后掩埋。将今天作战情况电话向军长报告，军长在电话上给我们传谕嘉奖，军部先奖给我们官兵5000元；又说第一七五师、新编第十九师主力明天上午可赶到镇南圩附近，包围夹击敌人；并说特务营、步炮营今晚开至潭江归我指挥。我认为特务营应留在军部警卫不肯接受，只接受了步炮营（军部炮兵营无山炮，只配备步兵炮一部，其他仍是步兵装备，故名为步炮营）。

军部步炮营到来，我饬其第一连（该连有步兵炮八门）在牯牛峰占领阵地，支援第一线作战，其余部队（系步兵连装备）占领磨刀山之线为团之第三线。11时后敌我各派出的夜袭部队在我阵地前遭遇发生战斗，双方均无进展，敌炮兵不时向我阵地射击，似此扰乱战斗直至拂晓。午夜又奉军参谋长电话，据报敌步骑炮兵约2000人已过板城，向镇南圩增援，估计镇南圩之敌4000余人，炮约12门。明日战斗更是剧烈，要我们妥为部署以应付明晨之决战，坚持最后五分钟，等待两师之主力到来，完成军部歼敌之计划。我奉谕后即以电话传达到第一线各连长，勉以献身殉国之精神，做到寸土必争，做到人在阵地在，人亡阵地存，成功成仁，在此一战，要各连长传达到每一个战斗兵身上，如有畏缩者决以连坐法惩处。

当晚有钦县镇南圩，灵山县太平、宋泰、旧州、上井各圩镇的地方自卫队五个中队300余人，携带武器前来团指挥所，请求参加作战，经军部许可留作预备队，他们坚决要到第一线去参加作战。我见他们武器很好，士气旺盛，同意他们的请求，饬太平自卫队开赴芦家，接替我便衣队对那香警戒之任务外，其他自卫队分别配属第一线营为预备队。

1月18日拂晓，敌步兵在炮兵掩护下，分向我全线阵地攻击，敌机12架不断向我阵地轰炸及投掷燃烧弹和低空射击，掩护其陆军攻击。我阵地附近200米内之草木均斩割干净。敌投下之燃烧弹毫不起作用。敌空炮火力猛烈，敌步兵前仆后继，冒死前进。我官兵抱着与阵地共存亡之决心，沉着应战，战斗纪律严明，战地秩序井然，重伤官兵没奉命令不敢离开火线，轻伤官兵带伤继续作战，敌攻击虽然猛烈，但上午毫无进展。

10时，附近乡民200余人送来酒肉菜饭百余担，要求送上火线，慰劳抗战官兵，我婉言辞谢。他们都说，你们苦战两天两夜，为国家为我们老百姓不少官兵牺牲了，假若不是你们在此阻止敌人，我们太平圩一路村庄，会同那河岗一样，被日本鬼烧光了，我们送来的酒菜慰劳品，略表我们对抗战军人的敬意。他们除了送慰劳品外，各人还携带武器要求参战保卫家乡。我见他们盛意难却，请示军长，军长指示说，他们既如此热忱，盛意难却收下罢。我得到军长的许可，拟只收饭菜，酒烟（香烟）退回，并由我们的炊事兵送上火线。民众坚持要全收及由他们送上火线，结果我们只将酒留在指挥所，俟此后再发给各部队，菜饭烟等物准许民众分头送上第一线。民众冒着炮火，在敌机轰炸下将饭菜送上火线后，又自动地参加战斗。我恐民众未经训练而有伤亡，电饬第一线部队劝告民众下火线，经再三的劝告，民众才离开火线，自动地将重伤官兵运下火线转送后方。民众这样热忱对待抗日战士，感动了全线官兵，作战更为奋勇。这群慰劳送饭的民众中，有妇女，有青壮年。青壮年参加作战也伤了三人。

11时，敌攻我左翼江塘岭异常猛烈，第三营雷营长受伤，第七连连长阵亡，敌一部已攻上江塘岭东部，我第三营雷营长率部仍占领江塘岭西部与敌展开争夺战。我饬牯牛峰步炮营第一连集中火力支援第三营作战，又饬工兵第一连、地方自卫中队一队，速增援江塘岭归第三营雷营长指挥反攻敌人。我增援部队到达左翼营后，即向江塘岭东端之敌展开反攻，经一小时之激烈争夺战，将敌击退，夺回了江塘岭东部阵地。同时和尚岭方面，我守军第二连连长受伤，排长全部伤亡，士兵伤亡过半，火力薄弱，被敌攻上和尚岭，与我第二连进行白刃战。我右翼营代营长胡疏才（营长阵亡副营长代理营长）亲率预备队（步兵二排，地方自卫队一个中队）由电蒲岭逆袭攻和尚岭之敌，将敌击退。同时电蒲岭、泗合坳战局又告紧张，敌攻势猛烈，已进至我阵地前百余米，我官兵伤亡甚大，纷纷请求增援。我即饬工兵营营长率领第二连增援泗合坳，以工兵第三连及便衣队增援电蒲岭。我增援部队到达泗合坳、电蒲岭后才遏止敌人攻势，稳定了战局。但敌人增加部队到来后又展开猛烈之攻击，当时全线战斗，异常惨烈，敌机群对我阵地轰炸，敌炮兵不断向我全线阵地及后方射击。军长屡次要我接电话，我为指挥作战抽不出时间来同军长讲话，只由副团长报告作战情况。军长异常焦急，要我抽出时间向他报告战况。我将当前的战况向军长报告后，军长说：根据战况判断，敌人今天非拿下泗合坳决不放手，我第一七五师及新编第十九师目前尚未到来，不知他那方面又有什么变化。为避免重大牺牲起见，拟放弃泗合坳向宋泰圩撤退，征求我的意见。我当即反对放弃泗合坳向宋泰圩撤退，我说我相信两师部队很快到来，只要我能支持最后五分钟，胜利必属于我。围歼敌人就在目前，如放弃阵地而撤退则前功尽弃，何以对已死官兵，又何以对灵山县民众的寄托？军长又说：如不愿撤退恐怕难以支持，来日方长，何争一时？我坚决地表示说，我有把握守住泗合坳，否则我最后一滴血也要洒在泗合坳，决不离开泗合坳。争辩很久，他不能说服我而同意我死守待援，并亲饬军特务营前来归我指挥，我说特务营应留警备军部，不肯接受。军长又说：守得就守，不要勉强，你相机独断吧。下午1时后，我全线阵地都告吃紧，纷纷要求增援，迫得将步兵炮营第二、三连，团特务排都增加到第一线去了，我手中除了传达兵外，没有一个兵了。迫得将担架排武装起来，将在芦家担任对那香警戒之自卫中队撤回做团预备队，芦家只留通信兵二人电话机一架在该处负责对那香监视。军长连续来两次电话要我服从他的命令即行撤退，我坚决反对撤退，并建议军部先行撤退至宋泰，以减少我后顾之忧，如万一不幸我必与泗合坳共存亡。我说至此，军长已不能回答，换张参谋长接替说话。

张参谋长说：军座为你不肯撤退，已为你难过得流了眼泪，他不能继续同你讲电话，他把电话交给我。巢团长你还是服从军座命令撤退吧！我再申述不能撤退之理由：与敌苦战已经三天两夜，官兵牺牲之大，都为要奏歼敌之功，百步已走了九十九步，尚争者一步也。如此撤退，我认为对不起已死官兵，更对不起灵山县老百姓对我们的寄托与希望，况敌我正在拉锯胶着中，如我撤退有被敌全歼之虞，太平圩民众的灾难更难想象。战，则鹿死谁手未可定也；退，则前途难以设想矣。我相信我主力部队很快会到来，如果我能支持到最后五分钟，胜利必属于我，请转报军座，请他放心，我保证完成任务；否则我以身殉国，本军也是光荣的，我说完之后，张参谋长又去请示军长，答复我说：军座指示，巢团长坚决不肯撤退，军部也不能先撤，决心成功成仁在一块吧！一切由你相机独断。

下午4时许，新编第十九师主力越到我左侧白沙附近，师部派参谋人员来联络，我即将当面之敌情及我团各部队的关系位置及近日来作战情况通知秦代师长，请其速占领白沙坳顶及以南青竹山一带山地，即向镇南圩之敌攻击，俟我师主力到来，我团即全线出击，请速架设通信网，以便联系。同时又接到芦家监视哨报告，我师第五二三团第一营谢营长前来联络，我据报更加兴奋，感到围歼敌人在此一举。我即请谢营长讲话，我将当面之敌情和我团各部队的关系位置，近日来作战之情况详为告诉，请谢营长即转告黄法睿团长，希即由和尚岭以南山地向镇南圩之敌攻击，期与新编第十九师主力夹攻敌人，我团即由正面出击，一鼓作气歼敌于镇南圩。谢营长并说师部与野补团黄昏前可赶来，第五二五团刻已到达那香附近，现在准备向镇南圩以南攻击，我请其架设电话线以便通信联络。我接获两师主力到来之喜讯，马上报告军长。军长喜出望外地说：你们坚持最后五分钟，战局已成于我极有利之态势，达到包围敌人之任务，应居首功。希即转知第五二五团黄炳钿团长速截断敌通小董后方交通路，除以一部向南占领阵地构筑工事，阻止敌之增援部队外，团主力应由南向镇南圩攻击，通知新编第十九师速由东向西攻击，第五二五团速由西向东攻击，包围镇南圩之敌而歼灭之。我向军长建议说，俟两师攻击有进展时，我团拟由正面出击。军长同意我的意见，我即遵照军长指示，通知前线部队派员转知新编第十九师及第五二三团，并由第五二三团转知第五二五团。

下午5时，我新编第十九师和第一七五师第五二三团、第五二五团均先后向镇南圩之敌展开攻势，敌陷于我包围之中，我军四面向镇南圩攻击，攻击我江塘岭、泗合坳、电蒲岭、和尚岭之敌，见我军四面攻击，纷纷溃退下山。我第一线部队见敌溃退下山，极为兴奋，纷纷请求出击。我饬第一线各部队迅即整顿态势，准备出击，团指挥所即推进至泗合坳。约5时40分，据第五二三团黄团长派员到和尚岭电话通知，第五二五团已占领大里岗（镇南圩以南三公里），截断了敌通小董之后方交通线。我接通知更为兴奋，我军包围敌人之态势已形成，敌已成瓮中之鳖，看我们如何擒拿吧！我推进到泗合坳，看到敌人分兵抗拒我军四面攻击，我又看到我的部队已残破，有的一连仅存30余人的，有的官长全部伤亡，如不整理实难继续作战，即饬各营长速将部队进行调整，在原地待命出击。下午6时，敌机24架由钦县飞来，集中在电蒲岭上空投下大量炸弹，敌炮兵火力集中指向电蒲岭，敌步兵千余人密集部队向电蒲岭攻击，敌机为步兵开辟道路，敌炮兵猛烈射击我电蒲岭各阵地，我守军伤亡过半，连排长全部伤亡，电蒲岭遂为敌人占领。我和尚岭第一营胡代营长率部反攻，因兵力薄弱反攻无效，当时我手中已无预备队，无力反攻，遂将当时情况报告军长。军长指示说：敌现占领电蒲岭，你们已无兵可以反攻，俟第一七五师师长到来，再由他派部队反攻，你们须防止敌向北突进。我即抽调部队增强牯牛峰第二线阵地，并集中步炮营及我团之迫击炮向电蒲岭射击。敌占领电蒲岭时已黄昏，各方面都停止了战斗。

黄昏后，我战地斥候报称：敌骑炮兵纷纷由镇南圩向电蒲岭前进。我判断敌被我军包围环攻，后路截断，敌以全力攻占电蒲岭，是作突围之准备。判断敌今晚必由电蒲岭西南经华屏村向那香方面突围，如等待师部到来再行反攻电蒲岭，恐敌已向那香方向突围而逃矣。我即将我的判断报告军长，请饬新编第十九师和第五二三团即向镇南圩之敌行夜间攻击，可望先歼镇南圩敌之后尾部队，迫使电蒲岭之敌一部回援镇南圩，迟滞敌之突围。军长同意我的意见，因通信网尚未架设完成，叫我速派员转知秦代师长及黄法睿团长。我虽然遵命办理，但夜间徒步传达无法争取时间，命令到达时，敌已开始突围矣。

晚 9 时许，我接师长的电话，我将三日作战经过报告师长，并说黄昏前敌已占领电蒲岭，我已无力量反攻，请求师部速调生力部队反攻电蒲岭。师长说独立第三团快到来，马上饬独立第三团刘团长反攻电蒲岭。我又说敌人陷于我军之包围后，以全力攻占电蒲岭是作突围之准备，我判断敌人今晚必由电蒲岭西南小径，经华屏向那香突围。师长说师部现驻在华屏。我说敌人突围，华屏首当其冲，请准备。师长说不要紧，刘团长马上到来，即饬他反攻电蒲岭。10 时后敌由电蒲岭向那香突围，师部在华屏村首当其冲，敌全部由华屏突围而出，经那香向南宁逃窜。我野补团在那香附近未得情报，也没有作堵击敌人之准备，被敌人安全通过那香向百济而逃。

后来，我派出部队扫荡战场，镇南圩各山地附近均无敌踪，发现敌尸 200 余具，均将右手斩去，用薄土掩埋，收获敌遗弃的枪炮弹、钢盔、水壶、饭盒、罐头食品很多，又有一部分文件如命令、日记等。泗合坳战役遂告结束。

桂林“焦土抗战”

巢 威

白崇禧策划“焦土抗战”

1944年夏季，日军大举进军湘南，在衡阳会战后继续进犯广西。当衡阳会战时，第四战区长官部召集了一次军事会议，黄梦年参加了这次会议。会议决定：“拟以第十六集团军所辖第三十一、第四十六两军为守备桂林部队；以第十六集团军副总司令韦云淞为桂林城防司令；桂林市除市政府、警察局留在城内协助守城，市民每户留壮丁一人在家看守财物外，其他各机关团体市民全部疏散，离开桂林城，以免作无谓的牺牲。会后即命韦云淞到桂林成立城防司令部、筹划桂林守备事宜，并调集第三十一、第四十六两个军到桂林构筑守备防御工事。韦云淞领到工事费2500万元，只使用极少数的工事费，构成野战工事。

白崇禧当湖南抗日军事紧张的时期，由重庆回到广西。他认为第四战区长官部所决定的以第三十一军、第四十六军两个军守备桂林的作战计划不恰当，并对这个作战计划有所改变：由第三十一军抽出第一三一师，第四十六军抽出第一七〇师，配属第七十九军一个团及炮六团一个十五榴弹炮兵一连为守备桂林部队，将第四十六军军部及第一七五师（师长甘城成，是夏威的姨甥）、新编第十九师以及第一三五师（师长颜僧武）、第一八八师（师长海竞强是白崇禧的外甥）调出了桂林。计划改变后，守城官兵都认为无异把他们葬送于桂林，愤愤不平，因此军心涣散，士气低落，纪律废弛，逃亡日多。白崇禧又命柳庆师管区征集新兵补充桂林守城部队，以未经训练的补充兵马上去前线作战。

第四战区司令长官张发奎对白崇禧一意孤行、改变他的计划，深为不满，因而对桂林守备事宜也置诸不问。衡阳失陷后，张发奎即命令第九十三军在黄沙河构筑防御工事，阻止敌人南进，掩护桂林市疏散及作战准备。9 月敌军进至黄沙河，第九十三军军长陈牧农放弃黄沙河退守大溶江，桂林呈现紧张状态。各机关团体纷纷抢占交通工具，市民无运输工具者，丢掉财物，携男抱女地向南逃难。桂林一时甚是紊乱，民怨沸腾。结果陈牧农被枪毙。

桂林市原计划留市政府、警察局在城内维持秩序，协助守备部队作战，每户留壮丁一人在家守备私人财物。谁知桂林紧急疏散时，桂林市市长苏新民、警察局局长谢凤年（他们都是白的亲信）向白崇禧请求疏散离城，白为了私情也批准了。因此，市府、警察局、留户壮丁，在疏散时都跑光了。桂林城内除守备部队外，没有其他机关存留。

我当时是第一七〇师少将副师长，10 月 13 日当我由桂林西门进城时，在西门外民房，看到骷髅躺在竹床上，无人收尸；家家大门打开，物品丢得乱七八糟，民房烧去很多。我会见韦云淞时问他，何以敌人未来，桂林已变成一片焦土，韦无言可答。

桂林外围作战的经过

10 月 8、9 两日，日军第十一军四个师团八九万人集结于兴安、全县、灌阳附近。中旬，敌分三路向桂林进犯：一路向大溶江第九十三军阵地攻击；一路由兴安向高尚田圩；一路由灌阳向海洋坪、大圩。目标都指向桂林。当时桂北军事指挥是第四战区副长官兼第十六集团军总司令夏威负责，当日军主力集结于兴、全、灌时，夏即命第九十三军加强防御工事守备大溶江原阵地；命第七十九军守备高尚田之线；命新编第十九师守备海洋坪之线；命各军在大溶江、高尚田、海洋坪之线拒止敌人，未奉命令，不得擅自撤退。当时第十六集团军总部位置于永福县城，设指挥所于桂林城内，10月15日夏威又命令我由各军抽调部队共六个步兵营组织一个纵队，开赴高尚田归第七十九军军长方靖指挥作战（方靖尚未到任，由副军长甘登俊代）。到达高尚田后，甘副军长即命我部为军之右翼守备队，守备高尚田观音顶、雷公顶阵地，军之左翼队是第七十九军向敏思师。

10月17日起，敌全线总攻击，战斗激烈。经过两日战斗后，敌人停止了攻击，每天都有小的战斗。24日起，敌人又发动总攻击。这次战斗在雨中进行，较上次攻击更加激烈。24日下午，第七十九军向敏思师阵地被敌突破，军预备队使用殆尽，无法恢复既失阵地；同时第九十三军方面，军之右翼也被敌人突破，两军联结部被敌占领，全线发生动摇。夏威即下达全线总退却的电话传达命令，各军在9时后开始向后撤退。各军撤退后，又奉到夏威的笔记命令，由参谋人员亲自送来，命令是要我纵队和增加来的杨森集团之第四十四师，在灵田圩东北、西北一带高地占领阵地，掩护全线总退却。28日拂晓，敌向我掩护阵地进行攻击，在我空军协助下与敌激战竟日，敌不得逞。29日晨我机群不断在上空助战，敌不敢猛攻，只以少数部队进行佯攻。下午我空军停止活动时，敌即以大部队猛烈攻击，我纵队右翼之一营被敌截断，右翼营独立作战。下午4时，第四十四师第一线阵地被敌占领，部队向后溃退。黄昏时候接夏威总部电话命令同意掩护部队向后撤退，30日上午7时，我纵队及第四十四师部队到达大圩，奉到夏威的笔记命令：令第四十四师迅即向柳州撤退归还建制；巢纵队除将第七十九军、第九十三军之部队饬令迅速归还建制，该纵队迅向永福方向撤退，今后归第十六集团军总部直接指挥。各部正在准备行动时，又接到桂林城防司令韦云淞派参谋人员送来的命令及亲笔信，说明夏威命令巢纵队向永福撤退，归总部直接指挥的命令已改变，巢纵队是桂林守备部队，应撤回桂林。我接到命令，即向桂林撤退。当我纵队渡过大圩河南岸时，敌先头部队跟着即到达大圩。双方互相隔河射击，至下午1时，我纵队即由河南岸向桂林撤退，敌也由河北岸向桂林前进。

桂林城之战

当时桂林守备军战斗序列如下：

城防司令　　中将　　韦云淞

参谋长　　中将　　陈济桓

第三十一军军司令部及直属部队

军长　　中将　　贺维珍

副军长　　冯　璜（已调职）

第三十一军第一三一师师长　　阚维雍

副师长　　郭少文

第四十六军第一七〇师师长　　许高阳

副师长　　巢　威

每师辖步兵三团约一万人，另有第七十九军第二九四团，第一七五师步兵一营，第一八八师步兵一营，炮六团十五加农炮一连（四门），军直属炮兵一营（山炮12门）。

防御工事大部系野战工事，一部利用石山岩洞砌成碉堡，全部副防御无铁丝网，仅用木材钉成木栅，无照明设备，阵地前敷设少数地雷。

桂林守备部署是：

（一）以第一三一师守备中正桥以北沿河区北门至甲山口之线及河

东岸屏风山、斧头山、七星岩、猫儿山、水东街沿河之线及各个独立据点。

第一三一师部署是以第三九三团（团长陈村）守备中正桥以北沿河至北门之线，以第三九二团（团长吴展）守备北门至甲山口之线，以第三九一团（团长覃泽文）两营守备河东岸各个独立据点及水东街沿河之线，由第三九一团抽调一营为师预备队，控置于师部附近。

（二）以第一七〇师守备中正桥以南沿河区，定桂门、南门、西门至甲山口之线，及象鼻山、将军桥、将军山各个独立据点。第一七〇师部署是：以第五一〇团（团长郭鉴淮）守备中正桥以南沿河区定桂门、南门之线，以第五〇九团（团长冯否临）守备西门以西沿河至甲山口之线，以第五〇八团（团长高中学）两营守备象鼻山、将军桥、将军山各个独立据点；由第五〇八团抽调一营为师预备队，控置于南门附近。

（三）第七十九军之第二九四团，守备德智中学及以西山地各个据点。

（四）军直属炮兵营，以炮兵一连（山炮四门）配置象鼻山，以一连配置于北门附近，以一连配置南门。炮六团十五加农炮四门配置于王城附近，炮兵统归炮兵指挥官——炮六团陈团长指挥。

（五）总预备队二营（第一八八师步兵一营、第一七五师步兵一营）控置于北门附近。

10 月 30 日下午 6 时，河东岸苗山附近，北门外车站以北地区发现敌之先头部队。31 日上午 7 时，河东岸之敌向我屏风山、猫儿山作试探性的攻击；下午 3 时将军山以南李家村附近及西门外检查站附近和猴子隘以西地区均发现敌人；是日敌人已形成对桂林城的包围圈。

11 月 1 日上午 8 时，敌步兵二股，每股约 300 人分向屏风山、猫儿山各个独立据点进行攻击，我象鼻山炮兵向敌射击，支援我各个据点的作战。我十五加农炮及北门山炮兵连向集中在北门车站附近之敌作歼灭射击，敌炮兵均未还击，判断敌炮兵尚未到来。攻击我屏风山、猫儿山之敌不得逞，黄昏时撤去。

11 月 2 日，敌一部向我屏风山，一部向我猫儿山，一部向我将军桥，一部向我德智中学以西石山阵地进行攻击，一大部由北门车站向北门甲山北之线攻击，战斗较为激烈。黄昏后敌不得逞而退去。

11 月 4 日，敌军四面进行攻击，屏风山、猫儿山战斗异常激烈，敌步兵在敌炮兵掩护下向我屏风山、猫儿山据点猛攻。黄昏时屏风山、猫儿山据点同时被敌攻陷，每据点我守军仅步兵一排，配属重机枪一挺，官兵除受伤者外，全部殉国，敌步兵在炮兵及战车八辆掩护下向我北门、西门阵地猛攻，都被我击退。德智中学以西山地被敌占领一个据点，守军第七十九军第二九四团之一连，仅生还八人。

11 月 5 日，敌约 2000 余人，分六股向我德智中学以西山地阵地进行猛烈攻击，敌炮兵 10 余门支援敌步兵攻击。由上午 7 时开始战斗至黄昏时，我守军无兵增援，山地阵地被敌攻陷一半，仍继续战斗。北门河东岸，西门将军山之线均发生激烈战斗。

11 月 6 日上午 4 时，敌占领河东岸、斧头山、七星岩山顶，我守军仍在各个岩口独立据点与敌作激烈的战斗。下午 6 时，水东街沿河阵地均被敌攻占，我守军退回各个岩洞的据点内，继续作战。桂林河东、西岸的交通被敌截断，城内与七星岩第三九一团通信利用无线电话。北门外敌战车八辆掩护步兵攻击北门，被我战防炮击毁战车二辆，敌攻击部队伤亡颇大，同日将军山、西门、甲山、德智中学以西山地均在激烈战斗。

11 月 7 日，敌战车掩护步兵分向我西门、北门阵地攻击，被我击毁西门攻击之敌战车三辆，在北门击毁一辆，敌退回。河东岸敌利用火焰器攻击我岩洞各个据点，将岩洞外的树木全部烧光，我守军仍继续战斗。

11 月 8 日，敌竟日攻击，敌空军协助战斗，我德智中学以西山地，除猴子隘及德智中学外全部被敌攻占。我军第二九四团伤亡和逃走过大，混合编组仅一营兵力，仍守猴子隘及德智中学各个据点，与敌战斗。下午8时至10时，敌集中优势炮兵十五加农炮30余门，山炮百余门向我城内各据点，作打击性的炮击，敌步兵在炮兵掩护下分向我阵地进行猛扑，各方面攻击之敌都被击退，唯守备中正桥以北盐街沿河之线的守军阵地，被敌炮兵摧毁，敌步兵由河东岸利用木排，强行渡河成功，一股300余人窜入盐街，中正桥桥头堡及沿河各个独立堡垒均被占领。我象鼻山炮兵发现敌强行渡河，作猛烈射击，将敌后续渡河部队阻止而截断，韦云淞知道中正桥桥头堡及沿河之线被敌突破，一部敌人窜入盐街后，即派师预备队在王城方面进行堵击窜入之敌；并命令我部恢复中正桥桥头堡及沿河之线阵地，悬赏夺回桥头堡的给500万元，夺回沿河之线阵地的给1000万元。

11月9日，我亲率预备队一营，千方百计地于当日下午3时将中正桥桥头堡及沿河阵地恢复。窜入盐街之敌，被我两方夹击，围困在街道构成的房屋堡内。敌军各方面仍继续攻击，双方均无进展。

11月10日，我军两营进行围攻窜入盐街之敌无效。敌各方面继续向我各阵地攻击，以北门、甲山、西门敌之攻击为最激烈。同时河东岸七星岩第三九一团无线电话通信中断六小时，不知河东岸状况。以上是桂林城战斗的经过。

城防司令韦云淞以桂林战况不利，召集守城高级将领开紧急军事会议（我在象鼻山前线指挥作战，未参与这次会议）。首先韦云淞责备第一三一师阚维雍部队作战不力，被敌突破中正桥以北沿河阵地而窜入城内，屡次扫荡而不能奏功，造成了心腹之患。他说河东岸各据点无线电话不通，河东战况不明，德智中学以西山地各据点，大部陷入敌手，与第二九四团通信也被敌截断。虽然各方面阵地尚能稳定下来，但我官兵伤亡过大，阵地守军逐渐削弱，势难久守。处在现在战况下征求各人意见。大家都不敢发言。韦继续说："守是守不了，不如放弃桂林突围而出，而免被敌全歼。"大家都赞同。决议黄昏后除象鼻山、将军山、河东岸各据点不通知外，其余各阵地部队，只留少数部队困守阵地，大部在黄昏撤离阵地，分向西方突围，突围后以两江圩为第一集合点，以龙胜为总集合点。会议散后，韦饬各回指挥所作突围之准备，黄昏后开始行动。散会后第一三一师长阚维雍回到师指挥所，师部人员已集合在会议厅等候他开会。阚对他们说："有好消息，你们等一会儿，我回房小便后再来告诉你们。"谁知阚回房后，房内即传出手枪声，参谋长郭炳祺入房看时，见阚已以手枪自杀（在阚奉命守桂林时，即具与城共存亡的决心，曾写下绝命书信寄柳州给其家属，现在仍保留在他妻儿手中）。郭炳祺当即以电话报告韦云淞，韦说："死了，算了。"仍饬各团按照计划准备突围。

第一七〇师师长许高阳散会回指挥所后，打电话要我由第一线归来商讨突围。我回到指挥所时，许高阳将突围决定转告。晚上 9 时，我到达通往德智中学的桥头，师直属部队陆续到来，韦云淞、贺维珍、许高阳也于 9 时经过那里。他们对我说："希望你好自为之。"说完后他们就仓皇向西去了。晚上 11 时，到来的有第一七五师的梁营和第五一〇团的黄营，第五〇九团二个步兵连和一个机枪连，当时德智中学之敌向我射击，证明敌人又占领了德智中学。我随令黄营击退德智中学之敌，并即率各部到达德智中学，召集各主官说明企图，命令梁营向猴子隘攻击（当时猴子隘已被敌占领），黄营攻击夹峰坳，梁营攻击猴子隘。攻占第二个坳口时，伤亡很大，继续向隘顶攻击时，梁营长不幸阵亡，士兵溃退下来。我亲率特务连继续攻击猴子隘，当时面部二处受伤，牙齿被打掉过半，当场昏倒不省人事。城防司令部参谋长陈济桓随韦云淞突围，由于他是跛子，无法突围，最后他自杀殉国。

我受伤不省人事后，部队伤亡颇大，无人指挥而行溃散。同时黄营攻击尖峰坳，营连长阵亡殆尽，部队也因无人掌握溃散而被敌俘虏。11

日上午8时，桂林守备战斗到此终止。[①] 我重伤后也被敌俘虏。敌参谋部浅田中佐迫我先去南京见汪精卫后回广西组织伪政府。我即趁敌看守松懈时，在厕所越墙而逃。

① 据查，桂林于1944年11月10日中午12时被日军攻占。

陈济桓

生下之儿不论男女，若我守城胜利，取名“可卫”，如我战败牺牲，取名“可伟”。

- 1892年生，号昆山，广西岑溪人。
- 1926年，北伐战争时任第七军第一师二十一团团长。
- 1937年7月，全面抗战爆发后，任第五路军中将参谋，因跛脚不便出征留任广西绥靖公署第二矿区主任。
- 1944年10月，任桂林城防司令部参谋长，与城防总司令韦云淞率军坚守桂林城月余。
- 1944年11月，率部突围时受重伤，自杀殉职。

陈济桓烈士传略

冯 璜

陈济桓号昆山，广西岑溪县筋竹乡人，生于1892年。他青年时报考桂林学兵营当学兵，辛亥革命时参加北伐，充混成旅干部，到南京后，请假回家。旋充旧桂系马济部唐绍慧（伯珊，广西天保县人）旅之营长。

1920年8月，粤军陈炯明奉孙中山先生令，由福建漳州率师回粤，驱逐广东督军莫荣新，大部桂军退回广西。第二年，粤军援桂讨伐陆荣廷，同年7月占领南宁，陆荣廷、谭浩明出走上海。唐绍慧率残部逃返天保，其营长陈济桓率同连长冯春霖、张贯之等官兵归编于田南警备司令马晓军。陈为营长，驻防田阳那坡附近。同年冬，陆、谭残余六七千人，从靖西到百色，拥刘日福为广西自治军第一军总司令，把马晓军在百色之部队包围缴械，马部营长白崇禧逃往贵州，黄绍竑逃往百色、凌云之间，召集残部收编民团与自治军对抗。陈济桓营暂编于自治军宋庆绩部，由冯春霖当营长。1922年初，粤军熊略、苏廷友部进攻百色，刘日福军溃散各地。广西省省长马君武改委马晓军为田南警备军第五路司令，白崇禧、黄绍竑、马春霖等分别率部队到田东会师，白、黄分任第一、二统领，陈济桓充司令部少校参谋。由于陈炯明反对孙中山北伐大计，统兵回粤。马省长兵力薄弱，不能控制局面，离南宁往梧州设署办公。拥孙部队在南宁的有刘震寰、黄明堂、马晓军等，受到声势浩大之自治军的威胁，纷纷退过笆江到南路。马晓军中途离队，白崇禧又赴粤疗伤，所部由黄绍竑统率入桂与李宗仁部会合，开往岑溪容县剿匪。不久，黄又离李另图发展，表面上受沈鸿英整编开到苍梧戎圩待命，暗中被孙中山任为广西讨贼军总指挥，于1923年7月18日和粤军李济深夹击沈军邓瑞征部于梧州，并占领梧州。陈济桓为总部少校副官。

1924年夏，李、黄两部改称定桂讨贼联军，李宗仁为总指挥，黄绍竑为副总指挥，白崇禧为参谋长，由贵县向南宁的陆、谭旧部林俊廷进攻，经过小战即告克复。是年底，联军改编，团扩大为纵队。陈济桓招收土匪民团数百人枪，被黄绍竑委为广西讨贼军第一支队司令，受第三纵队司令夏威指挥，参加了围歼韩彩龙于宜山和击败沈鸿英于平乐等战役。1925年，陈济桓支队改编为广西讨贼军第一统领，在融县长安整训剿匪。1926年夏，李、黄两军奉广州国民政府命改编为国民革命军第七军，李宗仁为军长，挥师北伐。黄绍竑为党代表兼广西省主席（后兼十五军军长），坐镇后方。陈济桓部编为第七军第一独立团在桂林补充训练，同年12月开往武汉，又改番号为第七军二十一团，隶属第一师师长夏威。1927年8月，七军龙潭大战歼灭孙传芳军，夏升军长，李明端升师长，陈被调充军部少将参军，嗣兼汉口禁烟局局长。1929年4月，蒋、桂集团兵戎相见，新桂系失败退出武汉，李宗仁、白崇禧逃返广西，继续反蒋。

1930年夏，以卢汉为首的滇军第二次侵入广西，第十五军四十三师师长韦云淞奉令防守南宁，陈济桓充防守副司令，以寡敌众，坚守三个月，最后由白崇禧率师驰援击溃敌人，滇军狼狈窜回云南。当年8月下旬，韦云淞得李、白电报，十五军副军长黄旭初将率小部分官兵入城支援，虑难穿过滇军包围圈。陈济桓建议选派本地士兵一两名潜出城外，散布黄旭初率领大军不日可到的消息。滇军恐受内外夹击，变更部署，把向东北面兵力集结西乡塘、心圩间，准备与桂军决战。结果黄旭初的百余官兵得以安然入城。将解围前，城内军民粮食已竭，官兵逼得用黑豆充饥，团结一致，坚守孤城。胜利后，韦云淞规定是日为该师“黑豆节”作为纪念，这是后话。

南宁解围，陈济桓升副师长兼一三二团团长，全师移防龙州。1933年春，陈因参观军事演习跌马伤足入院留医，出院后被送入南宁军校高级班深造。1936年六一运动，李、白提升陈济桓为中将参军，责成防守桂林。蒋、桂妥协，第四集团军改为五路军，陈仍供职总司令部。1937年抗战开始，广西部队大部北上抗日，五路军撤销，成立广西绥靖主任公署，陈出任第二矿区主任。1944年，日军攻占衡阳，韦云淞以十六集团军副总司令兼桂林城防司令，征求陈为参谋长，陈欣然答应。陈济桓家属以陈行动不便，劝他多加考虑。陈不稍动，并慷慨地说：“全国抗战八个年头，地不分东西南北，人不分男女老幼，大多做到有钱出钱、有力出力，以尽国民天职。我分属军人，报国之心，义无反顾，日寇侵华逼近家乡，我决心辅佐韦司令防守桂林。”陈毅然离别妻儿子女前往桂林报到。笔者当时是陆军第三十一军副军长，参加守城。韦常与陈研究防守计划及城防工事等问题。陈曾对我说过“我当一辈子军人，仗打了不少，打来打去，都是中国人打中国人，觉得没有什么意义。现在抗日战争，关系中国国家和民族的存亡，真是匹夫有责。上级派我守城是个光荣任务，我是跛子不能逃跑，胜则生败则死，誓把我几十斤水（指身体）和鬼子拼了，衰仔才做方先觉第二”的豪言壮语。

同年11月1日开始，日军挟其绝对优势的力量向守城部队猛扑，除使用轻重火器坦克飞机外，还施放国际公约禁用的毒气。守军以寡不敌众，死伤惨重。同月9日晚，韦云淞实行突围，率部内官兵越城向西逃跑，到达猴山坳附近。时因敌人火力封锁严密，陈济桓受伤倒地，深虑被俘受辱，乃从上衣口袋中取出名片（印有“广西绥靖公署陆军中将第二金矿主任陈济桓”等字），写下遗言：“职口臂受伤不能脱离阵地，决定自杀成仁，以免受辱。”陈并在姓名上盖上鲜血指模，取出怀表并名片交给卫士，令其走开。陈遂举手枪对太阳穴射击，壮烈殉国。日军未进攻前，陈曾寄信给他的夫人（时正怀孕）有如下一段话：“生下之儿不论男女，若我守城胜利，取名‘可卫’，如我战败牺牲，取名‘可伟’”。盖前者表示城可保卫，后者表示人虽死而精神伟大也。陈济桓生前平易近人、态度谦和，很少疾言厉色。由于他久历戎行，富有经验，指挥作战勇敢沉着，甚为难得。陈遗下九个子女均已长大成人，参加社会主义建设工作。后烈士忠骸葬在桂林普陀山上。

陈济桓抗战期间防守桂林殉难记

陈浩林

我父亲陈济桓，岑溪人，1944 年任广西桂林市城防司令部总参谋长和副总司令，军衔是陆军中将，在保卫桂林与日寇作战中，壮烈牺牲。（牺牲后，国民党国防部追认他为上将。）

1944 年初，父亲当时任东南金矿主任，尽管已不负军务，但在他的住所的墙壁，挂着中国地图，他将抗战中敌我双方的态势用大头针粘上纸条做标记，插在地图上，并常对来看望他的部下及同事分析抗战形势，互相勉励以国家民族利益为重，力争投身抗日战场。

当他接到上级电令和韦云淞（当时任桂林城防司令部总司令）多次来信，要求他出任桂林市城防司令部总参谋长时，当时我母亲即将分娩，且他自己于 1942 年因看演习坠马而受的足伤，一直未见好，行动不便，亲友和家属都力劝他再三考虑。但他说："抗战不分东西南北，不分男女老少，应有钱出钱，有力出力，靠大家齐心合力，才能驱逐日寇。现在强敌已到家门，我能熟视无睹吗？国家有难，匹夫有责，我虽身在金矿，但仍属军人，就有保家卫国的职责。"随即准备行装，赶赴桂林。

1944 年 7 月离家北上，行时只带一名随身勤务兵（陈汉荣）到达桂林后，即接任桂林防守司令部总参谋长一职。当时桂林守军是三十一军，名为一个军，实际上只是一个师，即一三一师（该军的师部驻柳州），兵力一万左右，再加上由爱国学生、青年组成的“学生军”等抗日团体，约三四千人（这部分基本上是我武装的抗日团体，主要做宣传、鼓动、救护工作）。他到任后，所接到的是这样一个摊子；部队士气不高，过去又没有带过这个部队，情况不熟悉。这个部队老、弱、病、新兵居多，战斗力不强。军内又充斥着各种矛盾，军官之间、官兵之间的那种旧军队的矛盾——旧军队的通病相当严重，军官中恐日心理也严重。加上因长期欠饷，使中下级的怨气更大。并且很快便发觉，上级对这支守卫部队并不是很重视的，在很多具体问题上并没有采取支持的态度。种种迹象表明这种防守只算是一种消极的防御，是迫于全国人民高涨的抗日呼声而仓促组成的，要领导这支武装是困难很多的。但他并没有因为这些问题而退缩，他是属于为数不多的坚决抗战爱国将领之一，决心在短期内整顿这支涣散的队伍，仍希望它能发挥作用以坚守桂林。所以他首先抓紧做了守军的安定工作，多次召集中下级军官开会。重申他对抗战必胜的信念，及对敌我双方态势的分析，鼓舞将士的斗志，并亲自调解过多起军官及官兵之间的纠纷，强调团结对敌的重要。为争取上级的支持，多次写信向上陈述坚守的决心，并提出具体困难，请求援助。也做了团结民众抗日团体的工作，多次接见学生军的代表和其他民众团体的代表，肯定他们的抗日热情，帮助他们开展工作及解决一些具体困难。军事上抓紧训练。对各部队的兵力部署与工事及火力之配备重新调配，不顾自己跛足的不便，无不躬亲勘察布置。从各方面做了迎敌的准备。

当时我方的防守战线是从桂林城北到城东，结集了重兵，东南、西一线，有柳州守军的大部分，为同一部属的三十一军。该军军部在柳州，以柳州作为桂林的后方。

1944 年 10 月 28 日，日寇先头部队与我城北守军接火，战事开始，这时桂林城的民众大多数已疏散完毕，城中只剩下守军和抗日团体的留城抗战人员。他们按照原部署进行迎敌。11 月 1 日，敌大举进攻开始，从北、东、南三方面向我军阵地冲击，战斗十分激烈，因我军在当时士气尚高，且多数利用了桂林城郊多岩洞这一有利条件进行坚守，给予敌军沉重的打击，大量杀伤入侵的敌军。到 3 日止，各阵地仍固守在我军手中。敌军在屡攻不下的情况下，从 4 日凌晨起投入大量空军，对我阵地实施地毯式的轰炸，敌地面部队又调集大量炮兵，各种口径的火炮向我阵地猛轰，更疯狂地使用燃烧弹与毒气弹向我岩洞守备部队扫射。由于我方装备不良，各种支援又缺乏，通信联络又中断，在此种情况下，尽管守军做了顽强的抵抗，仍由于伤亡惨重（有些岩洞的守军竟因敌的毒气造成牺牲于洞内，无一幸存）。守军原本就无足的兵力，又一直得不到补充，致使城外各据点相继失守，迫使我军防线收缩至市区边缘。

就在此时，守军司令官韦云淞，以请援为名，在装备精良的卫队护送下向南撤离（据说乘私人飞机撤离）。韦临走前命陈济桓总参谋长兼副总司令，全权指挥守军。从这里可以看到，高级军官中消极抗战，临阵逃跑者是大有人在。这也将使有恐日心理的中、下级军官更恐慌，更进一步使部队士气低落。

6 日凌晨，敌军攻占了我东南重要屏障七星岩一带高地，并向北门及南火车站猛烈攻击。敌包围圈进一步缩小，我方更处于危急之中。

9 日凌晨，一支化装的日军小分队，在烟雾的掩护下抢占了桂林市区最高点——独秀峰。并向市区内我军不时扫射，增加了守军活动的困难。当日中午在司令部召开了紧急军事会议，研究对策，我父主持。会议气氛紧张，多数认为桂林无坚守的可能，主张马上突围。但也有少数认为再收缩防线，组织力量夺回独秀峰，则还有可能再坚守三天以上，在坚守中等待援兵（指柳州方面）。一旦援兵到达，形势即会改变，不但桂林可解围，也可阻击敌对柳州方面的压力。我父的意见倾向于后者，认为还未到完全绝望之地，不能放弃桂林，号召全体将士坚决抗战到底，誓与阵地共存亡。但为保存实力，守军之一部分可向西撤离市区，再利用岩洞等有利条件与敌周旋，一则等待援兵，另外，可与柳州方面的守军靠拢。这个决定本是正确的，也体现了爱国将士誓死守土的决心。但由于当时通信中断，不知道柳州早已失守[①]，而且柳州的失守实则是守军未迎敌即自动放弃的。这无疑使敌有可能完成对桂林的重重包围，置桂林守军于完全孤立之地。而桂林的守军等援兵之希望则成了泡影。

会议结束，各部队长回去立即做动员和准备。在这种情况下，抗战坚定分子的表现就是临险不惧，视死如归，做好拼搏的准备，如有的给家里人写好遗书，丢掉了一切多余的物品，做好了为国家为民族牺牲的准备。但也有悲观失望，怯阵的。一三一师师长阚维雍少将，在军事会议结束后，因其提出的撤退放弃方案被否决，他既不敢违抗军令，又缺乏坚守的勇气和决心，故情绪很不正常。我父见状，便一再交代阚的副官及警卫注意其动向，勿使其寻短见。但阚回其公馆后，即当日下午4时左右，支开了随身人员，在卧室中用自己的手枪自杀的消息传到司令部，我父等即赶到阚公馆看了阚的遗体，并吩咐装殓好，便回司令部，哪知道，更坏的消息在等着他，就是柳州早已失守，日军正向西移动，西面多处险要已为其抢占，桂林将为一座被重重围困的孤城，坚守待援已成空想。此时桂林市区剩余的守军正与突入的日军进行着巷战，尽管守军和一部分学生军对日军做了顽强的抵抗，但由于伤亡惨重，只得节节败退，并被日军分割于多处，大有被歼灭的可能，敌的炮弹又不断向司令部所在地市第一监狱附近发射。这些情况说明了桂林已无坚守的可能了。只得下令各部组织突围。但因电话联系多已中断，命令多由通信兵传达。命令规定各部在天黑后各自组织突围，方向是城西，企图突过敌人之封锁线向从柳州撤出，向三江县方向移动。

---

① 桂林失守时间应为1944年11月10日。

当时司令部只剩下不足200人的卫队，及非武装的文职人员。我父即命他们做好一切准备，把文件烧毁。约晚9时，这支司令部的人马在我父亲自率领下离开司令部向西突围，因其行动不便，由几个身强力壮的士兵用担架抬着走。沿途经老人山、丽君路等桃花江边。队伍正在渡过浮桥，却不料与一股从南宁插进来的日军遭遇，发生了激战。我军死伤了一部分，但终于突过了桃花江。而这支队伍损失了五六十人。剩下100多人的队伍过江，钻进了漆黑的夜幕中，暂时甩脱了敌兵。

本来他们是有可能脱离包围圈的，但由于天黑，地形不熟，这支人马又与其他突围部队失去联系，他们迷路了。在夜幕中闯了几个小时竟又转回到江边，待弄清方向后，再折回向西，到了一个叫猴山坳的地方，极度的疲劳使他们不得不在山脚下稍事休息。

也就因为迷路误了宝贵的时间，坳口早已被日军占领。此处是一绝地，两座山峰陡又削，中间只有一条路可走。他们也犯了一个军事上的错误，人马在山下休息，没有派出斥候向山坳搜索；更有麻痹大意者，在休息地打火抽烟，高声说话，至被扼守山坳的敌军发觉，敌方即向我方猛烈扫射。此时我方知山坳口已被敌占，但退回去已无可能，只有向前冲。

这支队伍在我父亲的指挥下几次欲前冲过去，均被敌占领的两个山头上的重机枪所组成的交叉火力压下，我方在冲击中死伤了二三十人。就在队伍冲锋到达半山腰时，我父手臂及口部中弹（一颗子弹横穿面颊，两边大牙被打掉）受了重伤。队伍只得退回隐蔽处。

此时有人提出沿峭壁攀绕过去，我父自知身负重伤是不可能随队突围出去了的。即用名片（一张旧名片上面印有他原来的职务军衔姓名——“广西省绥靖公署高参兼第二金矿主任、陆军中将陈济桓号昆山”）用钢笔在背面写上“桂西猴山坳，职口臂受伤，不能脱离阵地，决定自杀，免受辱”。签名后用手指蘸了鲜血盖在名字下面。此名片交一随身警卫，并掏出一只随身带用多年的李宗仁送给他的怀表给此警卫留念，请其将遗书在突围出去后想法交上级。当时尚勉强能说话，又向随队突围的一辎重营营长要一些钱。此举使营长莫名其妙，他慢慢解释：有钱在身上，死后必有人埋葬。这位营长便把一些钱放在他外衣口袋里。

当时在场的军官和士兵均不忍将其留下，表示要拼死把他救出去，但他拒绝了下级的苦劝，考虑到行动不便会成为突围人员的负累，更延误了时机，即下达了他从军几十年，从下级军官到高级将领所下达的最后一道命令，命令随队的军官迅速组织可行动的人员，包括轻伤员趁天未亮突围出去，并很吃力地对他们说，希望突围出去后即向上级报告战事的经过，及失利的原因：上级抗战态度不坚决，对守军支持不力，军队内矛盾多，不能一心抗敌，指挥不灵，桂—柳防御系统不起作用，柳州的提前放弃置桂林守军于孤立地位等。并叫同乡的那位辎重营营长（名陈振寿）回乡后安抚家属，突围部队临走前将他和其他不能行动的伤员用我军牺牲了的将士之遗体堆掩起来，即挥泪在黎明前突围出去。

在留下的人员中，有一位腿部受伤的副官，当我方人员撤走后怕敌搜山，便挣扎着从尸堆中爬出来，进了附近的山洞隐蔽起来。天亮后，敌人开始搜山，并逐一翻我方牺牲人员的尸体。当我父藏身的尸堆被敌军翻起后，他即从地上坐起，拔出他的左轮手枪，怀着对敌的无比仇恨，击毙数名近前的敌军，然后把剩下的最后一颗子弹射向自己的太阳穴，壮烈地以身殉职。用这一极其悲壮的行动，捍卫了中华民族的崇高气节。这一气壮山河的行动向日寇宣告了中国人民是不会屈服的，中国的爱国军人是不怕死的。这位17岁离家从军，参加过辛亥革命，参加过同盟会，为推翻满清政府建立共和体制出过力，参加过北伐战争及以后在混战年代的战争，可谓身经百战的将军，就这样倒下去了。他为国家和民族流了最后一滴血，他不愧为伟大的中华民族的儿子。

敌人在搜山中残杀了我方的几个伤员，余下全被俘虏。而转移到山洞的那位副官，由于洞口隐蔽，有茅草遮挡，终未被发现，在敌军撤走后，被上山的群众救出。他成了这壮烈场面的一位见证人。是他在后来将这经过向上级及陈营长等人叙述的。

我父牺牲后，日军根据领章和领章背面的番号及我方被俘人员的供述，知其为桂林防守战之最高指挥官，便用一条毛毡裹其遗体，就地埋葬，坟前竖一木牌上书“桂林市防守司令部总参谋长，陆军中将陈济桓之墓，昭和十九年立”。

以上是关于我父亲陈济桓牺牲的经过，是根据跟随过他的人员，在抗战后回到家乡对我们的叙述而回忆整理的。但因年代太久，且当年的人员中有些已作古，有些至今又下落不明，无从再作具体了解。以上情况，难免有不全和遗漏，待进一步收集后再补充。

另有一事，可见我父亲当时的抗战决心。他出发到桂林时，我母尚未产下腹中的胎儿，他到桂林后，即写一信给我们的六叔（陈恩荣）谈了关于小儿取名的问题，说如桂林一战胜利的话，小儿则名叫“可卫”，意即桂林可保卫，要是桂林一战失败，他阵亡了，即是为保卫祖国献身，这种精神是伟大的，则小儿的名字叫“可伟”。

王卫苍

后来证明，我们在这绵延的大别山区，多次打垮敌人的“扫荡”进攻，山区人民能安居乐业，局势相当安定。

● 1904年生，湖南湘乡人。中央陆军军官学校第五期毕业。

● 1937年，全面抗战爆发后任第七军一七〇师五一九旅参谋主任，参加淞沪会战。

● 1938年1月，任第一七〇师代参谋长，参加徐州会战。

● 1938年，参加武汉会战，任一七一师参谋长。武汉弃守后，率部坚持在大别山区游击抗战，直至抗日战争最终胜利。

● 1997年，病逝于辽宁沈阳。

忆第七军吴兴阻击战

王卫苍

抗战开始之前，我在广西南宁中央陆军军官学校第一分校高教班第五期学习。抗战动员，我即奉派为第七军第一七〇师第五一九旅中校参谋主任。参加了后期的淞沪抗战，现就我所知道的略加记述。

民国26年（1937年）七七事变起，上海八一三抗战爆发，在国共合作共同对敌的政策下，蒋介石宣布全国抗战。当时在广西的第四集团军总司令李宗仁被任命为第五战区司令长官。他和广西省主席黄旭初下达全省动员令，征集10多万新兵入伍，将原有16个步兵团扩充为13个师，编成第七、第四十八两个军，后又编成第三十一和第八十四两个军，归第二十一、第十一两个集团军指挥。第二年又编组第十六集团军。其战斗序列如下：

第二十一集团军总司令　廖磊

第七军军长　周祖晃，副军长　徐启明

第一七〇师长　徐启明（兼）

第一七一师长　杨俊昌

第一七二师长　程树芬

第四十八军军长　韦云淞，副军长　区寿年

第一七三师长　贺维珍

第一三八师长　莫德宏

第一七六师长　区寿年（兼）

第十一集团军总司令　李品仙（兼）

第三十一军军长　刘仁毅

第一八八师长　刘　任

第一八九师长　凌压西

第八十四军军长　覃连芳

第一七四师长　王赞斌

第一七五师长　钟　毅

当上海战争吃紧的时候，南京军事委员会命令广西调派部队赴沪增援。广西绥靖公署便抽调第一三八师、第一七一师、第一七三师、第一七六师四个师，编为第二十一集团军第四十八军，开赴上海作战。11月初，第七军的两个师，在陇海路商丘、砀山一带，集结完毕，随即奉令南开上海增援。11月12日，第七军先到南京的第一〇三八团，即奉蒋介石的手令，由汽车输送浙江嘉兴，掩护上海我军的转进。次日，第七军后续部队，即在常州下车，徒步开往吴兴集结，防止日军西窜。

日本陆军第十军在金山卫强行登陆成功后，我上海右翼军刘建绪等部，向浙江溃退，日军跟踪向嘉兴进犯。我第七军第一七〇师第一〇三八团，已先一日在嘉兴布防，但只打得一天，挡不住敌寇大举进攻，向后撤退。

日寇突破乍平嘉线后，即派第六师团（荻洲）沿京杭国道由南浔西犯，企图攻占吴兴，直取南京。11月，与第一七〇师第五二二旅在升山发生激战。我在戴山的第五一九旅（欠第一〇三八团），亦与敌军接触，在敌寇飞机大炮的猛烈轰击下经两昼夜的奋战，损失惨重，旅长夏国璋、团长韦健森均阵亡。残部退守吴兴城，只打得一天，吴兴失陷。这时，第一七二师程树芬率部来到，与第一七〇师残部共同扼守吴兴城西仁王山一带山地。由于敌军炮火强大，兵力又多我几倍，只打得一天一晚，就败退至江浙边境孝丰等地。这时，第二十一集团军总司令廖磊率领从上海溃退的第四十八军，来到这江浙边境，凭借山地继续拒止日军的进犯。但敌军统帅松井石根率领的四个师团，沿沪宁线，已于12月13日攻占我南京城。

这次第七军在吴兴作战失败的原因有三：第一，兵力不足。第七军只有两个师（第一七一师已调去上海参战，还有一个团调去嘉兴未归还）七个团，而且新兵居多，未经严格的军事训练，战力极差。第二，时间仓促。开到阵地，只一天就发生战斗，没有构筑好野战工事。升山、仁王山，都是这样。第三，阵地前的公路交通，未作彻底破坏，有的甚至没有破坏，使敌人的战车、炮车、汽车很快就接近我前沿阵地。也就在这一次，川军有一个师，在浙西泗安未破坏公路，致使敌军坦克冲到师指挥所，把师长饶国华打死。那时，我军只有打内战的经验，不懂得破坏交通线的重要，致使敌人机械化部队畅行无阻。

廖磊所率的两个军，除在浙西山地继续抗击日寇外，还即积极整编部队。由于在上海、吴兴两次战斗，人员损伤过半，每师只编得两个步兵团，而把旅部裁并，开回广西接训新兵。这时，日寇作战目标是想打通津浦线，夺取徐州，并无意进攻浙江，只把杭州作为一个据点，阻止我军向上海出击。我二十一集团军的第七、第四十八两个军，就在浙西桐庐迄金华一带布防。当时，浙江省主席黄绍竑（广西人），也很希望这两个广西军，在浙江防守。可多疑的蒋介石却不愿意了，便以归还第五战区建制、策应津浦线作战为名，命令我们这两个军，从浙赣路经九江北渡长江，开往安徽。民国27年（1938年）2月，第四十八军开赴津浦路南段的明光、八岭等地，协助第三十一军阻击南京日寇的北犯，第七军则在合肥、寿县一带，扼要构筑工事，防止敌人西犯。

在此，我想把看到的一些有价值的资料，和我在第一七〇师代参谋长任内，于1938年1月，出席武昌召开的第一次全国参谋长会议和在会上听到参谋总长何应钦、副参谋总长白崇禧、军令部长徐永昌的报告，以及与会人的发言和个别人的谈话，加以梳理思考，得出敌我作战的经验教训和上海抗战的失策，有如下几点：

（一）从八一三打到10月中旬，日寇不断增兵，总兵力达陆军10个师团，连同海军陆战队及配属的特种兵队，合计在30万人以上，这都是日本训练有素的精锐部队。日军从吴淞口外的兵舰上，用远射程大口径火炮轰击我军阵地，还有飞机不断轰炸，我军不论中央或地方部队，装备都比日本差得多，在我们阵地上的山野炮，完全被日方优势炮火所压制，不敢还击，只能挨打。

（二）我方空军，只有少数购自国外的过时旧式飞机，但我方空军人员，仍然奋不顾身，与敌周旋，也打掉不少敌机，但我方损失惨重。我们广西航空学校的几十架战斗机和飞行员，在上海这一仗，几乎牺牲完了。由于没有制空权，我军阵地上的官兵，抬不起头来，白天也不能做饭送菜，在前线的官兵，整天吃不到饭菜茶水，饥饿疲劳，已达极点。这种消耗战，多打一天，就多吃一天亏。

（三）上海抗战，我国前后参加的部队，共计有70多个师，占当时全国兵额三分之一以上。而且这些队伍，都是经过军事训练，有作战经验的，这一仗打下来，死伤过半。例如宋希濂的第三十六师，从上海撤下来，只剩下3000多人，当然还有不少伤兵转送后方。又如第四十八军的第一七六师区寿年师，上海打下来，到孝丰整编，只编得一个团（原先是两旅四团），人们讥笑区寿年当师团长。这些部队，除少数例外，大都是一直到第二年的下半年才得到人员补充，有的装备还领不到，远远比不上原有的力量。比如第七军，从上海和吴兴打下来到孝丰整编，每师只编得两个团，只有原有的二分之一。半年来得不到一点补充，又调去淮北参加徐州会战。在优势敌人的猛烈攻击下，又遭惨败，使徐州会战以失败而告终。以兵不足额、装备不全的两个空架子的师，去拒阻数倍于我的敌人，哪有可能呢？

（四）淞沪三角地带的地形，适合敌人发挥它的海空优势，而于我军则不利。这滨海地区，地势低，水位高，挖下去两三尺就是水，许多野战工事，被水浸淹，不能使用。而吴（县）福（山）线是早已建就的钢筋水泥永久工事，在上海打起来以后，也不派队扼守，把所有的部队，都填到第一线，没有二线配备。上海撤下来的队伍，都是溃不成军，如一盘散沙，完全脱离掌握，官兵各不相顾，以致这几条既设工事，全未发生作用。

（五）没有海防，便没有国防。敌人兵舰，可以在我国近海地区任意游弋，我们也无阻止敌人登陆的能力和设施，不说潜水艇，连鱼雷快艇也没有几艘。所以敌人在金山卫，挟其海空优势，毫无阻挡地一举登陆成功，直指松江县城，迫使上海我军全线崩溃。

（六）部队训练，至关重要。不经过严格的军事训练，是不能完成战斗任务的。我们第一七〇师，便有多数是新征入伍的壮丁，很多没有受过民团训练的，连立正稍息都不懂，更谈不上瞄准射击和利用地物了。我发现这种情形，即通知各团，利用在砀山集结候命的时机，施行紧张训练，并打了三次实弹射击，后来参加实战，还是很差劲。这是我们广西兵的情形，其他各军，亦有这些现象。例如湖南第十八师，在抗战刚开始，便把这个师的老兵，编到其他部队，调去上海参战。该师则另接新兵，在湖南训练。但到上海战事吃紧的时候，又叫这个师也开去上海，参加作战。可是这个新兵师，一上火线，经不起敌军的猛烈攻击，就溃不成军。师长朱耀华愤而自杀。这不是一个失败的可悲教训吗？

以上几点，是上海作战的失策，尤其是后期的孤注一掷，更为最大错误。当上海打到快两个月的时候，副参谋总长白崇禧向蒋介石建议：“在上海这个不利地形作战，牺牲太大，应适可而止，保存实力，作尔后持久作战之计，应即后撤至吴福线既设阵地，继续作战。”蒋介石也已采纳这个意见，下令各部向后转移。第二日下午，蒋介石忽又召集紧急军事会议说：根据外交部的提议，九国公约国正在比利时开会，只要我们能在上海再坚持几个星期，这些国家就会出面干涉，因此要收回转移命令，仍在原阵地继续打下去。当时，白崇禧等人极力反对，说命令已下达了，部队正在执行，如要他们再行反回原阵地，必会引起混乱，糟到不可收拾的地步。可是，蒋介石不听，坚要收回成命。这时，各部队有的已经撤下来了，阵地也被日军占领了，又要回去反攻，战斗极为不利，死伤多，损失大。至 11 月 5 日，敌人在金山卫登陆成功，并向松江县城进攻，我右翼各部，被迫向青浦后撤，左翼也只得向吴福线后撤。那些碉堡工事的门锁钥匙，原交当地乡保长保管，战事紧迫，他们都逃走外乡。撤退到该线的部队因找不到钥匙，工事门打不开，碉堡也进不去。在敌军的追击下，吴福线也没有站住，数十万官兵，像洪水决堤一样，四散奔逃，武器辎重，遍地丢弃，形同大溃退。这样的一退千里，使苏州、无锡、常州、镇江等重要城镇，均未经战斗，就落入敌人之手。

徐州会战见闻录

王卫苍

七七事变后，在广西的李宗仁被任命为第五战区司令长官，进驻徐州。山东省的韩复榘被任为五战区副长官兼第三集团军总司令。另外还有第十一集团军李品仙、第二十一集团军廖磊、第二集团军孙连仲，第三军团庞炳勋、第二十军团汤恩伯，第五十九军张自忠、第六十军卢汉、第六十八军刘汝明、第五十一军于学忠、第七十五军周岩等部。第五战区作战地境是苏皖两省北部及山东全省。当时日本侵略军正在上海与我国军主力交锋。华北方面与我第一战区程潜、第二战区阎锡山、第六战区冯玉祥、第十八集团军朱德等部激战中。

山东韩复榘的第三集团军，有五个师一个旅和地方团队，约有10万之众。南京军事委员会命令他负责守备青岛、烟台，防备日军从海上进犯，另派两个师开赴黄河以北，归第六战区冯玉祥指挥，防止日军从津浦路南下。可是韩复榘却密令他的部队，不要听冯命令拼死作战，要保存实力，逐步南撤。

当时盛传韩复榘与日本人有勾结，极不可靠。李宗仁在徐州，感到很担忧。即派遣第十一集团军中将参谋长何宣（湖南益阳人）前往济南、青岛一带，了解情况。当何会见韩复榘时，他口里还说得好听："我一定听李长官的命令，尽力守住徐州的北大门。”但事实并不是这样，何在济南各地看到的韩部，有撤退模样。何宣和韩部师长孙桐萱（兼）、展书堂等人，均是保定军官学校同学，私下里谈到当前形势时，他们都郑重表示：“不管向方（韩复榘字）是不是想投降日寇，我们是中国人，决不会当汉奸，请转报李长官放心。”李宗仁得了这个底，心中有数。

正当津浦路战况紧急时，韩复榘一心只想保存个人实力，暗地里与四川军阀刘湘互相勾结，想把队伍拖到河南，逃往汉中，他不仅让黄河北的两个师擅自放弃德州，撤回黄河以南，连青岛济南也都放弃不守。李宗仁一面严令韩部固守泰安之线，不许后撤，一面申报军委会。这时，冯玉祥以韩复榘不听命令，津浦路作战节节失利，愤而辞职。

蒋介石即下令裁撤第六战区，部队并入第五战区，并亲到河南开封，召开军事会议。韩复榘本不敢前去参加开会，连到达徐州，也不去见李宗仁。李担保他没事，邀他前去开会。哪知一到会场，蒋介石即首先指责韩复榘不听命令擅自后撤，放弃济南。韩复榘大声抗辩说：“我失守济南，固然有罪，南京失守是哪个人的责任？为什么不查究呢？”蒋介石厉声斥责，南京失守，自然有人负责，现在追问你在济南不战而退，应依军法处理。当即将韩复榘扣留，交由军法执行总监鹿钟麟，专车押解武昌，军法会审处决。第三集团军总司令，由军长孙桐萱升任。

民国 27 年（1938 年）1 月，我以第一七〇师代参谋长，出席在武昌召开的第一次全国师以上参谋长会议，到会的有全军各级参谋长约 300 人。在点名时，我还看到全场注目的第十八集团军参谋长叶剑英将军。在这次会议上，我听到了委员长蒋介石、参谋总长何应钦、副参谋总长白崇禧、军令部部长徐永昌的讲话，并见到了参加会议的张淦、杨赞模、李倜生、方钦、龙炎武等人，谈及上海会战的损伤惨重以及南京保卫战的失策等等。

就在这次会上，我第一次听到了蒋介石的讲话，他沉痛地说：“此次上海失利，南京失守，致使我国军民伤亡很大，损失极重，连总理陵墓都没有保住。我身为统帅，指挥无方，致有此失，无以对全国军民和总理在天之灵。”大家听了他这段自责的话，都低下头来，感到难受。事实上，上海的孤注一掷，南京的背水守城，都是由于他的刚愎自用，不采纳白崇禧、蒋百里、刘斐诸人的建议所造成的重大战略错误，他是应负责任的。

我在武汉的一天早晨，看到报上的大字标题——韩复榘不听命令，擅自撤退，放弃山东，“明正典刑”。当时的舆论，认为韩复榘罪有应得。不过枪毙一个总司令，还是破天荒的第一遭。那时四川的刘湘被任命为第七战区司令长官，正在汉口养病，他也是心怀鬼胎的人。就在这时，他病死了。因此有人说：“枪毙韩复榘，吓死刘甫澄（刘湘字）。”

当韩复榘不战而退之际，日军占领了青岛、济南。1935 年 3 月间，派遣其精锐部队板垣和矶谷两个师团分由青岛、济南，向我五战区进犯，企图占领徐州，打通津浦线。其板垣师团，在青岛登陆后，即沿青沂（青岛到临沂）公路，向徐州东北的战略要地——临沂进犯。防守临沂的是第三军团庞炳勋，他名为军团，实际只有五个步兵团，只相当于一个师的兵力。庞部经过城北三天的战斗，不支，退守临沂城，即向第五战区求援。李宗仁便急调张自忠的第五十九军赴援。原来庞、张二人，都是冯玉祥的部下，可意见不和，成了死对头。李宗仁得知后，劝告他们：“现在大敌当前，要捐弃宿嫌，以国事为重，共赴国难。”张自忠得令后，二话没说，即率部队星夜兼程前往增援，到达临沂南郊，片刻不停地向围攻临沂的敌军进攻，杀声震天，庞炳勋看见张部来到向敌冲击，即率部从城内冲杀而出，里应外合，一场血战，把板垣师团打个大败，死伤几千人，丢弃枪炮辎重无算，向莒县溃退。张庞两军追杀 90 余里，才相互携手同回临沂，从此两人，友好如同兄弟，一时传为佳话。

这次临沂战役取得胜利的原因，主要是庞张两人，对李宗仁有好感，能听从命令，拼死作战。原来庞炳勋部名为军团，实际只有五个步兵团，可是军政部还说他超编，只承认他四个团的粮饷，要他裁掉一个团。由于没有人给他说话，多次请求也不允许，他以四个团的经费，养五个团的人马，实在为难。调来第五战区后，他请求李长官帮他说项，不要裁减那个团，李宗仁当即打电报给军政部，痛陈现正抗日需要部队之际，哪有裁减部队的道理。军政部无话可说，也就复电答应不裁了。所以庞炳勋对李宗仁非常感激，特别卖力。

张自忠系宋哲元部下的师长，兼北平市长。七七事变之后，他奉命留在北平与敌周旋，全面抗战爆发后才从北平脱身逃回南京，可是舆论说他当了“汉奸”，政府也说要惩办他，把他软禁起来。李宗仁得任第五战区司令长官，来到南京，张自忠请求李为之缓颊。李即晋见蒋介石，要求政府体谅张自忠当时所处的环境和自报来归，允许他杀敌立功，并力为担保，张才得以回到原部队调至第五战区。所以他对李宗仁感激万分，表示要舍身报国，以明心迹。

两年之后，果然在湖北随枣战役中，渡过汉水，与敌奋战，以身殉国，成为抗战以来第一个集团军总司令壮烈牺牲的人物。李宗仁在老河口得报后，痛哭流涕，几日不食。在那次战争中，还有桂系的第一七三师师长钟毅在枣阳北面作战阵亡，战争的激烈可以想见。

当临沂作战的时候，日本侵略军为了策应板垣的作战派遣矶谷师团附一个骑兵旅团、一个重炮联队，从津浦铁路正面，攻占邹县，随即向滕县进攻。守备滕县的川军第二十二集团军邓锡侯的第四十一军第一二二师王铭章部，与敌苦战三昼夜。由于装备窳劣，兵员不足，众寡悬殊；又因汤恩伯军援救不力，滕县失陷，王师长以下几千人，全部壮烈牺牲。

川军邓锡侯部在第五战区的英勇抗战，也有一段经过。抗战开始，邓锡侯的第二十二集团军两个军，由四川调到山西，隶属第二战区阎锡山指挥。这个部队，纪律较差，又没有兵站设施，部队到哪里，就在哪里筹购军粮，山西人民怨声载道，因此阎锡山要求军委会把这部队调离山西省。蒋介石便叫副参谋总长白崇禧把这两个军就近调归第一战区指挥，但第一战区司令长官程潜，认为这些川军，战力既差，纪律又坏，拒绝接受。蒋介石发火了，便叫把这个部队调回四川老家去。白崇禧却说，等我打电话问第五战区要不要？等他一打电话，李宗仁正苦于兵力不敷分配，便叫赶快把他们调来。白又说川军装备陈旧，战力很差，纪律又欠佳，山西和一战区都不要呀。李宗仁却说："他们总比没人要好些吧，赶快把他们调来，我这里正需要人啊。"

就这样，邓锡侯的两个军，调来了徐州第五战区。李宗仁集合他们，亲自讲话，鼓励他们遵守军纪，不要骚扰老百姓，英勇杀敌，报效国家。李宗仁看到他们的枪支，都是陈旧的川造步枪，确实太差。便即电报军委会，请求换发一批新枪。可是，蒋介石只批发中正式步枪500支，每个军只得250支，真是"杯水车薪"。李宗仁又叫第五战区兵站总监石化龙，发给他们服装粮饷，补足子弹。这样对他们打气，士气也就旺盛起来了。所以后来就发生王铭章师的全部殉国的悲壮事迹。

我在1943年，随第二十一集团军军事教育参观团到成都参观中央陆军军官学校，有机会拜访了邓锡侯。他知道我们都是第五战区的桂系队伍，特在家里设席招待我们。在劝酒的时候，他说："我一生只在五战区徐州长官部的宴会上，醉过一次，当时我太兴奋了。我们二十二集团军出川抗战，要不是李德公（李宗仁字德邻）收留我们，几乎请缨无路呀！"从他这几句话，说明他对李宗仁是极为感佩不忘的。

当日本军矶谷师团于攻占津浦线上的滕县之后，认为津浦正面，有汤恩伯第二十军团的五个师兵力扼守，不易攻取。为了策应板垣师团的作战，转而向东，从临枣铁路进攻台儿庄，与我第二集团军孙连仲部队发生战斗。经过几天的苦战，孙部伤亡惨重，李宗仁电令汤恩伯军团赴援，但汤恩伯按兵不动。李最后致电汤恩伯说："如再迟延不前，定按韩复榘的榜样，以军法从事。"并电蒋介石严饬汤恩伯照办。汤不得已才率所部全力从台儿庄的西北方，猛攻日军后路的侧翼。

据守台儿庄的孙连仲部，也组织敢死队连夜出击，在台儿庄内，展开肉搏战，夺回不少房屋。日本军队已经激战连旬，弹药汽油均已消耗殆尽，补给不上，经不起我军两面夹击，只得向北溃退。退到峰县城后闭门死守。此战敌遗弃坦克和炮车 30 多辆，其他枪械无数，兵员死伤近万人，遗尸遍野。不过我军各部伤亡也极惨重，付出很大代价，才取得这震动中外的台儿庄大捷。这次徐州会战中临沂、台儿庄两次胜利，也是来之不易的。主要原因是"将帅和"的关系。由于李宗仁的开诚布公，诚挚待人，敢于担当责任，能为部属解决困难，所以第五战区长官部在部队中威信很高，如孙连仲、邓锡侯、张自忠、庞炳勋、卢汉等将领，对李宗仁均有好感，上下一心，才取得这两次胜利。

当台儿庄捷报传出之后，蒋介石亲到徐州前线慰劳。他对李宗仁说："德邻兄，这些杂牌队伍，都能听你的话，打得这样好，你真有办法呀。"当然这是他表面夸奖的话，他对李宗仁还是很不放心的。实际上所谓杂牌军，还不是中国各省的军队。只要上级领导不分彼此，一视同仁，在这国难当头，有血性的中国人，哪有不为国效命的呢？！临沂、台儿庄两次胜利，不是很明显的事例吗？可惜的是蒋介石不是这样做，而是一贯排斥异己，卒至众叛亲离，为国人所唾弃。

蒋介石、李宗仁看到台儿庄打了大胜仗，都想和敌寇在徐州再作一次决战，便抽调李延年的第九十二军、谭道源的第二十二军等部，开赴徐州。由于第五战区着重于津浦北线和台儿庄等处的防守，但对徐州以南的淮北地区防守较为薄弱。原来第十一集团军的第三十一军、第四十八军在津浦铁路的张八岭、明光一带布防扼守，阻止南京敌寇沿津浦线北犯。经过几个月的战斗，特别是明光战役，损失颇重，终于被敌第九、第十三师团所突破，蚌埠陷落敌手。

这时防守淮北的第五十一军于学忠部，又调去苏鲁地区的海州一带，只好把在上海、吴兴战役损失很重尚未得到人员武器补充的第七军调来接防。第七军军长周祖晃奉命后，除留第一七二师仍在淮南防守外，自率第一七〇、第一七一两个师前来淮北接防。他名为一个军，实际只有四个步兵团，一个山炮营、一个工兵营，总兵力不过 1.5 万人，可是在蚌埠的敌军第九、第十三师团，连同配属部队，就有 4 万多人，还有战车飞机参加作战，敌我兵力对比悬殊。

日寇自在台儿庄惨败后，即从华北各地抽调大部队，连同矶谷、板垣两个师团，分两路进犯津浦铁路和陇海铁路，向徐州采取钳形攻势，并与津浦南段的第九、第十三等师团，南北夹击徐州。1938 年 5 月 4 日，第七军刚开到淮北接防完毕，蚌埠敌人即分两路渡过淮河，向七军防地进攻。第七军第一七〇师的一个团，刚在怀远西支子湖地区布防，正在构筑工事，即遭到敌第十三师团的猛烈攻击，激战一天，营长陈良以下伤亡 100 余人，退守河溜集。第一七一师两个团，与敌激战两日，终于不支溃退。敌第十三师团主力，沿涡河南岸淮蒙公路，向蒙城进犯。第四十八军第一七三师副师长周元率一个团固守蒙城。该团奋勇迎敌，与进犯之敌展开激战，至 5 月 9 日，蒙城失陷。周副师长以下官兵 2000 人，全部殉城，生还官兵仅 23 人。

日军由蚌埠进攻津浦路正面的第九师团，于攻占固镇后，即向宿县猛扑。宿县城是徐州的南大门。第七军第一七一师师长杨俊昌率兵两团扼守宿县县城，掩护第五战区部队转进。由于敌军飞机大炮猛轰，宿县东城城墙被敌军轰垮了一段，敌人冲入城内，宿县只守得两日，即告失陷。杨师长率部退守宿县西面山地，阻止敌人北进。这时陇海铁路西段，也被敌人截断，我军后路全绝。另一路敌军第十三师团，正由涡阳永城向徐州西南进犯，与刘汝明的第六十八军在萧县城郊发生激战，这里距徐州只有30公里了。徐州已闻到炮声，情况十分危急。

李宗仁事先已看清敌人的企图，命令各部队迅速脱离敌军的包围圈，分途向指定的苏皖地区突围撤退。李宗仁于5月18日晚率领战区及地方军政人员1000多人和一个警卫团，放弃徐州，向南撤退。因宿县县城已先为敌军占领，即从宿县东北绕行，跨过津浦铁路，安全到达涡河北岸。在第七军派队掩护下，通过涡河退到安徽的阜阳，转到河南潢川。这次大突围，正是5月天，淮北平原一望无涯的麦子地，随处可以掩蔽防空，不致暴露部队目标。内河可以徒涉，因之各部队除第二十二军谭道源军部遭遇敌人袭击受到损伤外，其他各部如孙连仲、汤恩伯、张自忠、卢汉、周岩、刘汝明、李延年等，都分成若干路，经淮北、苏北，到达预定集合点。有些部队如于学忠、庞炳勋等部，都退往鲁南敌后，开辟游击根据地。这样的大部队，能安全突围成功，主要是李宗仁临危不乱，指挥若定，有计划的转进，官兵不脱离掌握，保持通信联系，人员武器极少损失，因而取得这次突围的成功。

徐州会战打到最后，已经是无兵可调，以致陇海路西段、津浦路南段，同时被敌突破，徐州处于四面包围之中，不得不突围撤退。为什么我国军队打了不到一年，就弄到无兵可调的地步呢？我们全国的兵力，除八路军外，包括中央军及各省地方部队，合计共有200个师。光是上海一役，在三个月战争中，就调去了70个师，超过了全国三分之一的兵力。而且这些队伍，都是久经内战，有打仗的经验，就在上海那个滨海地区，我们以劣势装备，与海陆空联合作战的优势敌人，硬拼三个月，官兵死伤极重。例如桂系部队的第二十一集团军四个师，从上海打下来，只剩得一半，其中区寿年的第一七六师四个团撤下来整编，仅编成一个团，人们笑区寿年是“师团长”。中央军宋希濂的第三十六师打下来，也只剩得3000多人，当然有不少伤兵去了后方医院。南京守城战也损伤10多个师。所以我们国军，经过上海、南京两次战役，元气大伤，而且预备兵征集很慢，武器装备补充又不及时。例如：第七军的三个师，13 个步兵团，经过上海、吴兴两次战役后，只剩下不足六个团，后又参加徐州会战，打下来还是没有补充，只好把三个师缩编成两个师，实际兵员也不足，把另一个师部的骨干、官兵，调回广西接训新兵。编成的两个师，每师还是两个团，直到 1939 年才从广西开来四个补充团。到达鄂东前方，这才恢复每师两旅四团的编制。

只有经过严格训练的官兵，才能战胜敌人。抗战开始，我在第七军第一七〇师第五一九旅任参谋主任。当部队驻防砀山时，我发现各团的新兵，多数是未经过民团训练的壮丁，甚至连枪都不会使。我当即和旅长研究，利用候命的时期，命令各团，立即施行战斗训练，特别着重瞄准射击和利用地形地物，并做了三次实弹射击。就这样在仓促中训练了一个星期，后来在实际作战中，这些新兵还是很差劲。但到 1938 年冬经过武汉外围战，到鄂东游击战，就能多次打胜敌人，前后完全不同了。古人说的“兵贵精”的原理，是不可忽视的。湖南的第十八师，当抗战开始，把那个师的士兵拨补到其他部队，开赴上海参战，叫第十八师另接新兵训练。刚补充完毕，上海战事吃紧，又令第十八师赴沪增援，以未经训练的新兵师，来对付精锐的日本军队，是驱羊与虎斗。所以，该师在大场战斗中，一触即溃，师长朱耀华愤而自戕。这个惨痛教训，是令人难以忘怀的。

在现代战争中，制空权是至关重要的。当时我国的飞机，都是购自国外，几乎都是些过时之物，飞行性能远不及日本飞机，但我们的空军勇士，毫不胆怯，奋不顾身与敌周旋。“八一四”开始在上海和杭州笕桥、安徽广德等处，打落几十架敌机，光龚业悌一人，就打下敌机三架。日本著名的木更津大队和号称四大天王的日本飞行员，都被我国空军消灭。当时我国的高志航大队，打得很出色。广西航空学校的 20 多架战斗机，在广西航校教官和学员的驾驶下，也在上海、南京、华北各地作战，都打得很好，但牺牲也很大。由于我国空军飞机消耗大，没有后备力量，虽有苏联义勇队飞机参加作战，终究战力有限，制空权落到日本人手里。徐州会战中，只见到敌机不停地投弹轰炸，几乎没见到我们自己的飞机。

我们的部队，习惯于打内战，没有打国际战的经验。我们第七军在浙江吴兴、升山和仁王山作战，不知道破坏交通和构筑野战工事的重要性，致使敌人的坦克、汽车，随部队一同打了过来。第五十一军在淮北防守半年，也没有彻底破坏前线交通和构筑坚固的工事。后来第七军接防，不到两天，敌人就来进攻。由于没有坚固的防御工事，很快地就被敌人突破了。

武汉外围作战和大别山区游击战

王卫苍

1938年5月，第七军在淮北平原掩护第五战区长官部从徐州突围出来，撤退到河南潢川。尔后，我们的部队集结在大别山北麓的商城一带休整。原第七军军长周祖晃、副军长徐启明，均被撤职；第一七一师师长杨俊昌则被撤职、判刑10年，罪名是作战不力。这是很不公平的。此时的第七军，从上海吴兴打到徐州，人员武器损失严重，八个月来得不到一点补充。只好自己想办法，把三个师编为两个师，充实每师两个步兵团。编余的第一七〇师干部，则调回广西，接收新兵训练。第四十八军也照样缩减为两师。这时，第二十一集团军的新编战斗序列和军师长名单如次：

第二十一集团军总司令　廖磊（1939年冬廖病故，调第五战区副司令长官李品仙兼任）

第七军军长张淦，副军长王赞斌，参谋长杨赞模（后姜一华），参谋处处长王卫苍。

第一七一师师长漆道徵（后曹茂琮），副师长覃寿乔（后陈开荣），参谋长马振萃（后王卫苍）。

每师辖两个步兵团（后恢复为四个团）和直属特务、工兵、辎重、战防炮、通信各一连，野战医院一所。

第一七二师师长程树芬（后钟毅），副师长郑沧溶，参谋长刘文潮（直属队同第一七一师）。

第四十八军军长张义纯（后苏祖馨），参谋长杨赞模，参谋处处长覃惠波。

第一三八师师长苏祖馨（后李本一），师直属部队与第七军各师同。

第一七六师师长区寿年（后郑沧溶），师直属队同上。

军直属队有特务、山炮、工兵、辎重兵各一营，通信兵、战防炮各一连，野战医院一所。

1938 年 5 月，日本侵略军攻占徐州，打通津浦线之后，即以南京为据点，沿长江上窜，企图攻占我国心脏地区——武汉三镇。6 月下旬，敌人已攻占安庆，正向马当要塞突进。其陆军主力两个师团，则由安庆向潜山、太湖等地西犯，与我川军王缵绪部及第十一集团军李品仙所率的第三十一军、第八十四军，在大别山东麓的潜山、太湖、宿松一带，发生激战。历时月余，双方死伤极重。我第二十一集团军总司令廖磊率第七军、第四十八军的四个师，分由皖西的霍山，向湖北的黄梅、广济急进中，准备截击西犯敌军。

8 月，日军已突破马当要塞，攻占湖口、九江，正向长江第三道要塞——田家镇进攻。与我第八十四军张光玮第一七四师发生激战，这个师打得很好，苦战一个多月，伤亡甚重，虽最后失掉了田家镇，但赢得了时间。这时，作战重点仍在长江南北两岸。我第七军向黄梅、广济之敌猛攻，阻止敌之西进。第二十六军萧之楚部，扼守广济西南的长春岭。第四十八军及川军，则向宿松太湖之敌发起攻击。9 月，第七军猛攻广济四顾坪山和黄梅北部一带地区，我一七一师、第一七二师多次猛烈攻击敌各据点，迫使敌人龟缩在黄梅、广济城郊一带。激战一个多月，第七军死伤官兵 1000 多人，毙伤敌人也不少。

这时，日军认为我长江以北各军，地险难攻，其主力改向长江南岸瑞昌、阳新之线进攻。第九战区陈诚所部10多个师，奋力堵截，终于抵挡不住，湖北的大冶、通山、崇阳等县相继失守，敌人直趋粤汉路的赵李桥车站，企图截断武汉南下的道路。另一股日寇两三个师团，从安徽六安循豫皖公路，向西进犯叶集。8月间，日军和宋希濂的第三十六师、第七十八师等部，在叶集西黄金山一带发生激烈的争夺战，双方死伤极重。敌军攻占商城、光山，沿大别山北麓，企图突破麻城、黄安至武胜关等要隘，分路迂回包围武汉左翼。

这时的武汉，已处于敌人南北包围形势之下，蒋介石仍想固守不撤。苏联顾问团团长崔可夫将军[①]建议："武汉全凭铁路、长江和后方联系，又是个湖沼地区，前进后撤，必须轮渡和架设桥梁，没有制空权，就不可能保证行动的安全。如战败后再从武汉后撤，人员物资的损失，会招致和南京一样的惨败结局。"当时，也没有哪一个敢像唐生智那样站出来，要保卫大武汉了。蒋介石只得下令撤退。所以在武汉外围吃紧之际，驻武汉的军政机构就从水陆紧急疏散。因此，武汉弃守，损失就不太大了。

10月26日，武汉弃守。在此之前，第二十一集团军奉第五战区长官部令，编为豫鄂皖边区游击部队，由廖磊总司令率领第七军、第四十八军，担任大别山区的敌后游击，不再后撤。官兵们听了这个消息，都极感不安，认为打游击，天天要和敌人周旋，不易和后方联系，甚至连家信都不易收到，心中都很难过，只不过口里不敢说罢了。可是后来证明，我们在这绵延的大别山区，多次打垮敌人的"扫荡"进攻，山区人民能安居乐业，局势相当安定。加以广大山区资源丰富，军队所需衣食，均能自给，只需从后方补给武器弹药。山区人民和军队配合得好，真正做到了军民合作。就在这时，中共毛泽东主席发表了《论持久战》一书，白崇禧把它印发给各部队学习。我们第七军就在湖北罗田办起军官训练

① 经查，此时苏联顾问团团长应为切列潘诺夫。

班，先后调旅长秦靖、陈开荣任大队长，轮流调集各团的连排长前来进行军事训练和学习毛主席这本著作。我当时是第七军参谋处处长，就主讲《游击战术》。这些由班长升起来的连排长，就这样增加了他们的指挥能力和对游击战争的认识。

当武汉弃守时，第二十一集团军总部开进皖西金家寨，第四十八军进入皖西，第七军则由鄂东黄梅、广济，转向黄冈、麻城。10月下旬，在麻城北的三河口，与由豫南南下的敌军一个旅团，发生遭遇战。我们这些广西兵善于山地作战，经过两天的战斗，使他们无法前进。但这时的武汉，已为敌人所占领，我们的阻击已没有意义了。张淦军长果断决定，把部队撤向东北山地，布成侧面阵地，监视敌人。敌军果然不来进犯，向麻城转往武汉，只派出一个大队，对我军采取对峙状态，掩护其翼侧安全。

11月的一天晚上，这股敌人窜到黄柏山下，我第一〇二六团驻地后面的村庄，杀牛做饭。当时我军在几个月盛暑行军作战之后，官兵多数人患疟疾病，十分疲劳。当我们参谋处得到这个情况后，我即通知李团长，不管如何困难，也要派一个营长率带2000名没病的官兵，前去伏击这股敌人。等我军乘夜暗接近时，见到敌人正在篝火边大嚼牛肉。我军十数挺轻机枪和无数颗手榴弹，突然射向对面的敌人，当场就打死七八十人。敌人来不及还击，就仓皇向康王砦、六山沟里逃窜。次日，我师加派部队进山搜索，和敌军发生交火。敌人凭险顽抗，但由于没有补给，狼狈不堪地向麻城窜去。这次日寇一个大队，经过几天的山地战斗，死伤近200人，我军只伤亡数人，缴获敌人机枪数挺、步枪几十支和呢大衣、望远镜等军用品甚多。这是我军开进鄂东后首次得到的胜利，大大地鼓舞了久战疲惫的士气。

1939年2月间，麻城阎家河的日寇一个加强中队，向我师木子店西边山地，搜索前进。我第一七一师派出的游击队小分队发现这股敌人后，便潜伏在山坡的树林里等候。待敌人爬到半山腰，接近山顶时，一声喊打，轻机枪、步枪、手榴弹一齐喷出火焰，打得敌人连滚带爬，逃下了山，远远地用小钢炮向我埋伏的地方乱轰一阵而去。事后调查，这次伏击，敌人从阎家河抬回死伤者，共使用了83副担架。而我军只有一个班长被敌人炮弹碎片炸伤，无一死亡。经过几次战斗，官兵作战的勇气倍增，知道了日军没有什么了不起，没有什么可怕的了。

同年，自广西后方征调来八个新兵补充团，我们第七军分得四个团，每师又恢复到两旅四团制。我军的士气，也就更加旺盛了。游击区在不断扩大，逐渐达到平汉铁路以西和孝感地区。8月间，敌寇驻在黄冈、新洲等地一个联队3000多人，对我黄冈以东地方进行“扫荡”。我第一七二师师长程树芬，亲自指挥五个营的兵力，在道观河山区与敌军激战一天，毙伤敌人大队长以下四五百人，缴获机枪步枪多支，但我营长刘志鹏阵亡，另伤亡官兵100多人。

1939年的9月，日本水上飞机一架从南京飞往武汉。因其飞行较低，被我黄梅前线哨兵用机枪打中，在黄梅城北老祖寺山坠毁。次日，驻九江的日寇派出一个大队前来搜山，将飞机残骸及死尸13具运去。据事后了解，内有日寇海军大将大角。也有另一种说法认为，日机是自己撞山坠毁的。真相究竟如何？尚待史家考证。

1940年4月，为了打击盘踞黄安县城日寇交通线，我第一七一师第五一一团曾夜袭黄安附近的杨百禄敌军据点。不到一个小时，就把这个据点的敌伪三四十人，全数歼灭。后敌军分从黄安、麻城两路前来援救，我第五一一团与援敌发生激战后，仍退回植树岗驻地。这次毙伤敌寇不少，但我第五一一团团长周文富不幸阵亡。

这时的豫鄂皖游击区，除沿长江的安庆、田家镇、浠水、黄冈等城镇为敌军所盘踞外，离江十公里以外的地方，全为我军所控制。我第七军这几年来，在鄂东地区打过几次较大的胜仗，已如上述。在安徽的第四十八军，同样和敌寇发生过多次的战斗。其中最著名的，有第一七六师在棕阳的一次战斗，毙伤敌寇100多人，缴获敌人轻机步枪数十支。尤其是第一三八师的大蜀山战役最有名。该师的两个旅长龙突武和郭××，率四个营的兵力，在合肥大蜀山以西的山地里伏击敌寇一个加强大队。只经短短半小时的激烈战斗，就歼灭敌寇大队长以下官兵300多人，俘获10余人，缴获小钢炮四门，轻重机枪10多挺，步枪100多支，我军只伤亡士兵二三十人，受到军委会的嘉奖。从此，大别山区的豫南九县、鄂东12县、皖西的20多县，全在我军控制之下。

我军还不时出击孝感、黄陂，深入敌人占领区游击，以牵制武汉敌人向西进犯。因此，武汉敌寇深感我大别山游击军对他的威胁太大。于1943年1月，纠集一个旅团近万人的兵力，向我鄂东的罗田、英山，与我第四十八军交战后，又转向第二十一集团军总部根据地的金家寨，与我第七军的第一七二师及第八十四军的第一七四师发生战斗。但敌寇不敢在山地久留，即仓皇向商城、罗山等地退走，仍沿平汉铁路转回武汉。这次敌寇进攻我大别山游击根据地，由于我军各部队节节抵抗和巧妙地与敌周旋，经半个多月的战斗，敌毫无所得，仅烧毁一些民房，我军损失甚微，整个大别山区仍为我军所控制，直至1945年8月日寇投降为止。

我还记得有这样一件事，特把它写出来，作为本文的结尾：1944年，盟国空军来到我国四川成都机场，分批前去轰炸日本本土。那一年9月里，一架美国空中堡垒，从成都新津机场起飞，轰炸日本东京，回到南京上空时，飞机没油了，不得已迫降在安徽合肥附近的长江里。机上的美国兵被当地群众救起，并护送到我第一七一师游击区。当时，我正任第一七一师的第五一一团团长，驻在安徽合肥的梁园镇。那美国机长汤威夷中校一行七人，由师部来到我团驻地，我招待他们，并送给一幅“直捣扶桑”的锦旗，作为纪念。随后派队护送他们越过敌占的淮南铁路，前往大后方去。临别之际，那沙中校和我握手告别，他说：“你们和日本人打了七年仗，我们一路亲眼看到，游击区的老百姓，安居乐业，和军队一起合作，共同对付敌人，真了不起呀。日本人妄想要并吞你们整个中国，真是梦想啊！”

附：桂系部队抗战时期装备概况表

1. 师辖两个旅四个团，全师官兵合计 1.35 万人（内师部及直属特务、搜索、工兵、通信、输送各一连，卫生队、野战医院等，合计 1400 人。内旅部官兵 50 人，两个旅部合计 100 人）。

2. 团辖三个步兵营，直属迫击炮连（四门）、输送连、卫生队、特务连、通信连各一个，全团官兵共约 3000 人。每营辖三个步兵连、一个重机枪连（马克沁重机枪六挺）。

3. 步兵连分九个班，每班士兵 16 名，分为轻机枪组（捷克式七九机枪一挺）、步枪组（共有七九步枪 14 支，每人配子弹 200 发，手榴弹四颗，另掷弹筒一具），全连官兵共 185 人。

4. 军直属七五山炮一个营（三个连，每连炮四门），特务、通信、工兵各一个营，战防炮（六门）一个连，野战医院一所，共有官兵 3000 人。

附记：

1. 本军编制是抗战开始时广西按照中央军委会编制制定的，所有装备均是许可自行制造或购办的。各师编制开始是两旅四团制，至 1940 年改为三团制。

2. 各部队所有重机枪和捷克式轻机枪都是本国制造的，步枪多是购自德国的模范式七九步枪。当时除中央部队外，其他各省地方部队，都不及桂军装备的好。但自抗战开始后，广西兵工厂交归中央。后补充美式装备，根本没有发给桂军，由此可见蒋介石对桂系的歧视。

3. 抗战开始时，桂系有第七、第四十八、第三十一、第四十六、第八十四五个军 13 个师，后缩为三个整编师 10 个旅。

凌云上

此次守备蒙城，个个斗志昂扬，誓与蒙城共存亡，以发扬过去光荣战绩。

● 1908 年生，广西桂平人。中央陆军军官学校南宁分校第二期毕业。

● 1937 年 8 月，任第四十八军一〇三三团副团长，率部参加淞沪会战。

● 1938 年 5 月，任第二十一集团军第四十八军一〇三三团团长，率部参加蒙城保卫战、武汉会战。

● 1940 年，任第八十四军一七三师五一七团团长，后升任第一七三师副师长，曾率部参加枣宜会战等战役。

● 1941 年，参加豫南会战，第二次长沙会战。

● 1943 年 2 月，任第七军第一七三师少将副师长，率部参加常德会战、豫中会战等战役。

● 1969 年，病逝于广西桂平。

蒙城血战

凌云上

1938年春，侵华日军向我山东台儿庄进攻，迭次失利，为了速战速决，乃以重兵向安徽之砀山急进，企图截断我徐州后方主要交通线陇海铁路，形成大包围态势，给我主战场以严重威胁，遂从南京方面抽调兵力二万余，以敌之第十三师团（荻洲师团）为主力，配合各兵种，沿津浦铁路南段，陆续向蚌埠集结。于5月7日由蚌埠向怀远县城进攻。我防守怀远的第七军部队，给敌以激烈抗击后，于10日经蒙城向西转进。敌即以主力并配合机械化部队，沿涡河南岸之淮蒙公路，向蒙城急进。另一部则由涡河北岸大道向西急进。5月11日下午1时，先头部队到达蒙城东郊，时近下午3时许，即向蒙城包围攻击。[①]

我第二十一集团军第四十八军之第一七三师第一〇三三团原在田家庵以东之洛河附近与敌对峙，于5月8日奉令固守蒙城，由副师长周元率领，即日向蒙城开拔，到凤台南岸渡过淮河，沿蒙凤公路前进，是晚在新集附近宿营，9日晨向目的地续进。原拟赶到蒙城布防，因部队通过大兴集以后，敌机在我上空不断扫射轰炸，妨害我之行动，下午4时

① 经查，蒙城于1938年5月9日失陷，本文对蒙城战斗的时间记忆似有误。

以后又遇倾盆大雨，道路泥泞，行进异常缓慢，人马疲劳，天色极度黑暗，即摸索前进，也感困难，不得已即在楚村铺附近宿营。10 日拂晓始继续北进，于上午 11 时许全部到达蒙城。我当即率领各主要干部侦察地形，以决定兵力部署。蒙城地形易攻难守，县城狭小，城墙单薄，且大部是土墙，倘容纳过多的兵力，则易招致炮火损伤。东郊附近有小村庄数个，村缘树林浓密，勉强可作防御阵地。城北城西的郊外，地势平坦，村庄离城较远，守城较为有利。北面城垣脚下，有涡河东流，不能徒涉，顾虑较少。乃决定以第三营（营长兰权）的主力，在东门外附近各村庄占领阵地，其一部占领东门内大街两侧街市，并构筑街市的巷战工事；以第一营（营长贾俊优）主力占领南门外小街市及南门城顶；西城郊外地形平坦，村庄离城数里，敌人接近较难，由该营酌派少数兵力防守及构筑城上工事，其余在南门内占领阵地并构筑巷战工事；第二营（营长李国文）以一连占领北城外的河边街及西北角之小北门，向涡河北岸严密警戒，并防止敌人渡河，其主力为团预备队，控制于北城内，并构筑十字街西北各街市及北城的防御工事，以团搜索队（约 70 余人，配轻机枪二组，步枪兵 30 人，驳壳手枪兵 30 人，每手枪兵配大刀一柄）在涡河北岸之全集与移村间活动，并向龙坑方面警戒。限令各部队占领阵地后，迅速完成立射散兵坑，如时间余裕，应继续加强工事。是日下午 3 时，我第七军防守怀远部队纷纷经过蒙城向西撤退，我当即命令各部队，严加戒备，准备随时迎击进犯之敌。我团官兵于上海战役，曾经 20 余天的苦战，虽牺牲较重，仍能苦撑到底，此次守备蒙城，个个斗志昂扬，誓与蒙城共存亡，以发扬过去光荣战绩。副师长周元勇敢沉着善战，因身体有病，此次行军疲劳过度，病又加重，自到蒙城后，一切防务计划部署，均交我个人完全负责。

11 日 10 时许，敌之骑兵百余，越过河溜集，向我搜索前进，其后续部队，亦向我急进。敌机三架，在上空来回低空飞行，掩护其部队前进。

下午3时许，涡河北岸敌骑兵一百四五十名，到达移村附近。我搜索队李队长，令各士兵在大道两侧麦地隐伏，待敌到最近距离即猛烈袭击。敌一时大乱，纷纷溃退，稍加整顿，又复向我冲来。我利用麦地为隐蔽，仍坚决抵抗。敌骑虽系装甲骑兵，因距离甚近，不能下马战斗，支持至黄昏时候，其后续步兵已到移村附近。此时我仅伤亡五六人。敌被我伤毙人、马40余。入夜后，我沿涡河北岸撤至小涧集，渡河归还蒙城。

是日下午3时许，东门外村庄附近我之守备部队，已与敌接触。敌骑兵约一个连分向阜阳及凤台方向进行搜索，其系留气球在东门外10余华里处升起，大量炮兵向东门外各小村庄附近我阵地猛烈射击，其步兵即向我阵地猛扑，被我官兵强烈抵抗，纷纷后退，黄昏时又复向我进攻，仍未得逞。入夜后敌大队兵力，由东南角附近村庄纷纷向南门方面移动，企图包围南门外小街市我之阵地。夜11时，东门及南门外，我守军均与敌发生夜战。是夜敌彻夜不断向我袭击，步机枪声、手榴弹声，不绝于耳。我第一营占领城西涡河南岸各渡口之一个连，地形隐蔽。北岸之敌彻夜以轻重机枪扫射，施行成力搜索，企图南渡涡河，经我还击后，乃沿北岸进至小集附近，始偷渡南岸，再由西而东，向我占领各渡口部队攻击。每一据点，我均经过强烈反击，给敌以相当损耗后，始逐步向蒙城撤退。

12日晨，敌又升起系留气球，以大量炮兵，向我东门内外各阵地，进行极其猛烈的射击，炮弹不断落我阵地。敌机三四架又在我上空来回俯冲，轰炸扫射。约上午10时左右，敌步兵在轻重机枪及步兵炮掩护下疯狂向我进攻。我东门外及南门外各阵地的守备部队，早有戒备，虽阵地工事遭受相当摧毁，但士气旺盛，顽强抵抗，给敌以严重打击。

下午1时许，敌大量炮兵在其系留气球指示下，向我东门外阵地及东门内街市，猛烈射击，敌机三四架时时向我轰炸扫射。城内房屋，炸毁很多。炮火甫停，其坦克10余辆即向我阵地冲来，除一部分薄弱的阵地被摧毁外，我大部阵地未被突破，敌之后随步兵，被我轻重机枪击退。

东门外第三营自战斗开始至此时止，已伤亡约200人。我不得已将该营控制在东门城上的一个连调至东门外增援，另以第二营一个连接替所遗防务。战斗至下午6时止，我东门外阵地均被敌炮火粉碎，附近树木枝叶亦被炸光。守备部队伤亡惨重，残余部队不足两排，战力大为削弱，已无法继续苦撑，入夜后即撤回城内休整，不得已而将东门外阵地完全放弃。本日自晨至暮，敌炮火向我射击3000余发，摧毁房屋甚多。南门外小街市阵地，孤悬城外，三面受敌，被敌更番猛扑，经我苦战，支持至夜，亦撤入南门内。是夜蒙城城外各阵地，全陷敌手，我之防区大为缩小。

两日以来，浴血苦战，伤亡重大，头一天的负伤官兵，乘敌尚未合围以前，派队掩护出城，转送阜阳后方医院，以后伤员均收容在南门内各学校里，无法后送，时时遭受敌炮及敌飞机威胁；又因药品缺乏，医务人员过少，治疗护理不周，辗转呻吟，惨不忍闻，除于精神上给以安慰外，余无他法。

下午6时，将经过战况电报师部后，于夜11时接贺师长来电，谓解围部队，已在出发途中，务须固守待援等语。

是夜因我部队撤回城内，敌得以迫近城垣，以机枪扫射城顶，屡次向我夜袭，企图爬城，因我防守严密，迭次反击，未遂。支持至次日天明后，发现城外附近遗弃许多爬城工具如木梯、木条、板块等物，因此判知敌之急于攻城。

13日拂晓后的战斗，其剧烈残酷，为我所从未经历过。敌之轻重各种炮兵，因我撤守城外后，得以推进至离城最近距离，对我城防工事，可以直接瞄准。我防守部队，不但没有炮兵来还击敌炮，仅有的步兵炮四门，弹药也已用完，使敌得以毫无顾忌地向我猛烈射击。自上午7时起，敌人各种火炮在其气球指示下，对我猛烈射击，城顶及城内，弹如雨点，尤其东城的南端，更为激烈，炮声隆隆，震耳欲聋，硝烟尘土，弥漫空际，呼吸也觉困难，阵地守军，即不受伤，也被炮声震荡得如无知觉一样。

炮声一停，敌步兵乘机冲至城边，纷纷搭板架梯，向东城城顶及东城南端缺口爬入城内，战况极端危急，我即刻率领第二营营附李如春及该营之两个连，从东门街两侧房屋小巷向敌之翼侧进行逆袭，敌因初入城内，地形不熟，队势纷乱，立足未稳，被我步机枪及手榴弹等猛烈袭击，益形混乱，死伤累累，无法抵抗，溃退出城。正当敌人在城东南角缺口溃退拥挤不堪时，适东街口我重机枪班士兵，被敌炮弹全数炸毙，该枪无人使用，我乃亲自使用此枪向该溃退敌人连续扫射，我士兵乘机向敌冲杀，当即将阵地完全恢复。于是立即修复被毁的工事，堵塞缺口。在此一战斗中，计虏获敌重机枪一挺，轻机枪四挺，步枪五六十支，俘敌兵10余名。我二营营附李如春及排长四人壮烈牺牲，士兵亦伤亡逾百。我团自战斗开始至此，轻重伤员已500余人，均收容于南门街内的学校及宽大民房内，无法后送，又无掩蔽部的安全掩护，负伤后复被敌机敌炮杀伤炸毙，惨不忍睹！战斗至此，全团战斗力量大为减削，防务处处薄弱。各官兵仍能鼓其余勇，继续艰苦支持，给敌以有力打击。

约10时许，敌人各种大小炮，又复开始激烈射击，仅一个多小时，向我城上城内发射千余发之多，敌飞机亦时向我轰炸扫射，除北门外有涡河作天然屏障，无敌兵攻击外，其余东南西三面均又发生激烈战斗，尤以东南两方面最为激烈，将近正午，敌于东南面大量施放烟幕弹，掩护其步兵向东城南城两方面的城下冲来，其坦克三辆，每辆装载工兵四五名，直向城门冲来，到达东门口时，其工兵纷纷下车，将我城门洞的各种防御工事拆毁，经我城楼上守兵以手榴弹向城门洞猛投，敌工兵伤亡殆尽，我立即将城门工事修复。但敌又复以随伴步兵之钢炮，向城门洞工事连续射击，沙包、城门板、铁丝网、石条等，均被打得崩溃粉碎，城门立即洞穿。城楼上守兵被敌炮弹杀伤殆尽。敌此次进攻，非常激烈，尤以东城方面更甚。城上守兵，伤亡特重。敌炮延伸射程，构成浓密弹幕，将我前后方隔断，增援部队几次不能通过。城上残余守兵，已不能再予支持。大队敌兵，得以越过东门城壕，爬上城顶，并由东门及东南角缺口，侵入城内。东门内百余米地区均陷敌手。我又率特务排及搜索队，由东大街北侧，又令第三营残余兵力约两个排，由东大街南侧，同时向侵入之敌逆袭，因敌占据家屋顽抗，逆袭未能奏功。敌后续部队继续涌入城内，我乃占领预先做好的逐屋战斗的工事，继续抵抗，彼此处于相持状态，但战局至此，已趋严重阶段，第三营营长兰权于此次逆袭战斗中，不幸中弹壮烈牺牲，其余官兵亦伤亡甚重。这时，南门及其两侧的战斗又趋激烈，我又赶到南门，见敌之小炮弹及掷弹筒弹，不断落在城顶及城内，其轻重机枪亦向城上连续猛烈扫射，敌步兵纷纷将木条及门板等搬到城壕附近，准备登城。我守备该方面之第一营之一个连，新兵占三分之二，尚未经过战斗，此次守城战斗两昼夜，已伤亡二分之一。见敌如此猛烈攻击，已呈动摇，情况危急，我亲率手枪兵10余人，冲上城头，向敌急袭，并大呼："跟我冲上！"各班长也大喊道："团长已先到城上，大家不要怕，快退城顶上去！"于是，各士兵都纷纷登城，以手榴弹、步机枪猛烈袭击。敌阵顿形混乱，逃的逃，死的死，伤的伤。我阵地立趋稳定。我即返指挥所，电话查询各部队尚存弹药多少。据各部队报告：步枪每支仅有弹药20余发，重机枪弹尚存百余发，轻机枪弹五六十发，手榴弹每班尚有四五颗。看来人员伤亡重大，医药用罄，弹药缺乏，又无他法补给，东城已被敌人突破，冲入城内，尚未驱逐出去，情形极为危急。

我将目前战况电报师长，拟稿完毕，正在翻译电码中，而东门内战况，又已告急！我又即刻前往视察。刚到市中心之十字街，见我所占领东门内的房屋，被敌炮不断轰击，弹如雨点，被毁房屋无算。敌战车五辆直向东大街冲向我方，其先头战车，将我东大街防御工事重加摧毁，随伴步兵纷纷潜入两侧房屋，将我防守部队前后隔断。我即调第一营步兵两班，固守十字街，拒敌前进。东大街之敌已不能前进，我再由小巷往北城垣下，找第二营营长李国文。他正率领残存兵力，坚决抵抗，不时出入枪林弹雨中，不幸中弹阵亡，重要干部，又损一员。东门内街市家屋，虽被敌分割成为三片，联络断绝，士兵仍能逐屋抵抗，各自为战。我对该方面部队进行鼓励后，即返小北门街指挥所，电话询第一营营长贾俊优，欲了解该营战况。因电话线被敌切断，不能联系，后了解：该营防区战况非常激烈，谢团长奋不顾身，率队向冲入南门之敌猛击，不幸中弹壮烈牺牲。战局至此，主要干部，牺牲殆尽。弹药缺乏，部队伤亡惨重，兵员过少，顾此失彼。市中心的十字街口阵地，被敌突破后，继续向西扩展，并向各小巷渗入，将蒙城全市分割为几个片段，使我联络断绝，指挥困难，战局进入极端恶劣阶段。

下午1时许，敌战车四五辆，又载运步兵越过市中心，向小北门街道冲来，距我指挥所约20间铺户的距离，以机枪向街上不断射击，当时团已无预备队控置，仅有警卫指挥所的特务排30余人，即刻占领附近街道上沙包做的防御工事，拒止敌战车前进，但因无手榴弹，只以步枪机枪击敌战车，效果不大。战车上敌步兵纷纷跃下，占领街道两侧铺户，洞穿墙壁，逐屋将手榴弹投过我方，步步紧迫，缩小包围圈。我所占领地区面积，不过百余平方米。周元副师长处，亦断绝联络，无从请示机宜。当此一发千钧的时候，考虑再三，下定决心，冲出重围，重整旗鼓，再图报国。若突围而牺牲，死亦光荣。只有这条道路可走，不容稍事迟疑。当时南面城门内外均被敌占领，不能通过；西面则城外也有敌占领，突围不易成功。由北面突围，则涡河水深，不能徒涉，突围亦不可能。只有北门外河边街的东端街口，尚在控制之中，但街口外四五百米处，有敌轻重机枪正对我街口警戒。判断东门外敌之大队步兵，已侵入城内，其后方除炮兵外，其他的兵力想必较为薄弱，倘能将河边街口外之小村落取下，则突围较易成功。此时小北门西侧的防御工事，已被敌小钢炮击毁，敌我双方，均用手榴弹互投，即将进行白刃战。我率同少校团附罗光炎，由指挥所后门到小北门附近，侦察敌情及突围路线，适遇周元副师长率卫士二名，打穿他的指挥所后墙，到小北门附近城上之小宝塔脚，视察地形及战况。我即将城内战斗恶劣情形及突围意图向他作了简要的报告。他非常同意我的意见，并促我即刻行动。我即传知小北门街附近的部队，以极少数兵力在原阵地阻止敌前进，其余兵力，立即集结于小北门外河边街，听候指挥行动。兵力集结完毕后，由周副师长和我一同带到河边街东端街口，共有步枪兵 40 余人，驳壳手枪兵约 30 人。正在下达突围命令时，城头上敌人向我集结部队射击，我们的部队散开，由手枪兵为第一线，步枪兵为第二线，利用秀茂麦地作隐蔽，爬行、跃进并用，迅速向街口东面的小村庄接近。该村庄约有敌重机枪一挺，轻机枪两挺，步枪兵 30 余名。前进至手枪有效射程时，步枪兵上好刺刀，迅速加入第一线，与手枪兵于最短时间，用最猛烈的火力，一齐冲入敌阵。在我们冲出街口 200 余米时，当面与右侧之敌，以及后方城头顶之敌，均同时向我猛烈射击，我高呼："前进就是生路，后退及迟疑是死路！"各官兵益加果敢奋勇，向前猛冲。一刹那间，即到达距敌五六十米的地线，我步枪、手枪手一齐冲入敌阵。敌军死伤过半，其余的四散逃命，我们完全占领了这个小村落，计虏获重机枪一挺，轻机枪二挺，步枪 10 余支，因为需继续进行第二次的突围，情况急迫，我们即将虏获武器，当场尽行破坏后，又复继续前进。

在攻击这个小村落的战斗中，我突围部队，也伤亡 30 余人，余下的尚有 40 人。我的图囊及衣袖均被敌枪弹贯穿，幸身未受伤。周元副师长在突围到达东门外飞机场东北角附近，于混战中饮弹牺牲，由于战斗急迫，无法将尸体抢运，极为遗憾，忠勇将领又少了一个！

蒙城东门外，村庄稠密，许多村庄住有或多或少的敌兵，以靠近蒙城的村庄住敌较多，当我们前进时，敌气球对我不断监视侦察。对我的行动，极端不利。我部队经过地点，发现敌电话线，一概加以破坏，使其指挥联络失灵。在我们进出离蒙城东门二公里许的地区，南北两侧的村庄内敌军向我猛烈夹击，在极短时间内，又伤亡 10 余人。我戴的钢盔也被弹贯穿，震动激烈，几至昏倒。稍息片刻，即已恢复常态，又复指挥部队继续前进。突围前进约五公里，才没有敌人向我们射击，我们以为从此稍可安全了，不意又发现敌骑兵在前方约 1000 米处的村边活动。当时我部队已极度疲劳，行动困难，遇此活力强大的敌骑，应付极感棘手，处置又不许迟疑。为了避开敌骑注意，减小目标，乃将部队化整为零，加以疏散，并指定东南方约 900 米处附近为集合点，极力利用沟渠和麦苗作掩蔽，向目的地前进。当我们安全到达集合地点时，检查人数，只剩军官三人，士兵 13 人。突围开始，共有官兵 70 余人，伤亡之惨重，实所罕见。我们稍事休息，又再向南前进，到达楚村铺时，已非战时状态，地方秩序已经恢复，我们经数昼夜战斗，突围 10 余里，已感非常疲劳，不能继续行动，即在此地住宿，以资休养。

次日（15 日）到达凤台县城，即在此从事收容，适第二十一集团军荣誉团在此担任警戒，蒙该团团长叶浩森派干部在附近各要道代为收容残余官兵，以后有少数官兵陆续归队。

收容数日后，部队即开田家庵，归还师建制，从事整理。计前后收容官兵共 400 余人，这些归队官兵，内有部分是 12 日黄昏前，突破我东门外阵地时，不能返回城内，被敌冲散的。其余大都是蒙城沦陷时，各自突围冲出，或散匿民房，夜深乘敌戒备疏忽，潜越城墙跑出的。此等官兵，身历艰危，排除万难而归来。归队官兵，共带回武器计有轻机枪七挺，步枪 60 余支，手枪 20 余支。即将所有人枪，编为两个步兵连及两个步兵排，组成团本部。一部分人员，从速办理慰劳伤病、赶办抚恤、补充装备、休整部队等事宜。

全团经三昼夜之激烈战斗，计前后负伤官兵共 800 人，内百余人是战斗第一天负伤的，因城之西面尚无敌人包围，经派队护运，由小北门运送阜阳后方医院留医。以后的 600 余人，于城陷时，有小部分轻伤者，散匿民房僻静处，在夜深乘敌防备松懈，潜越城墙偷出归队的，也有自行向各处后方医院报到留医的，人数无从查考。此外，卫生队、输送连、通信排及步兵炮连的弹药队，共约 300 人，系非战斗员，概被日军强迫运送物资及伤病员往蚌埠后，未知下落。重伤官兵及已无战斗力的官兵，于城陷后，敌兽性大发，以惨无人道的残忍手段，用铁丝及绳索捆绑，推出城郊附近集体屠杀，此种惨绝人寰的暴行，言之发指！就义将士，浩气长存；血海深仇，神人共愤。

蒙城之役由于我团各将士，奋勇抵抗，坚持战斗，日军伤亡亦在不小。据调查所得，其伤亡数目，100 余名陆运怀远外，复强拉民船 30 余只，装运死伤敌军，驶往蚌埠，估计每船装 30 人，也有八九百之数，约计此役敌军死伤也不下千人。

日军退出蒙城后，地方各界团体人士，将我殉国将士忠骸检收，埋葬城郊附近，命名为“抗日将士忠烈墓”。副师长周元将军则另立一墓，均勒碑纪念，以垂不朽，每年由地方各界，定期举行祭祀，以表敬仰。各地报纸，连日登载蒙城激战情形，各部队政工人员及救亡团体，将此役经过事迹，编剧表演，以励来兹。日方广播电台也承认他在此役已付出相当代价。我个人在此次战役后，得到国民政府林森主席颁发四等宝鼎勋章一座及奖状一轴，第五战区李司令长官明令记大功一次，又奉第二十一集团军廖总司令的电令，略谓：“该团长于蒙城抗战已尽最大努力，应予传令嘉奖。”第一七三师贺维珍师长代电：“递转军政部令，晋升上校级。”

我团在田家庵将残存部队整顿一个短时期后，又开往寿县八公山阻击敌之西进。后又转战六安附近，接到第二十一集团军廖总司令电令，略谓：“第一〇三三团蒙城抗战，牺牲重大，着由本部补充团拨归该团补缺额，以保存光荣番号。”我当即前往叶家集附近接收，由该补充团罗敏，将人员、武器一概点交后，经短暂时间整顿，又开赴前线参加武汉外围战。

在敌后战斗十二天

凌云上

侵华日军侵占武汉后，曾对我第五战区防区几次发动大举进攻，造成两次大战，即随枣会战和枣宜会战。

枣宜会战爆发前，日军将其主力集结于随县、应山地区；另有力之一部步骑兵集结于信阳地区，作为右翼迂回部队。会战开始后，则欲将我主力包围并歼灭于枣阳以北地区。

此次会战，我第八十四军的作战部队，以第一七四师及第一八九师为第一线兵团，第一七三师为第二线兵团。第一线兵团占领凉水沟亘塔儿湾、万象店间以东高地，第二线兵团占领净明铺公路两侧高地。

第二线兵团之第一七三师，共有三个步兵团及师直属部队。步兵团有五一七团（我任团长）、五一八团、五一九团。第五一七团占领净明铺南侧高地，第五一八团占领净明铺北侧高地，第五一九团为预备队，位置于乔家水砦附近地区。各部队均构筑防御工事，并由苏联顾问逐一检查，认为我五一七团的火网构成，尚称严密，各自动火器占领的火力点联系良好。但会战发生后，这道工事没有用上。

1940 年 5 月 3 日，即会战发生之第三日，第八十四军各部队向枣阳附近转进，第一七三师由净明铺移唐县镇附近占领阵地，掩护各部队转进。我团占领唐县镇西侧公路以南高地；第五一九团占领公路以北高地，师部及第五一八团，位置于万福店附近地区。当第八十四军各部队转进通过唐县镇、唐王店之线后，敌即向我尾追，到达唐县镇东端，即被我勇猛阻击，掩护军之安全转进。当敌未到之先，我已派出坚强之班、排小部队，占领唐县镇东端家屋及唐县镇以西附近各村庄，预做坚强工事。敌到此后，处处遭到袭击，无法前进，乃以大炮和坦克向我猛攻，除象鼻山被敌战车攻陷外，其他阵地屹立不动。敌乃继续炮击，将近黄昏时，炮击更为猛烈。师部命令我们在唐县镇附近的掩护部队，于下午5时撤退，以第五一九团掩护第五一七团撤退，但第五一九团不遵照师部命令，又不通知第五一七团，擅自仓皇退走，致使第五一七团左翼受敌严重威胁，迫得抽调有力一部，到左翼掩护团之安全。直至5时完成任务后，即行撤退，按照师部命令，向枣阳东北之鹿头镇东端高地，掩护军之转进。是晚天候昏黑，咫尺不辨，行进极为缓慢，至次日拂晓前，始到达目的地。

是晚我团到达随阳店正转向吉家河时，即接到第十一集团军黄琪翔总司令的命令，要第五一七团就近选择阵地，节节抵抗敌人，苦撑10日。我当时考虑：我团脱离军而独立作战，补给问题怎么办？不执行掩护军的行进命令，打破了军的整个作战计划，行不行？实在使我为难。最后决定仍向师指定的任务地前进，待到达目的地后，再和军、师联系。当日我团伤亡官兵20余名。

5月4日，即掩护战斗展开之第二日，我第一七三师各部队，到达鹿头镇附近，掩护军之转进。因敌主力指向枣阳城，不经我之掩护阵地，直至黄昏我阵地尚无战斗发生。当日师部命令：按第五一九团、师部及师直属部队、五一八团之顺序为左纵队，由鹿头镇附近经清凉寺、太平镇向吕堰驿以北附近地区集结待命。第五一七团为右纵队，由鹿头镇经清凉寺北侧，沿桐柏山南麓道路，经太平镇北端及小河街向吕堰驿北侧附近地区，集结待命。师之各团均于是日下午3时出发。第五一七团行进至清凉寺西北10余华里处即遇第五一八团占用我团之行进道路。原因是下午4时许，敌骑兵已出没于枣阳西北30余里地区，复因清凉寺西40余华里通太平镇道上，有敌战车40余辆活动，该团之行进道路受到威胁，乃靠北行，占用我之行进道路，而该团遂与师长失去联络。是夜微风细雨，道路拥挤，行进极为缓慢，直到小河街时，第五一八团始靠西南行，仍不能与师部联系。

我团经过小河街后，即向西南行进。天将拂晓，发现我团所路过的几个村落，均有敌军宿营。复询地方居民，据说昨日下午，有敌骑兵四五千到达前面各村落宿营。天明后我即派搜索队三组，向附近各村落施行搜索，但均被敌军阻击撤回。我亲自观察情况，实在无法突出重围；同时敌已向我展开进攻。

当敌向我团展开进攻后，我即指挥有力之一部，占领阵地，掩护部队撤入山里。好在此时小麦尚未收割，我掩护队利用天然地物，与敌对抗。敌骑兵几次向我猛冲，仍未得逞。因此，我团得以安全撤至祈仪镇以南的大山里，将各要道警戒后，即从事整顿部队。

我团进入山地后，见第五一八团副团长彭挺华率领该团主力前来与我会合。据他说，李俊雄团长与团主力失去联络后，自率一部向西行进，在太平镇西30余里唐河东岸处，遇大队敌兵将他包围，经过激烈战斗，除一部归来外，其余60余人及李团长等，均已被俘。当时我即派队掩护第五一八团到山里整理部队，并将我们这两个团的情况电报师部。屡呼未见复音；又呼军部和总部，也无答复。最后与五战区长官部电台取得联络，将以上情况请其转告李宗仁长官。当晚得李长官复电，他指示第五一八团归我指挥，向敌后攻击，每日由长官部指定一个电台与我联络。是晚我即与第五一八团副团长彭挺华开会讨论尔后的行动和战斗。

6日晨，按第五一七团、五一八团之次序，经张博士店向犁川前进，是晚在犁川附近宿营。在将到张博士店时又遇到第一七四师之一个团（第五二二团，团长周敬初，系湖南人）及第一八九师白勉初团之门国安营，乃相约共同开到型川再作计议。当日下午 4 时到达型川附近。据居民说，型川南 10 里某村庄内，有一团长带有 10 余人在此已住宿两日。我即刻派人去找，始知系第一八九师团长白勉初，乃请他来共同商讨以后的行动，并将门国安营交归他指挥。当晚又将其他两个团的情形电报李司令长官，得到的指示是：第一七四师第五二二团归白勉初团长指挥，向敌后进攻。

7 日，我们在敌后这四个团均在型川附近严密警戒，并向各方搜索敌情。下午 5 时，我们各团商定次日的行动及目标，决定以白勉初团长率领所部及第一七四师第五二二团，由桐柏山南麓道路向太山庙前进，并在随县、厉山、太山庙等地区活动，相机打击敌人；我率领第五一七团并指挥第五一八团，由型川经桐柏山东进到达吴山店在枣阳唐县镇、净明铺等地区活动，相机打击敌人。我们商定后，即各自准备次日的行动。

第一七三师钟毅师长直接指挥之左纵队，通过清凉寺约 20 华里处，其后尾之第五一八团，因左侧被敌威胁，靠入桐柏山南麓小道行进，与师脱离联络，彼此又不设法去取得切实联系，致左纵队减少一个团的战斗力量。左纵队通过太平镇到达苍台北 10 余里唐河东岸处，被敌拦头迎击，第五一九团即与敌展开战斗。部队相当混乱，除一小部未能向西突围外，其余大部已向西行进。钟毅师长在混乱中率警卫连手枪兵三四十名，由唐河西岸南行，企图向西突围，不意到达苍台镇以北五六里处河曲中，即遇敌大队骑兵向他围攻，因所率士兵均系手枪，敌闻此手枪声音，知系高级指挥官所在，围攻更加猛烈。所部尽力抵抗，弹尽援绝，伤亡殆尽，钟师长壮烈殉国，士兵仅得二三人生还，其余尽行牺牲。

8 日，白勉初团长指挥各部，安全到达唐王店附近，我指挥之两个团到达吴山店附近宿营，并向各方搜索敌情。

9 日，白勉初到达太山庙，除以第五一八团向枣阳县城前进外，我率第五一七团向唐王店前进，获知枣阳及唐县镇等处均有敌之兵站，遂令第五一八团当晚到达枣阳附近后，即夜袭枣阳城内敌之兵站。我率领之第五一七团，到达唐王店后亦乘夜袭击唐县镇敌之兵站。晚 10 时，以一个加强营由唐县镇东端进攻，因该镇东端高地有敌碉堡两个，街市上亦做有巷战工事。进攻至午夜 1 时许，除一部攻入街市外，其外围碉堡未能摧毁。是役敌兵战略受损失，我伤亡士兵 10 余人。至 2 时许，即向唐王店撤回。第五一八团黄昏后到达枣阳附近，即进行夜袭，由北门城墙爬入城内，出敌不意突击敌之运输部队。计俘获敌军马四匹，击毙军马 30 余匹，并俘得一部分军粮。

是日夜半后，我派第三营营长率领六个连进出唐县镇以西四里许隘路及公路两侧高地埋伏，准备袭击敌之汽车队，部署完毕后，天已拂晓。

10 日上午 11 时，敌汽车 80 余辆，由唐县镇向我驶来，其先头车辆所达被我先行破坏之公路处，被迫忽然停驶，我即发出信号弹，集中火力向敌实行猛攻。敌人发出紧急集合号音，汽车上敌之正副驾驶兵，各携步枪一支，跑到敌之队长前集合，共一百七八十人，与我军展开战斗。此役，击毁敌汽车 30 余辆，我亦伤亡官兵 40 余人。达成任务后，我军即向安全地点转移。

11 日拂晓前，第一七四师之第五二二团，在太山庙前面通厉山道上四里处隘路上埋伏部队。9 时许敌汽车 30 余辆西驶（因净明铺附近公路已被破坏，敌汽车改道由厉山东端经太山庙向唐县镇驶去），遭到第五二二团伏击，计击毁敌汽车 16 辆，缴获敌胶雨衣 70 件，军粮甚多。

此后，第五一八团以吉家河以北山地为根据地，随时出没于枣阳及随阳店间破坏公路；我率领第五一七团活动于万福店、唐县镇、净明铺之间，破坏公路及打击敌人；白勉初团长率领之部队活动于太山庙、厉山、凉水沟之间。因此，敌之后方交通大受威胁，运动困难；乃集中兵力向我进行“扫荡”，企图维持其后方运输安全。

我军因战斗多日，弹药及卫生药品均缺乏，乃电请第一七三师补充。师军械室复电称，唐县镇东北四里处某山沟内有三个坟墓，用木牌写有士兵某某之墓，墓中埋有各种弹药，可以按址寻找，掘出使用。我即派出部队于夜间进行挖掘，计得步兵炮弹百余发、步枪弹三万余发。这样我们尔后的战斗，就有了把握。

5月13日上午9时，敌200余人由唐县镇向唐王店我团进攻。我以两个营占领唐王店南侧高地与敌展开战斗，敌之进攻异常猛烈，冲锋三次，均被我击退。最后，敌使用烟幕筒及双红绿线的毒气筒向我进攻，因风向临时转向他方，并经我沉着勇猛抵抗，敌始回窜。我团追击至唐县镇附近撤回唐王店。是役在战场检获敌尚未擦着之毒气弹60余个，以后均上缴五战区长官部，向国际上证明日军使用毒气的罪恶行为。是役我团又伤亡20余人。当晚8时，在唐王店听到太山庙附近枪炮声极为浓密，判断是白勉初部被敌攻击，旋又接白团长的来电，略谓：敌向太山庙我军进攻甚烈，请速派兵驰援。我当即派一个加强营乘夜驰往增援。我营到达太山庙附近后，即向敌左右攻击。敌不支，向厉山溃退。是役白勉初部伤亡10余人。

此次向敌后作战，共12日，各团伤员较重的80余人，因药品缺乏，均达桐柏山内青台镇随县县政府，请其代请中医治疗，得到热忱帮助，仅及月余，均已痊愈出院归队。这次战斗过后，敌主力由宜城附近强渡襄河，转向宜昌方面；我们这几个团接到长官部电令，由新野以北，开回光化附近整顿。

5月16日，各部取道白秋铺、孟家楼，到达光化县城郊附近整顿数日，第一七三师由粟廷勋师长率领开随县西厉山附近布防。

黄炳钿

日军遗尸均被斩断左手拇指，内有大尉一名，身上穿有防护衣，是用长方形的小钢片叠成的。

● 1900年生，字耀华，广西岑溪人。中央军事政治学校第一分校第一期毕业。

● 1938年9月，任第四十六军一七五师五二五团上校团长。

● 1939年底，率部参加桂南会战。

● 1943年2月，升任第一七五师少将副师长。

● 1944年11月，调升第一三一师少将师长，率部参加桂柳会战。

● 1978年10月，病逝于广西南宁。

战斗在邕钦公路线东翼

黄炳钿

抗日战争时期，陆军第一七五师在南宁编配成立，师长莫树杰，辖第五二三旅（旅长黄琪），第一〇四三团（团长黄廷材）、第一〇四五团（团长巢威）、第五二五旅（旅长刘建常）、第一〇四九团（团长黄炳钿）、第一〇五〇团（团长姚槐）。全师调赴广东的廉州和钦州地区（今属广西），担任沿海警戒。师长莫树杰兼任广东钦廉守备司令，以第五二三旅分防钦州及防城；第五二五旅分防廉州，第一〇四九团驻防北海，担任沿海警戒，并在冠头岭至地角海岸构筑半永久的国防工事。年来北海海面，常有敌舰游弋，出没无定，我军没有海岸重炮进行轰击，任其自由活动。还有敌机飞来上空侦察，任意投弹，我方国防空虚，根本没有制海及制空的能力。到了1938年，新编第十九师，以第一七五师副师长黄固为师长，担任钦州及防城的守备。第一七五师仍担任廉州及北海的防务，统归驻南宁第十六集团军总司令夏威指挥。同时把旅部撤销，第一七五师直辖第五二三团（团长黄法睿）、第五二四团（团长巢威）、第五二五团（团长黄炳钿）、补充团（团长谢庆南）等四团。每团步兵三营，每营步兵三连，重机枪一连，全团共有官兵2800余人。当时除担任构筑防御工事外，还拆毁廉州城墙，破坏公路及拆毁公路附近的碉楼，作抗战的准备。1939

年春间，第一七五师师长莫树杰调升第八十四军军长，赴安徽前线接任。遗缺以冯璜接充师长，仍驻廉州和灵山一带地区。

1939 年 11 月 15 日，日军第五师团及台湾旅团由钦州龙门港登陆，向钦州和小董并沿邕钦公路进攻，直逼南宁。当时新编第十九师的部队，分布沿海地区，主力仍在钦州和小董之间，可是新编第十九师驻在钦州的两营兵力，甫经交战，即被日军击溃。陆继炎团长率领全团在大洞附近的十六曲阵地防守，据险抗敌，在地形方面，本属有利，唯该团官兵素质极差，作战不勇敢，接敌未到两小时，就被日军击溃。且退向左侧山以躲避，放开正面，以致日军能够直扑小董圩，把新编第十九师师部击散。师长黄固临阵退缩，只身逃脱，师部的行李辎重、武器弹药，完全被日军抢去，损失惨重。黄固放弃职守，防务废弛，临事慌张，一败涂地，遂致日军敢于直扑南宁，使南宁商民群众事前未及疏散，所有一切物资，都被日军抢劫净尽。

第一七五师接得日军登陆占领钦州，新编第十九师战败的警耗，当即星夜向陆屋前进。我率第五二五团到达陆屋之后，白日有敌机袭击，战备行军，受到很大威胁。第二日黄昏时候，先到青坪圩附近，不料民众逃避一空，给养无着，带路无人。按地图方向，乘夜向小董的日军袭击，偷过警戒线后，冲入小董圩内，击毙日军守卫哨兵多名，与敌展开巷战。不料小董外线的日军纷纷聚来夹击，枪炮齐鸣，激战至夜半 4 时，仍不能把小董之敌击退，旋即收队到中岗附近。次晚复袭击大垌圩，又与日军激战一场，也不得手。未几，日军有一个旅团，由钦州出发，向平吉及陆屋进犯，其侧卫部队 200 余人，在牛岗附近空地架枪休息。我第五连向前搜索敌情，突遇这个良好机会，乘敌不察，急行奇袭，当场击毙日军 20 余人，击毙敌驮马数匹，夺获日造六五步枪 10 余支、驮载多具，在驮载包裹中夺获黄呢大衣三件、军毡衣服等物；又在遗尸中检获日兵随带的日本小旗、军用钞票、出征相片及许多神符鬼像。我接到这个情报，即率全团进击平吉，猝遇日军数千人，向陆屋方面前进，当即向敌侧击，一鼓作气，进行猛烈冲击，把日军拦腰冲断，展开肉搏劈刺。时有日军一部被迫缩入村落，闭门与我对抗。敌机三架盘旋上空，低飞助战，但因此时敌我相距甚近，敌机不敢投弹，又不敢开机枪扫射，只是更番旋回威胁，此去彼来。我团官兵亲眼看敌机的太阳徽符号，又见敌飞行员伸头下视，不识其真面目，心理上受到很大的威胁，因而停滞不前，冲锋顿挫，形成对峙状态。少顷日军得敌机的协助，在混乱中整理集结。其先头部队将第五二三团击退，以一部向我左侧包围，猛烈反扑，左后枪声大作。第五二五团事前不明第五二三团部署，发生激战的时候，又不能与第五二三团取得联络，各自为战，战况不明。第五二三团陷于孤立无援，不得不放弃围攻平吉，撤至北端附近高地。此时日军主力向陆屋追击前进，枪声由近及远，且已占领青坪圩，截断我团退路。到了黄昏，情况沉寂，只得绕道撤回旧州，复向陆屋进击，支援第五二四团作战。

日军自击溃新编第十九师，占领小董后，主力已向南宁推进。我第四十六军军长何宣前来指挥作战。我第一七五师为策应南宁友军作战，遂向邕钦公路侧击，阻止日军增援。以第五二四团进击镇南圩，向小董警戒，阻止日军向陆屋及灵山侵扰；以第五二三团担任大塘地区的阻击；以第五二五团进出小董附近的那扁及新承地方，向日军袭击。时值日军已占南宁，邕钦公路上常有日军辎重车辆往来，日军还扼守桥梁、要隘。第五二五团先占领铜鼓岭阵地，一面袭击敌人，一面进行破路，连战七昼夜，击毁敌汽车数辆。后来日军3000余由南宁方面下来，协同小董上来的敌人2000余人，上下夹击，向铜鼓岭猛扑展开肉搏战，并纵火焚烧山林，敌机也不断飞来轰炸。结果第五二五团兵疲力竭，伤亡300余人，铜鼓岭失陷，撤至附近村落休整。过了两天，日军六七千人，由小董向陆屋前进，我第五二四团在镇南圩与敌接触，战斗颇烈。第五二五团驰来支援，由那香进出，向敌侧后攻击，把敌人后路完全截断；第五二三团在第五二五团的左翼，向敌侧攻，协助第五二四团的正面；独立团在第五二三团左后策应。新编第十九师残部在泗合坳口，担任向敌侧攻，把敌四面包围。第五二三团一举攻占敌侧的村落，夺获驮马10余匹和行李辎重。此时日军拼命挣扎，由第五二三团和独立团之间的间隙山谷突围，退路指向那香。不料师部被敌袭击，师直属部队无力抵抗，被敌击散。我接到第三营营长邓尧的报告，当即令该营调换方向，向那香严密警戒，继与第五二三团团长黄法睿商量反击路线，并亲率第一、第二两营，向那香退败的敌人进行追击，连夜追了20余里，击毙敌人数十名。日军遗尸均被斩断左手拇指，内有大尉一名，身上穿有防护衣，是用长方形的小钢片叠成的。还夺获驮马数匹，检获日本小旗10余面，以及神符物品。是役就地形方面和作战部署方面，我军已占有利态势，两师部队及时向敌包围，本可把敌人歼灭，打一个胜仗；唯军部远离战场，以电话作指挥联络，未能应战况的变化。且新编第十九师已是惊弓之鸟，在副师长秦镇指挥之下，仍是畏缩不前。第一七五师师部被敌击散之后，前线没有高级将领统一指挥，徘徊观望，各自为战，团与团、新十九师与第一七五师也不能协同一致进攻，而致功败垂成。日军既占南宁，继向宾阳前进。白崇禧指挥第五军军长杜聿明所部装备精良配有坦克车和炮兵团，并粤军第六十四军，在昆仑关激战颇久，击毙日军旅团长一人，毙敌军很多。四塘一带地方，又有第一七〇师对敌攻击，控制邕宾公路的交通，使敌困在昆仑关，进退两难。后日军打通邕钦公路，经良庆、刘圩，在永淳渡河，先在甘棠之线，击败粤军，直扑武陵芦圩，转向昆仑关包围第五军，以解救昆仑关之围。第四十六军军长何宣率第一七五师和独立团，由旧州前进，在南乡渡河，尾击日军。不料昆仑关之敌，得到他们解围部队的援助，乘机反扑，第五军撤回邹圩、迁江一带。第一七五师也占领黎塘阵地，阻击日军南下贵县，没有与敌接触，复调回灵山的旧州及长滩一带地区警戒。

桂柳会战片断

黄炳钿

支援衡阳

1944年5月下旬，日军大举侵犯湖南，企图打通粤汉和湘桂两线，长驱南犯，长沙沦陷后围攻衡阳，桂林吃紧。白崇禧和张发奎策划守备桂林，先调桂系第十六集团军第四十六军第一七五师开到桂林。我当时系第一七五师副师长，我部正在进行构筑防御工事时期，适值日军第三、第十三、第三十四、第四十、第五十八、第三十七、第六十八、第一一六等八个师团，进攻衡阳，与第十军方先觉守军展开激战。为了支持衡阳，7月下旬，第四十六军军长黎行恕亲率新编第十九师、第一七五师开赴衡阳。但由于黎军长将往日所领到补助军官的眷米，积压不发，各部官佐早已啧有烦言。当新编第十九师部队到达火车站的时候，团、营、连长情绪低落，观望徘徊，发出一些怨言。部队只有值日的连排长维持秩序，故意拖延时间，不肯先行上车。新编第十九师师长得悉内幕情况，急向黎军长请求从速发给官兵薪饷和补助军米，黎军长怕总部查究，始派军需人员携款到车站照发，然后各部队才上车，开往衡阳前线。第四十六军到达衡阳西端后，以新编第十九师和第一七五师之一团，向鸡窝山和雨模山之敌攻击，并形成对峙的状态。每日间有美国空军助战，美机往往盘旋空际，投弹之后即行飞去，次数甚少，陆空没有协同一致。是以制空权仍没有完全掌握，敌机每乘隙频来袭击轰炸，因此连战10余日，没有一点战果。8月6日，城内枪炮声稀疏，战况沉寂，方先觉发出电报告危，衡阳失守。此时第四十六军奉调回桂，我指挥一七五师（师长甘成城因病离部）掩护撤退，而新编第十九师则将存放衡阳西端村落的硝磺、棉花等类物资运走。

桂林部署

白崇禧和张发奎策划守备桂林，以桂系第十六集团军副总司令韦云淞为桂林城防司令，陈济桓为参谋长，指挥第三十一军（军长贺维珍）和第四十六军为守城部队。6月上旬，第四十六军调到桂林，构筑防御工事，第一七五师驻在南门和五里街一带地方。黎军长率领团长以上的军官，随同白崇禧和韦云淞，前往桂林南端将军桥侦察地形，登上一个大岩洞。白崇禧即面示城南防线，由象鼻山沿漓江左岸一个石山而至将军桥一线，以将军桥至两路口，为第一道防线，利用天然岩洞，构筑掩体。并说我们所占的岩洞，形势很好，必须派一个得力副师长驻在这个岩洞指挥，岩洞接近将军桥，可定名为“将军岩”。白崇禧询问黎军长派何人担任？黎军长指着我说：“派这个黄副师长担任南方指挥。”白崇禧转眼凝视一下，说道：“他太瘦了。”黎军长答：“他刚刚病好，能够胜任的。”并决定在桂林东区选择屏风山、七星岩、猫儿山、月牙山；南区选定象鼻山、将军桥、将军山、两路口；西区选定猴子隘、德智中学背后石山和甲山；北区选定老人山、虞山之线。构筑机关枪和战车防御炮的掩体，形成独立据点，设置外壕和交通壕，铁丝网和鹿寨等障碍物。并组织城防工事委员会，征集铁丝、木材、石灰、士敏土（水泥）等材料，加强守势防御。8月初旬，衡阳沦陷，第四十六军撤回桂林。白崇禧主张内线作战，以攻势进行各个击破敌人的手段，达到保卫桂林和柳州的目的，先在桂林附近集结主力部队，乘机与敌决战而击破之。同时变更部署，由桂系第十六集团总司令夏威指挥第三十一军和第四十六军，担任桂林方面作战。仍以副总司令韦云淞为桂林防守司令，指挥第三十一军第一三一师（师长阚维雍）、第四十六军第一七〇师（师长许高阳），并抽调第一七五师第五二三团第一营、第一八八师第五六三团第一营，附野炮一连、重炮一连、高射炮一连，作为守城部队。且决定由第一三一师担任东北防线，第一七〇师担任西南防线外线原定全州的黄沙河防线，由中央军第九十三军防守。桂林外线，还有杨森集团军的第四十四师，桂系的新编第十九师。夏威驻在永福，调第四十六军军长黎行恕率领第一七五师和第三十一军的第一八八师，控制于永福至阳朔地区。我指挥第五二五团和地方自卫两个大队，扼守阳朔据点，准备在桂林和平乐之间作战。这个临时变更部署，乃系白崇禧别有用心，因此，桂系团体熟悉内幕的守城军官，悲观失望，满肚牢骚，守城抗战，都受到不良的影响。

桂平战役

1944年9月间，日军为策应桂北敌主力方面作战，由广东抽调第二十二师团和第一〇四师团，溯西江而上，直扑梧州；一部从罗定经岑溪进犯藤县；一部从廉江入陆川，经北流和容县侵犯平南。9月中旬，敌主力已集结平南地区，这时浔江和桂江一带地方，异常吃紧。白崇禧和张发奎又变更计划，放弃在桂林及平乐间决战的计划，以桂林为支撑点，利用桂柳铁道及柳江水道交通，先把粤系邓龙光集团的第六十四军（军长张弛）和桂系的第四十六军，运送桂平，企图攻破桂平之敌，排除背后的威胁。并将桂系第三十一军第一三五师（师长颜僧武），广西绥靖公署新编的第一纵队司令唐纪，辖独立第一、第二两团，归第十六集团副总司令周祖晃指挥，开往武宣东端遏止敌人。广西绥靖公署新编的第二纵队司令姚槐，辖独立第三、第四两团，归邓龙光指挥，由柳州经武宣，到达桂贵石龙集结，会同粤系第六十四军进攻桂平。第四十六军放弃支援桂林作战的任务，由永福乘车输送来宾，复经石牙、东山石龙进出贵县的大圩，由镇隆方面，协同第六十四军围攻桂平西端蒙圩之敌，南北夹攻。日军缩在村落据点，顽强抵抗。我军士气旺盛，战况良好，只因缺少炮兵协助，不利攻坚。同时美机又不能与陆军密切协同作战，上来次数甚少，以致未能攻破家屋围墙，形成胶着态势。卒因桂林方面形势的影响，第六十四军先行撤退，第二纵队也乘夜撤离火线，经来宾、大塘向宜山转进。第四十六军也向贵县移动，由第一八八师韦善祥团在大圩掩护夜间撤退。次日该团到达棉村休息，猝遇日军由龙山圩出来袭击，韦团队伍混乱，纷纷溃散。我指挥第五二四团在覃塘南端公路的林业公司附近占领阵地，掩护全军撤退，等待许久，后续情况十分沉寂，当即派出便衣侦探和联络军官向后方侦察，仍未见韦团踪影，且不知他们逃往何方。到了半夜，我始令第五二四团撤退，经覃塘、樟木、良江而至来宾车站归还建制。武宣方面，战况不利，特别是第一三五师师长颜僧武、第一纵队司令唐纪，原是白崇禧的爱将，他们恃宠骄横，临阵畏缩不前，甚至不服从命令，擅自放开正面，绕道溃逃。日军乘机进迫石龙，直犯柳州。白崇禧五窍生烟，万分愤怒，即以据守武宣高地的团长曹震（湖南人）作战不力，令张发奎把曹就地枪决，结果仍不能挽回失败的战局。

柳庆溃退到桂柳反攻

日军进犯桂林，先压迫我外线部队，继包围桂林城，经过10多日的战斗，守城部队于11月11日放弃桂林。柳州方面，原是粤系第六十二军（军长黄涛）防守，适因敌情变化，先将该军李宏达师增援武宣。因此，柳州防区交由杨森集团军丁治磐部第二十六军接替。但丁部原是残破部队，与日军稍为接触，又放弃柳州。我到来宾车站的时候，情况异常紧急。复率领第五二三团乘火车驰往百朋，进出三都占领阵地，向柳州严密警戒，掩护本军通过三都。守了一昼夜，安全掩护第一八八师由三都沿山边小路前往洛满。军部和第一七五师经里高、土博而至三岔。夏威退到庆远，仓皇应战，指挥桂系部队于庆远以东忻城亘罗城之线，拒止敌人。日军占据柳州之后，主力由桂黔铁路直扑庆远，一部沿柳庆公路经大塘北犯，另有一部向罗城进扰。我第一八八师在洛满附近与敌接触，激战未久，即被敌击溃，海师长仅率残兵数十人，逃到洛东军部。我第一七五师占领三岔阵地，以第五二三团和第五二五团为第一线，第五二四团为预备队。我在第一线团指挥，于11月14日与北犯的日军展开激战，我师士气旺盛，连战三昼夜，毙敌三四百名，铁路旁边遗尸颇多。我师左翼原有龙江依托，可是龙江北岸阵地，原定的是杨森集团军防守，但联络不上，那边情况完全不明。16日拂晓，我第五二三团阵地后方，发现日军两三千人，蜂拥冲击，枪炮声大作，第五二三团前后被敌压迫，支持不住，纷纷向右侧溃退。我急令第五二五团变换阵地，全力支援，掩护第五二三团收容整理。此时第一线与洛东的师部和军部，被敌拦腰截断，彼此音讯不通，而无线电的报话两用机，也失却效用。到了黄昏的时候，日军进犯屏南，与我右地区队的第一三五师接触，枪声由远而近，愈响愈密。我到该师指挥所了解情况，据颜师长说：“本师尽是新兵，人数不足，实力太差，已准备撤退。”在这种不良的战况下，又无高一级的指挥官重新部署，形成各自为战。我当饬第五二五团和第五二三团，密切联系，以第一三五师的战况为转移。夜后日军直扑屏南，第一三五师已向西撤退。我率第五二三团冲过公路，次早在石别圩与敌遭遇，且战且退，经拉利、就田而金城江，始追到师部和军部的驻所，面报战斗和撤退的情况。日军侵占庆远之后，继续向河池进犯，次日金城江右岸石山隘口，发现敌人向军部驻地袭击，经派第五二四团抵御，并派第五二五团占领河池东南端要隘，经一昼夜的战斗，掩护总司令和军部退却。河池山上的岩洞、广西绥靖公署和中央机构囤积许多武器弹药和军需物资，因敌情紧急，交通工具缺少，无法运走，所以放火焚烧，发出隆隆巨响，声如雷鸣。弃婴挣扎路上，哭哭啼啼，为状极惨。南丹方面，已有中央军陈素农军防守，向河池警戒，我军有些逃散官兵，由公路行走，也被该军勒令缴械，制止向北行动。夏威总司令不敢由公路退却，由河池西端大山的小路，进入公华北端的小村落，去路被敌遮断，不能通过车兰的公路。继有中央军第三十七军军长罗奇率领 2000 余人，亦进入这个地方，彼此困在一隅，待了两日，始分两路冲过车兰公路，退到三旺停止，第一七五师担任警戒。过了数日，经隘洞而至东兰。日军仍沿桂黔铁路进犯南丹，直扑贵州南面的独山。第四战区司令长官部及中央机构以及逃难民众，走到六寨时，拥塞路上，竟遭美国飞机滥投炸弹，炸伤炸死的人很多，第四战区和中央机关的将校级军官，也被炸死 20 余人。周副总司令退到九圩时，被日军包围指挥部，遭疯狂射击，周副总司令胸部受伤，参谋长孙宝刚也被击伤，其余官兵百余人，死伤过半，惨不堪言。到东兰之后，第一三五师师长颜僧武、第一纵队司令唐纪，因作战不力，已被扣留，由百色押上飞机送重庆撤职查办。不久日军由贵州撤退。汤恩伯任黔桂湘边区总司令率部阻止。第四十六军进出板坡、长老，向河池攻击前进。追汤集团到达河池，担负追击的任务，第四十六军调到都安整训，第一七五师在隆山，向南宁方面警戒。军事委员会任命我为第一三一师师长。我即赴东兰就职，接收第二纵队和桂林出来的残部，编为三团，人数不足，装备亦缺。到1945年春间改编，张发奎将第一三一师这个番号拨归粤系六十四军统辖，由张显岐接充一三一师师长，而我就形成昙花一现，列为编余军官，集中田州，编为军官总队，由罗奇任军官总队长，移住南宁。

1945年汤恩伯集团南下进击，步步紧追。6月间，日军集中柳州，纵火焚烧民房。7月中旬，中央军由黔进入古宜、龙胜，会攻桂林，28日克复桂林。接着汤恩伯到达桂林，指挥大军沿湘桂铁路追击向湘南逃遁的日军，8月15日克复全州。桂平一带之敌，也于8月上旬集中梧州，17日向广东撤退。

刘维楷

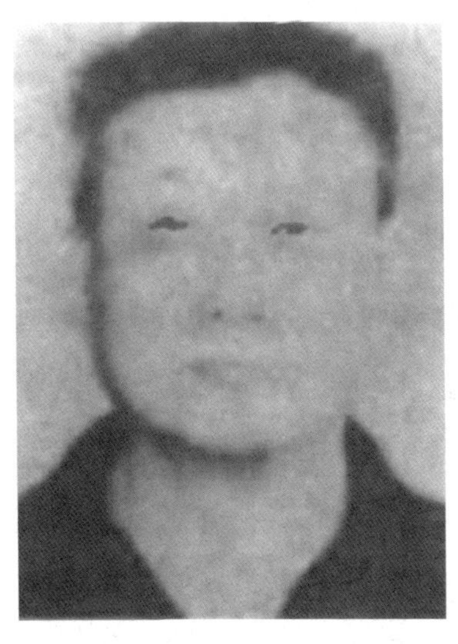

第四连中的一个班长李达愚，自告奋勇，抱着集束手榴弹，奔向敌的坦克投掷，毁敌坦克，自己也壮烈牺牲。

- 1907 年生，广西桂林人。
- 中央军校南宁分校第一期、陆军大学将官班乙级第四期毕业。
- 1937 年随第七军赴上海参加淞沪会战，先后任第一七一师五一一旅一〇二二团中校团附、代理团长。
- 1938 年，任第四十六军一七五师参谋长。
- 1944 年，任第三十一军一八八师副师长，率部参加桂柳会战。

洛阳桥血战记

刘维楷

战斗序列及兵力配备

第二十一集团军总司令廖磊，辖第七军和第四十八军。第七军军长周祖晃辖第一七〇师（师长徐启明）、第一七一师（师长杨俊昌）和第一七二师（师长程树芬）。第四十八军军长由韦云淞副军长代理，辖第一七三师（师长贺维珍）、第一七四师（师长王赞斌）和第一七六师（师长区寿年）。第一七一师辖第五一一旅（旅长秦霖）和第五〇八旅（旅长罗活）。第五一一旅辖第一〇二一团（团长谭何易）和第一〇二二团（团长颜僧武，作者系该团中校团附，还有少校团附杨祚增，后在安徽怀远战役阵亡）。第一〇二二团辖第一营（营长农有济）、第二营（营长陈经楷）、第三营（营长覃锄平），迫击炮连（连长甘达震）和特务排（排长韦某），其他从略。该团共有19个连长，战斗兵1500人。

刘维楷

战场地形

八一三淞沪战役中，我军战斗地点在洛阳桥，地形平坦开阔，沟渠纵横交错，间有数间茅屋，屋旁有数株独立树。这种地形难于防守，构筑工事只能挖立射散兵壕，如欲加强工事挖深散兵壕，则壕底冒水，只能加高胸墙，以补工事之不足，但构筑过高，又暴露目标，反而不利。为了加强防御工事，只有在阵地前挖外壕、陷阱，以阻止敌人。由于沟渠纵横交错，部队间的通信联络也受到影响。

战斗前准备

第一〇二二团于 9 月间，从广西开到连云港，作参战准备。这时，部队进行了政治思想工作，灌输爱国主义思想，加深对“必死不死，幸生不生”“军人以服从命令为天职”的理解，强调“保家卫国”的精神，以激发官兵的爱国情绪和守土有责的决心。

在备战期间，除照常进行一般的战斗训练外，鉴于制空权操在敌人手里，为了发挥战斗本能，特别侧重夜间战斗教育，强调冲锋、肉搏、格斗的技术训练，讲究通信联络方法，使官兵在思想上有所准备。

战斗实施

当上海抗战紧张阶段，我军于 10 月间，从连云港用火车运送兼徒步行军到达南翔，参加作战。沿途时受敌机空袭，行进迟滞。

第一〇二二团的战斗地点洛阳桥，左翼是第一〇二一团，右翼是第一〇一六团。我团于10月中旬，接替胡宗南第一军的防务，但该军尚未等候接防部队到达，竟先行撤退。因此，我团只能按地图所示的位置，前去接防。

团的部署，以第一、第二营为第一线。第一营在右，第二营在左，第三营作为团的预备队。由于阵地正面狭窄，仅有三四百米，每营只担任一二百米的阵线，因此，营的配备第一线只派一个连，其余作为营的预备队，团属迫击炮连控制在团指挥所附近。团属特务排改为督战队，在团担任守备的范围内，检查前线退回的官兵，有无临阵逃脱的事情。轻伤者不准退下火线，违者逮捕押解团指挥所讯办，以肃军纪和稳定战局的作用。

团卫生队（即担架队）原有人员不敷使用，由团部后方负责人军需主任组织民夫队，有二三十人协助卫生队工作。他们同仇敌忾，踊跃参加担架工作，对抢救负伤官兵做出了贡献。

进入战斗

团接防后的翌日，敌人开始向我阵地攻击，先是用飞机侦察，放气球指示炮兵射击目标，继而敌机协同炮兵猛烈向我阵地轰炸扫射和炮击。接着，敌人的轻重火器一齐发射，用坦克开路，步兵一齐向我阵地猛扑。随后敌炮兵延伸射击，阻止我增援部队前进，敌机协同炮兵，扫射及轰炸我增援部队，这是敌人一贯采用的战法。而我第一线守兵，在敌机敌炮轰炸、扫射和轰击的时候，都适当掩蔽，避免牺牲，等到敌步兵发动进攻时，迅速进入阵地，猛烈射击敌人，这是我军对付敌人的作战方法。

这天战斗，敌我双方就是按照这种战法进行的。当敌进到我阵地时，为了加强火力，第一线各营将预备队中的一个连，加入火线，把敌人击退。战斗中，敌机数架在我阵地上空轰炸、扫射，团预备队（第三营）

派出几个班，用轻机枪按照平时训练对空射击的方法，向低空飞行的敌机猛烈射击，以支援第一线战斗。团属迫击炮连，向前进之敌猛烈射击。当天晚上，前线两个营各组织几个突击队，夜袭敌人阵地，使敌人夜间不敢出击。

第二天，敌人倾巢而出，重点指向我左翼，战斗的激烈数倍于第一天。过去我对“枪林弹雨”“弹如雨下”体会不深，经过这天的战斗，我才深有所感。炸弹声、枪炮声，胜似除夕的鞭炮，战场顿时变成火海，烟雾漫天。由于敌人猛攻，战况紧急，团长颜僧武指挥预备队出击，脚部负伤。右翼线营长农有济，指挥部队出击负伤，左翼线营长陈经楷指挥部队出击，身先士卒，臂部负伤，仍坚持战斗，后被击中腹部阵亡。预备队营长覃锄平，指挥部队出击负伤。第四连中的一个班长李达愚，自告奋勇，抱着集束手榴弹，奔向敌的坦克投掷，毁敌坦克，自己也壮烈牺牲。这天战斗，反复冲锋肉搏，杀声震天动地，阵地忽得忽失三次，最后稳住了阵地。当天晚上，第一线各营仍组织突击队向敌阵地夜袭，扰袭敌人。

第三天，将团预备队第三营与第二营换防，第二营作为团的预备队。这时，团长颜僧武下了火线，由我代理团长。第一营营长由连长马挺之代理，第二营营长由营附覃道德代理，第三营营长由营附刘国群代理。这天，敌人还是向我阵地猛烈攻击，仍然采用原来的战法，我军仍按照前法对付敌人，敌不得逞，我们守住了阵地。

换防转移

这天黄昏，师长杨俊昌叫我到师指挥所接受命令，他说：“今晚 8 时开始撤退，向嘉定集结，你回去布置，派人到师部联系。”说完问我有什么意见。我说：“遵命回去办理。”他表扬我说：“你还有点胆识。”

我回到团指挥所，立即下令，从 8 时起开始撤退，在撤退前 10 分钟，猛烈向敌射击，以迷惑敌人，除留极少数守兵在原阵地作掩护，过半小时后自行撤退外，其余均撤下火线，到团指挥所集结，这时，团的预备队亦作掩护的姿态，掩护第一线撤退。当天晚上，月明如昼，行动较为便利。阵地上的阵亡官兵都掩埋完毕，重伤官兵亦已撤下，并在阵亡营长陈经楷的墓上，立有“烈士陈经楷之墓”的木牌，以慰忠魂。

在作战时，颜僧武和我，白天在团指挥所观察敌情，指挥作战，黄昏后到前线视察，鼓舞士气，稳定军心。由于战场地形复杂，通信联络不便，在作战的第一天，我到罗活旅指挥所联系，即迷失方向，半天后才回，颜僧武认为我已阵亡了。在这种情况下，当我撤离指挥所时，留下团附杨祚增在指挥所，担任通信联络，不使中断。

我方支援炮火白天怕敌机轰炸，荫蔽起来，晚间才对敌射击，由于敌我距离过近（仅有二三百米），加之发射有偏差，往往炮弹落在自己阵地上。因此，前线时常报告，要求我方炮兵延伸射击。给养方面，由于白天输送受敌机空袭，行动困难，晚间又易迷失方向，因此，主副食很少送到，官兵唯有利用干粮充饥，对战斗力颇受影响。

在战场上，看不见我飞机，而敌机每日有 100 余架次，在我上空扫射轰炸。闻第四十八军第一七三师第一〇三四团团长陈昭汉，初到上海战场，于拂晓时，集合全团官兵在竹林旁讲话被敌机发觉，大批敌机低空扫射轰炸，全团官兵在危急中走散，团长也负伤，损失惨重，我军没有飞机援助，吃亏甚大。

撤退后的措施

我团从第一线撤到后方，略作整理，即向嘉定前进。到达嘉定后，即行整编。原有 1500 人，经过这次战斗仅剩下 500 人，伤亡了三分之二。

因此，仅编成一个营，辖步兵三个连和机枪连，以连长马挺之升任营长，原有的十几个连长，都伤亡了，只能由剩下的资深排长升充连长。排长缺少则由班长升充，班长缺少由列兵顶补。

为了鼓舞士气，继续作战，我们为在上海抗战阵亡的将士举行追悼会。特别对英勇杀敌、奋不顾身的营长陈经楷，班长李光达表示哀悼。会后，并将烈士壮烈牺牲事迹报请军委会褒扬。

我团在嘉定大小潘占领阵地（野战工事），作掩护队。继而转移到常熟，在金家宅作掩护队。最后转移到无锡，沿太湖向浙江撤退，到达安徽合肥整补。上海战役到此告一段落。

经验教训

此次战役能达成任务，在于将士用命，不怕牺牲，勇于杀敌，轻伤不退，继续战斗，决心与阵地共存亡。这的确是不容易的事，除了平日严加教育训练外，有几个因素：（1）战前的准备教育，特别是提高思想、鼓励士气的工作，做得比较广泛。（2）上级下级比较熟悉，便于指挥部署。（3）设督战队，以鼓舞士气，防止擅自退却。（4）对伤亡官兵作妥善处理，以安定军心。（5）官兵不怕死，以身作则，起模范作用。

以上是成功的经验，但也有些失败的教训：（1）政治思想教育不深入，仍有少数士兵临阵退缩。（2）工事加强不够，遭受重大损失。（3）轻敌麻痹，阵地曾数度被敌突破。（4）对空射击设备不足，效果很低，致使敌机能自由活动。（5）第一线部队互相支援不够，有观望不前情况。

一八八师参加桂柳会战概况

刘维楷

1944年8月上旬，日军侵占衡阳，桂林吃紧。一八八师于7月间奉令由龙州开往桂林，构筑城防工事（东自月牙山起，南至甲山间地区）。在构筑工事时，南门到西门城外一带的房屋，忽然起火，由于居民均已疏散，无人抢救，致全部烧光。此事是否系担任构筑工事的部队为了扫清射界，奉防守司令部的命令故意纵火，抑或部队不慎失火，不得而知。

10月初，日军由梧州进犯桂平，有直趋柳州企图，一八八师用火车输送到达来宾，然后沿来（来宾）、贵（贵县）公路到达贵县石龙。当时防守桂平城的部队系粤军邓龙光的某师，由于日军有空军助战，该部不支，退出桂平，往西撤退。担任第二线防守的亦系邓龙光的某师，在桂平西一二十里的地区占领阵地（阵地线的地名记不清了）。该师在右，一八八师在左，由于正面不大，一八八师只派了五六四团第二营（营长李石焕）担任火线，激战一昼夜，营长负伤，部队损失相当大。

由于桂林战事影响，一八八师奉令向柳州撤退，继则转到柳城，并于10月间，全师就在柳城河的西岸，占领阵地，与敌展开战斗，拒止敌之西进。师战斗部署是：以五六二团（团长李光汉）在左，五六三团（团长韦善祥）在右，五六四团（团长谭筱侠）为预备队，另派了师部游击队（队长李义）进出柳城河东岸的龙头附近，担任掩护师的左翼，并相机向敌后骚扰。当时我们对进犯之敌的兵力及番号均不详，根据敌人没有空军助战，推测是敌主力的侧卫纵队。敌向我左翼李光汉团发起攻击，并利用晚间实行偷渡强渡，战斗甚为激烈，但均被我击退。此时师长海竞强为了稳住火线，派我（一八八师副师长）到五六二团督战。战斗中，有一个班长（姓名已忘）率领该班退下火线，被团的督战组发觉，带到团指挥所，当场将该班长枪毙示众。该团激战两昼夜，伤亡颇大，后由预备队的五六四团接替，五六二团撤下来作师预备队，位于配属师指挥的军部军医院附近。撤下来的当晚，我住在军医院，想好好休息一下。不料，当晚敌渡河成功，第一线两个团分别向左右两侧地区撤退，让开了正面，敌即长驱直入，师指挥所及五六二团仓皇向三岔、洛东、洛西方向撤退。军医院亦向后撤，但院长戚显庭未通知我。我因疲劳过甚，熟睡未醒，迨至翌晨拂晓，敌已冲到军医院附近，枪声四起，我在朦胧中被惊醒。于是与一些散兵逃走，混乱异常，有如一群鸭子一样。走不多远，我为改变混乱现象，即鸣手枪示警，强行整顿队势，临时编队向三岔方向撤退。跟随我去督战的师部服务员温日辉（军校毕业生派来师部工作）这时已换上了士兵服装。当时，全靠五六二团的掩护队（连长林英）的一个连掩护，否则，我也可能做敌人的阶下囚了。我们退到洛西附近，才遇到一八八师部，他们还为我脱险道贺。拨归师部指挥的军属炮兵一个连（连长姓朱）撤退时只将炮栓带走，丢下了四门大炮。这次作战，一方面是海竞强指挥无方，另一方面是部队不听指挥，擅自行动，阵地被敌突破后，五六三团及五六四团擅自向两侧逃跑，使敌人能长驱直入。后来，却闻海竞强说，师部接杨森来电，谓我师完成了掩护该集团军撤退任务，还获得嘉奖，不知确否。

11 月间，一八八师退到河池的金城江布防。这时我奉令到凤山去接领新兵，未参加作战，战况不详。到 1945 年 1 月，一八八师移到东兰整训，此时失散了的五六四团才归了队。但尚有该团伍德周营及李义游击队未归队，直到7月间，我军反攻，追击日军进抵廉江时，海竞强才派我到柳州率带前在柳城作战失散的伍德周营和李义游击队归队，一同进驻海南岛。

2月间，四战区司令长官张发奎在百色召开军事会议，检讨桂柳会战得失，师长海竞强受到撤职留任处分，这就是一八八师参加桂柳会战的概况。